本書の構成

第1章 介護福祉における介護過程の意義と目的
- 生活支援に必須の利用者の理解・洞察
- 支援関係におけるコミュニケーションの大切さ
- 時間の経過に伴う利用者の変容
- 介護過程の目標は生活の豊かさを実現すること

第2章 介護過程における介護サービス実践の根拠
- 介護と社会福祉制度・理念価値との関係性
- 個人的ニーズと社会的ニーズ
- 具体的ニーズと抽象的ニーズ
- 介護福祉士の判断の妥当性

第3章 生活支援システムの一環として展開される介護過程
- 個人と環境との相互関係に着目する「生活支援モデル」
- 医学モデルと生活モデル,それぞれについての検討
- 生活支援モデルの視点から考える介護過程

第4章 介護過程におけるヒューマニティとサイエンスの統合
- ヒューマニティ:全人的理解の領域
- サイエンス:要素還元型理解の領域
- 両者の統合モデル

第5章 介護過程の体系
- 介護過程の考え方
- 各段階の枠組み
- "目的をもった"かかわりの意義
- 施設・在宅それぞれの特性
- 他の専門職との思考パターンの共通性

第13章 ICFを介護過程にどう活かすか
- ICFの概念と基本構造
- ICFの思想
- ICFにおける医学モデルと生活モデル
- 「活動」「参加」の基本的課題
- 背景因子(環境因子・個人因子)のとらえ方

第Ⅱ部 介護過程演習

◆第1〜13章で学んだ基礎を踏まえ,実践力を養う。

- さまざまな状態の高齢者・障害のある人の事例を提示
- 事例概要
- アセスメント
- ケアカンファレンス
- サービス計画書
- 考察

介護

介護福祉士養成テキスト 12

介護過程の展開
基礎的理解と実践演習

編著：黒澤 貞夫
　　　峯尾 武巳

建帛社
KENPAKUSHA

まえがき

　介護過程は，1999（平成11）年の「福祉専門職の教育課程等に関する検討会報告書」を受けて，2000（平成12）年度から介護福祉士養成教育に本格的に導入された。そして今回，2006（平成18）年「介護福祉士のあり方及びその養成プロセスの見直し等に関する検討会報告書」を受けたカリキュラム改正では，領域「介護」に含まれる教育の内容として「介護過程」150時間が新たに位置づけられた。

　介護過程のねらいは「他の科目で学習した知識や技術を統合して，介護過程を展開し，介護計画を立案し，適切な介護サービスの提供ができる能力を養う」ことを目的としている。教育のねらいからもわかるように，介護過程は単なる介護の展開手順や方法を意味しているのではない。介護過程は，介護に関する法制度等に基づき生活支援の価値，知識，技術・方法を対象者の個別性に配慮しながら具体的に示したものである。

　社会福祉基礎構造改革の理念を具体化した介護保険制度は，措置から契約へ，介護の社会化，国民の社会連帯に基づく社会保険方式の導入による費用負担等の変化と同時に，介護サービスを利用する本人や家族等関係者の意識の変化ももたらしている。

　制度に基づく介護サービスの提供は，今後ますます国民の社会的な期待と使命をになうものとなってきている。そして，制度をになう介護福祉士の提供する介護サービスには，高い専門性と質の高いサービスが求められている。その意味では，介護過程は社会の求めに応じた介護の専門性を具体化したものであり，介護サービスの妥当性を検証する客観的な材料でもある。

　今回のカリキュラム改正のねらいは，介護福祉士養成教育を3つの領域からの学習を基に，介護過程と介護総合演習・介護実習によって統合化しようとするものである。

　本書は改正の意図を踏まえ，全国各地の介護福祉士養成教育にかかわる先生方にご担当いただいた。第Ⅰ部では介護過程の理論と展開方法をわかりやすく解説していただいた。第Ⅱ部では具体的事例から介護過程の展開の根拠や基本的な視点を事例として示している。介護過程の展開手順に沿って，演習事例として自由に活用していただきたい。

学生の皆様には，介護過程の展開図を参考にしていただき，基本的な概念を構造的に理解することを提案したい。そして，介護過程の展開図を学習の道案内として活用していただき，専門職としての介護福祉士への道を一歩ずつ歩み続けてくれることを期待している。

2008（平成20）年9月

編者　黒澤　貞夫

峯尾　武巳

目　次

第Ⅰ部　介護過程の基礎的理解

第1章　介護福祉における介護過程の意義と目的　（黒澤　貞夫）
1. 介護過程の意義と目的 …………………………………………………… 2
2. 介護過程とコミュニケーション ………………………………………… 6
3. 介護過程と時間の経過 …………………………………………………… 9
4. 介護過程の展開 …………………………………………………………… 10
5. 生活の豊かさを実現する介護過程 ……………………………………… 14

第2章　介護過程における介護サービス実践の根拠　（黒澤　貞夫）
1. 介護と福祉制度 …………………………………………………………… 15
2. 利用者のニーズ …………………………………………………………… 17
3. 介護職の判断の妥当性 …………………………………………………… 21

第3章　生活支援システムの一環として展開される介護過程　（黒澤　貞夫）
1. 社会資源の統合としての生活支援システム …………………………… 23
2. 生活支援システム—個人と環境との相互関係— ……………………… 26
3. 生活支援システムにおける医学モデルと生活モデル ………………… 28
4. 生活支援モデルの視点からみる介護過程 ……………………………… 30

第4章　介護過程におけるヒューマニティとサイエンスの統合　（黒澤　貞夫）
1. 介護過程におけるヒューマニティとサイエンス ……………………… 33
2. 事例から考える …………………………………………………………… 36

第5章　介護過程の体系　（川﨑　昭博）
1. 介護過程の構造 …………………………………………………………… 38
2. 介護過程の手順 …………………………………………………………… 39
3. "目的をもった"かかわりの意義 ………………………………………… 43
4. 在宅と施設での介護過程の展開 ………………………………………… 44
5. 専門性の具現化としての介護過程 ……………………………………… 44

第6章 支援関係の形成 (嶋田 美津江)

1. 介護における"出会い"の意義 ……………………………………… 47
2. 支援関係の形成 ……………………………………………………… 50
3. 生活支援へとつながるかかわりと観察 …………………………… 52
4. 相談・面接の実際―事例にみる支援関係の形成― ……………… 53

第7章 アセスメント (真砂 良則)

1. 介護過程におけるアセスメントの意義と目的 …………………… 57
2. アセスメントのプロセス …………………………………………… 58
3. アセスメントの方法 ………………………………………………… 63
4. アセスメントと生活課題―事例を通して― ……………………… 66

第8章 ケアプランの作成 (吉賀 成子)

1. 生活課題と支援目標 ………………………………………………… 70
2. 長期目標と短期目標 ………………………………………………… 72
3. 支援の内容 …………………………………………………………… 73

第9章 ケアカンファレンス (川﨑 昭博)

1. ケアカンファレンスの位置づけ …………………………………… 74
2. ケアカンファレンスの目的と意義 ………………………………… 74
3. ケアカンファレンスの形態と実施時期 …………………………… 77
4. ケアカンファレンスのあり方 ……………………………………… 79
5. 資料の作成と準備 …………………………………………………… 79
6. 実施にあたっての留意点 …………………………………………… 80
7. 進め方 ………………………………………………………………… 82
8. ケアカンファレンスとモニタリング ……………………………… 82

第10章 実　施 (和田 幸子)

1. ケアプランの実施とは ……………………………………………… 84
2. 利用者の意向を尊重した実施 ……………………………………… 86
3. 安全で効果的な実施 ………………………………………………… 87
4. 実施におけるチーム連携 …………………………………………… 87
5. 情報交換と支援の調整 ……………………………………………… 88
6. 記　録 ………………………………………………………………… 90

第11章 モニタリング (和田 幸子)

1. モニタリングの目的 ………………………………………………… 94

- ❷ モニタリングの視点 ··· *94*
- ❸ モニタリングの方法 ··· *98*
- ❹ モニタリングの記載―事例を通して― ······························· *100*

第12章 評　価　　　　　　　　　　　　　　　　　　　　（岩井　惠子）

- ❶ 評価は誰が何について行うのか ····································· *101*
- ❷ 評価の時期 ··· *103*
- ❸ 評価の視点 ··· *103*
- ❹ フィードバックと終結 ·· *106*

第13章 ICFを介護過程にどう活かすか　　　　　　　　　（鈴木　聖子）

- ❶ 介護過程はICFをどのように取り入れるのか ······················· *109*
- ❷ ICFの思想 ·· *111*
- ❸ ICFにおける「活動」「参加」······································· *115*
- ❹ ICFにおける背景因子（個人因子・環境因子）······················ *117*

第Ⅱ部　介護過程演習

1．入所直後，環境の変化にとまどう認知症高齢者 への支援事例
　　　　　　　　　　　　　　　　　　　　　　　　　　（和田　幸子）······ *120*
- ❶ 事例の概要 ··· *120*
- ❷ アセスメント ·· *120*
- ❸ ケアカンファレンス ··· *122*
- ❹ 考　察 ··· *124*
- ■施設サービス計画書（1）·· *126*
- ■施設サービス計画書（2）·· *128*

2．視覚障害と認知症状のある高齢者 への支援事例 ······（吉賀　成子）······ *130*
- ❶ 事例の概要 ··· *130*
- ❷ アセスメント ·· *130*
- ❸ ケアカンファレンス ··· *132*
- ❹ 考　察 ··· *134*
- ■施設サービス計画書（1）·· *136*
- ■施設サービス計画書（2）·· *138*

3．健康管理や歩行訓練に消極的な高齢者 への支援事例 （岩井　惠子）······ *140*
- ❶ 事例の概要 ··· *140*
- ❷ アセスメント ·· *140*
- ❸ ケアカンファレンス ··· *142*

❹ 考　察 ………………………………………………………… *143*
　　　■施設サービス計画書（1） ……………………………………… *146*
　　　■施設サービス計画書（2） ……………………………………… *148*

4．食欲低下，閉じこもりのある高齢者 への支援事例 …（鎗田 和子）…… *150*
　　　❶ 事例の概要 ……………………………………………………… *150*
　　　❷ アセスメント …………………………………………………… *150*
　　　❸ ケアカンファレンス …………………………………………… *152*
　　　❹ 考　察 ………………………………………………………… *154*
　　　■施設サービス計画書（1） ……………………………………… *158*
　　　■施設サービス計画書（2） ……………………………………… *160*

5．徘徊や入浴拒否がある認知症高齢者 への支援事例
　　　　　　　　　　　　　　　　　………………………（嶋田 美津江）…… *162*
　　　❶ 事例の概要 ……………………………………………………… *162*
　　　❷ アセスメント …………………………………………………… *162*
　　　❸ ケアカンファレンス …………………………………………… *164*
　　　❹ 考　察 ………………………………………………………… *167*
　　　■施設サービス計画書（1） ……………………………………… *170*
　　　■施設サービス計画書（2） ……………………………………… *172*

6．意思疎通が難しい認知症高齢者 への支援事例 ……（真砂 良則）…… *174*
　　　❶ 事例の概要 ……………………………………………………… *174*
　　　❷ アセスメント …………………………………………………… *174*
　　　❸ ケアカンファレンス …………………………………………… *176*
　　　❹ 考　察 ………………………………………………………… *178*
　　　■施設サービス計画書（1） ……………………………………… *180*
　　　■施設サービス計画書（2） ……………………………………… *182*

7．自立への意欲を欠く身体障害の男性 への支援事例 …（黒澤 貞夫）…… *184*
　　　❶ 事例の概要 ……………………………………………………… *184*
　　　❷ アセスメント …………………………………………………… *184*
　　　❸ ケアカンファレンス …………………………………………… *186*
　　　❹ 考　察 ………………………………………………………… *188*
　　　■個別支援計画書 ………………………………………………… *190*

8．住宅復帰へ向けた高齢者 への支援事例 ……………（山本 みよ子）…… *192*
　　　❶ 事例の概要 ……………………………………………………… *192*
　　　❷ アセスメント …………………………………………………… *192*
　　　❸ ケアカンファレンス …………………………………………… *194*
　　　❹ 考　察 ………………………………………………………… *196*
　　　■施設サービス計画書（1） ……………………………………… *198*
　　　■施設サービス計画書（2） ……………………………………… *200*

9. 通所介護を利用している高齢者への支援事例 ……（山本 みよ子）…… **202**
- ❶ 事例の概要 …… *202*
- ❷ アセスメント …… *202*
- ❸ ケアカンファレンス …… *204*
- ❹ 考　察 …… *206*
- ■施設サービス計画書（1） …… *210*
- ■施設サービス計画書（2） …… *212*

10. 一人暮らしを続ける高齢者のケアマネジメント …… （川﨑 昭博）…… **214**
- ❶ 事例の概要 …… *214*
- ❷ アセスメント …… *214*
- ❸ ケアカンファレンス …… *216*
- ❹ 考　察 …… *220*
- ■居宅サービス計画書（1） …… *224*
- ■居宅サービス計画書（2） …… *226*

11. 認知症高齢者の在宅生活を支えるケアマネジメント …… （鈴木 聖子）…… **228**
- ❶ 事例の概要 …… *228*
- ❷ アセスメント …… *228*
- ❸ ケアカンファレンス …… *230*
- ❹ 考　察 …… *231*
- ■居宅サービス計画書（1） …… *234*
- ■居宅サービス計画書（2） …… *236*

■索　引 …… ***239***

第Ⅰ部
介護過程の基礎的理解

　ここでは，以下の3つに大別した視点から介護過程の基礎的理解が行えるよう意図した。

　第1章～第4章では，利用者の全体性の理解とそれに基づく主体性の尊重，個人的ニーズと社会的ニーズの関係，医学モデルから生活支援モデルへの転換など，生活支援サービス提供の基本となる原則や理念について解説する。

　第5章～第12章では，まず，介護過程の全体像，考え方を概観する。次いで，支援関係の形成から評価，終結に至る各段階の基本的な考え方，手順，留意点などについて段階ごとに章をたて，順を追って解説する。

　ここに示すのは原則となるモデルである。例をあげれば，"評価からの再アセスメント""カンファレンスを経たケアプランの見直し"というように，介護過程の展開においては，よりよき実践へ向けた，あるいは利用者の状況・ニーズの変化に伴うフィードバックが必須であることを理解しておこう。

　第13章では，ICFが示した「活動」「参加」，促進因子，阻害因子といった考え方を介護過程にどう取り入れるかについて解説する。なお，ICFモデルの基本的枠組みについては第3章でも詳述した。

第1章 介護福祉における介護過程の意義と目的

1 介護過程の意義と目的

1 生活支援としての介護過程

1 生活の理解

　人は老い，病をもち，心身の障害などによって日常生活の活動や社会的参加・役割に支障（困難）を生じることがある。そのような人びとの生活状況を改善するために，社会は生活支援の制度を設けている。そして介護福祉は，生活支援の一つの領域として，高齢者や障害者などにかかわる介護サービスの提供をになう。

　介護福祉における「福祉」は「Welfare」である。「Well」は「良い，満足に」，そして「Fare」は暮らしの意味である。すなわち介護福祉は，介護によってより良い暮らしを実現することである。

　このことから，介護福祉は二つの基本的内容を含むことになる。一つは，介護は"生活の営みの支援"であること，二つ目は，介護は現実の今ある生活から"より良い暮らしへの志向性をもつ"ことである。したがって，介護過程は"生活とは何か"，"より良い暮らしとは何か"という課題を内包していることになる。

　介護過程を考える際には，まず，介護過程の対象となる生活の営みの普遍的な姿を理解しておく必要がある。

2 生活の歴史性と文化性

　介護過程が生活支援であるという意味は，介護サービスが必要とされるのは，生活の中の出来事からであり，生活上の課題を解決するのもまた，生活の場からなのだ，という点を踏まえてである。

生まれから老いていく人の生涯は，歳月の流れとともにある。時は一瞬たりともとどまるところがない。その時の流れの中で，人はさまざまな生活の困難を乗り越えて，あるいは生きるうえでの目標に向かって，その人らしい生き方を求めていく。人は過去を背負いながら明日への希望をもって生きていく。そして，過去と未来の間にあって生活の歩みの力を得るのは，現在という日々の生活のありようである。

　したがって介護過程は，利用者の生きてきた生活の彩りである，歴史・文化・地域そして自然とのかかわりを，大切にしながら展開されるのである。すなわち利用者の生活習慣，食事のこのみ，ことば，服装，趣味，考え方，地域や自然とのこれまでのかかわり方などに配慮して展開される。

3 生活の主体としての利用者

　介護過程は，生活支援の一つの領域である。介護過程の目標は，生活機能の維持・改善にある。その目標達成のために介護過程が展開される際の指標となるのは，「生活は利用者の"主体性"のもとに営まれる」ということである。

　それでは，生活の営みにおける"主体性の尊重"とは，介護過程においては何を意味するのであろうか。まず，介護過程が"人間の尊厳と自立を基本理念"としていることである。人間の尊厳という理念価値から導かれるものが主体性の尊重である。介護過程は，利用者自らが介護サービスを利用して自立した生活を営むことを指標とする。具体的には，介護過程における生活課題解決のニーズは，個人の自由な意思表示をその原点とするのである（社会福祉法第5条　福祉サービスの提供の原則*参照）。そのためには，利用者が何かを志向するこころの働きが必要である。仮に利用者が老いや障害などに伴う絶望，不安，社会的疎外感，ストレスに陥っているときには，閉ざされているこころが再び躍動できるよう，強め育てていくための配慮が必要である。

　介護過程における主体性の尊重は，生活の営みにおける介護サービスの生活課題の設定，目標，内容などについて，利用者の選択と責任という価値観に基づいて展開されることで具体的になる。

2 介護過程とは何か

1 介護過程の目標―自立支援―

　介護過程は，利用者の自立支援を指標として展開される。「介護保険法」第1条（目的）は，次のように示している。

> **memo**
> **社会福祉法第5条**
> （福祉サービスの提供の原則）
> 社会福祉を目的とする事業を経営する者は，その提供する多様な福祉サービスについて，利用者の意向を十分に尊重し，かつ，保健医療サービスその他の関連するサービスとの有機的な連携を図るよう創意工夫を行いつつ，これを総合的に提供することができるようにその事業の実施に努めなければならない。

> この法律は，加齢に伴って生ずる心身の変化に起因する疾病等により要介護状態となり，入浴，排せつ，食事等の介護，機能訓練並びに看護及び療養上の管理その他の医療を要する者等について，これらの者が尊厳を保持し，その有する能力に応じ自立した日常生活を営むことができるよう，必要な保健医療サービス及び福祉サービスに係る給付を行うため，国民の共同連帯の理念に基づき介護保険制度を設け，その行う保険給付等に関して必要な事項を定め，もって国民の保健医療の向上及び福祉の増進を図ることを目的とする。
>
> （アンダーラインは筆者）

> **memo**
> **WHO（世界保健機関）**
> (World Health Organization)
> 健康を人間の基本的人権の一つととらえ，その達成を目的として設立された国際連合の専門機関（国連機関）。1948年4月7日設立。本部はスイス・ジュネーブ。

> **memo**
> **ICF（国際生活機能分類）**
> (International Classification of Functioning, Disability and Health)
> 2001年5月に開かれたWHOの総会で採択された機能障害と社会的不利に関する分類である。ICFでは，人間の生活機能と障害について，「心身機能」，「身体構造」，「活動」「参加」，「環境因子」について，約1500項目に分類している。

また，WHO（世界保健機関）*の示したICF（国際生活機能分類）*では，生活機能の意味を，「心身機能・構造，活動，参加の全てを含む包括用語である。」[1]としている。これを介護過程に即していえば，利用者が心身の機能障害をにないながら，生活の場における活動や社会的参加・役割を果たしていく働きを意味している。

生活機能の維持・回復は，生活の営みにおけるさまざまな支障の解決の過程から実現される。入浴，食事，排泄などへの支援は，生活の安定・安心をもたらし，そこから広い範囲での「活動」「参加（役割）」の動機づけが形成される。生活の場面における「活動」「参加（役割）」を果たすことは，常に利用者の主体性のもとに，環境的要因を統合して行われるということである。

2 介護職の専門性の具現化としての介護過程

介護過程は，単なる介護の方法（手順）のみを意味するのではない。介護過程において初めて，介護職の専門性が活かされ，具現化されるのである。介護職個人の実践経験や理論的知識に基づく知見・技術は，介護過程によって具体的な場面での理解・判断・実践・評価として示される。介護職の働きかけが専門職として妥当であったかどうかは，以下の点によって判断される。

① 利用者の主体性の尊重が介護過程において実証されること。
② 生活機能の維持・回復の目標が具体的かつ実践可能なものであること。
③ 実践後に利用者自身が他の関係者と共に生活ニーズ充足の結果を評価すること。

これを，以下の事例を通して考えてみよう。

> **事例①** Aさん（78歳・男性）
>
> 　Aさんは、脳血管疾患で倒れ入院・加療したが、右片麻痺の後遺症が残った。要介護4である。妻と二人暮らしであったが、妻が病弱のため、退院後の自宅での介護が難しく、特別養護老人ホームを利用している。入所して2週間が過ぎたところである。
>
> 　Aさんは糖尿病の持病があり、医師からは食事制限が必要との所見が出ていた。しかし、Aさんは甘い物が好きで、「長生きをしても何の楽しみもない、せめて自由に物を食べたいものだ。」と言う。
>
> 　担当の介護職は、どのようなケアプランを作成したらよいものであろうかと悩んでいる。

　この事例の場合、まず、Aさんの意思（気持ち）に沿ったケアプランを考えることになる。そのためには、Aさんの意思は、現在置かれている生活状況から生じていることを共感的に理解することが必要である。Aさんの意思を推測してみよう。

　Aさんの現在は、これまでの生活の連続性からの変容を迫られている。現在の生活状況は、Aさんが選択したものではないし、運命的な出来事であるともいえる。しかしAさんは明日へ向かって歩んでいかなくてはならない。このような場合に、人は何を求めるのであろうかと考えてみる。個々の事例（個別性）についての深い洞察は、人間一般の本質という普遍性へとつながる。

　いくつかの仮説を立ててみる。これはケアプラン（介護サービス計画）を作成するうえでの基本的な資料となる。

① 　現在の生活支障(困難)について、十分な介護サービスの提供によって、生活の安心、安定をはかる。これは精神的安定につながり、ここから精神の躍動感が生まれる。

② 　介護職は介護を通じてAさんの話を傾聴し、共感的なかかわりによってAさんとの信頼関係の形成をはかる。このことは、Aさんが自分の意思（気持ち）を自由に表現する土壌となる。

③ 　健康の維持・改善にかかわる情報の提供は、Aさんの自己決定を尊重するという、介護職の基本的姿勢に立って行う。Aさんが、"自分は尊重されている。介護職や医療関係職が誠実に関心をもってくれている"と感じ取ることが大切である。

④ 　介護職は、Aさんが人びととの相互関係の中で自己の現実と向き合い、しだいに新たなライフスタイルの獲得へ向けて踏み出すだろうという可能性を信じ、信頼する。

　人は時間の経過の中でしだいに生活を編みなおし、人格的態度を変容していく。すなわちAさんは介護職などとの出会いの中で人格的成長・

発達への可能性を内包している。

2 介護過程とコミュニケーション

1 生活支援関係の形成

　介護過程において，高齢者・障害者（利用者）が生活の回復・改善のために介護サービスを求めている。そして，介護サービスを提供する専門職としての介護職がいる。そして両者が出会い，相互理解のもとに支援関係が成立する。この関係は介護過程の全体の基盤をなすものである。

　ここでの"関係性"は，介護職が利用者との間で介護を媒介として結ぶ生活支援関係のみをいうのではない。介護の"過程"という意味は，利用者自らが自己の生活の改善のために，いかに介護サービスを取り入れていくかという方向性をもつものであり，利用者自身が生活支障をいかに克服するかという，生活自立への動機づけを伴うものである。その方向性や動機づけは，介護サービスの提供に付随するものであるが，それは利用者と介護職の直接の関係から生まれ，具体化へ向かって進むのである。介護過程は"利用者と介護職との関係の過程である"ということができる。

　例としてアセスメントを取り上げてみよう。アセスメントは，利用者の生活支障がどのようなものであるかについての情報の収集と判断である。最も重要な情報のソースは，利用者との人間関係を基盤とするコミュニケーションである。ここでのコミュニケーションは，利用者が自己の意思や情緒・気持ちを介護職に対して表現することである。そして，利用者と介護職とが応答を重ねることによって，しだいに介護における課題，目標，内容などが明らかになってくる。このことが介護過程の出発点である。

　このように，介護過程における人間関係は，介護サービスの利用による生活改善という共通の目的において形成される。ただこの場合に，人間の相互関係の質が問われなければならない。介護職が利用者の生活支障の状況の理解のために，客観的な情報や分析的資料（保健・医療職からの診断結果など）を得ることだけでは，決して十分な相互関係とはならない。客観的・分析的な資料と併せて，介護職自身による主観的理解・判断とが必要である。これらは利用者が何を認識し，何を求めているのかをより的確に理解し，適時・適切な介護サービスを提供するための資料である。一方，利用者は，介護職とのコミュニケーションを通して，自分自身の生活課題をどのように認識しているのか，そして何を求めているのかが，利用者自身に十分認識できるよう

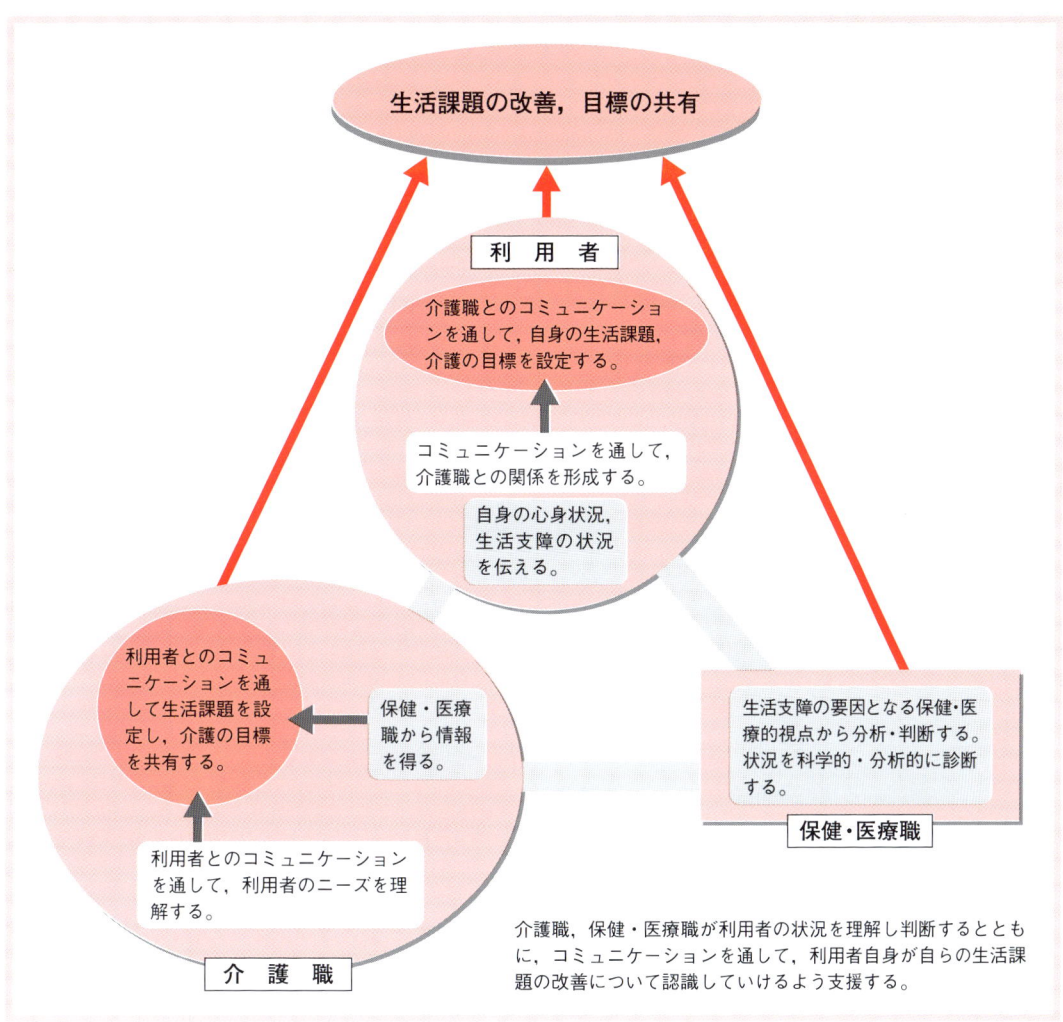

図1-1 介護過程における介護職と利用者のコミュニケーション

になることが必要である。

利用者の意思と介護職の理解・判断は、コミュニケーションによる相互理解によってしだいに統合され、ケアプランへと進むのである。

2 生活支援＝介護におけるコミュニケーション

　介護過程における介護職と利用者との人間関係の形成は、さまざまな場面・機会をとらえて行われる。相談の場面におけるインテーク面接あるいは受理面接といった、"場を設けて"行われる場合もあるが、介護過程においては、そのような、いわゆる相談（面接）の場面のみを想定しているのではない。

　施設で毎日顔を合わせていても、そのとき、その瞬間の出会いは何よりも大切である。「今日の気分はいかがですか。」、「お食事は摂られましたか。」、

「昨夜は熱があったと聞いて心配していました。」といった会話は，まさに"一期一会"なのである。介護における一つひとつの場面から関係性が形成されて，初めて介護過程の内容は充実したものとなる。相談や出会いの場面における人間関係形成のポイントを以下にあげる。

① 人は自分の話を誠実に聞いてくれ，理解しようとする人に出会うと救われたような気持ちになる。自分は孤独ではない，わかってくれる人がいると思うと閉ざされた気持ちがほぐれて，"語りたい"という精神の響きが感じられてくる。これは，人間関係形成の本質にかかわるものである。

② 介護における人間関係も，社会人として互いに尊敬される人格を有する者同士の話し合いであることを瞬時も忘れてはならない。例えば，相談の場面における初対面の挨拶，来訪者へのねぎらい，暑さ寒さなど時候の挨拶などである。信頼関係の形成は，生活課題の解決の場面におけるもののみではない。社会人として常識あるエチケット，利用者の自尊心の尊重，利用者に対して誠実かつ謙虚に向き合う姿勢が重要である。

③ 介護職からの情報の収集は相互関係である。信頼できる介護職からの問いであることから利用者は"語ってもよい"と思い，一方，介護職は利用者の気持ちを理解したいと思う。何が適切な介護なのかを真摯に求めている姿勢がある。これらのことがベースになって，例えば，相談からアセスメントにおける情報の収集と判断が円滑に行われ，そこから，生活支援がいかに展開されるべきかのケアプランが導かれる。

④ 介護過程における人間関係の形成は，方法としての介護過程を円滑にするためばかりではない。介護過程を通じて利用者の成長，発達，人格的変容が期待される。例えば，先に示した事例のAさんは，信頼できる介護職と出会い，障害をしだいに受容し，これからの生活に光明を見いだし，健康で長生きしたいと思うようになり始めている。さらに，生活支障に向き合い，克服していく人格的態度の変容が期待される。

ここにあげたようなポイントは，理論的に一般化された方法や手段によるものではない。介護の経験を積み重ねてくると，"この場合はこのようにしたらよいのではないか"との推論が生まれる。すなわち，仮説ではあるにしてもいくつかの選択肢をもつに至るのである。利用者の生活状況によっては介護職から利用者への助言や示唆は十分有益なことである。それは利用者の主体性に基づく自己決定の妨げとなるものではない。

重要なことは，介護関係を通じてのコミュニケーションによる相互理解であり，そこからの信頼関係の醸成である。

3 介護過程と時間の経過

　介護過程は時間の経過のもとに展開される。これは介護サービスが日々どのように実践されるのか、あるいは将来の目標をどのように設定するかという意味では、ごく当たり前のことをいっているようにみえる。しかし、介護過程を考えるとき、"時間の経過"という視点から「過程（プロセス）」の意味を解明しておく必要がある。

　繰り返すが、介護過程は生活支援であることから、その具体的な対象は生活の営みの場面にかかわる。生活は瞬時もとどまることのない時間の流れの中にある。利用者は過去から未来への連続性の中で、現在をどう過ごすかの課題をになっている。その時間の経過の中で過去が大切になるのは、現在の生きる力にはこれまでの生活の歴史が深くかかわっているからである。介護職が利用者のこれまでの生活を評価し敬意を払うことで、過去が光り輝くものとなり、明日へ向けての志向性がみえてくる。例えば生活自立における身体機能の維持・改善の目標は、より良い活動への動機づけがあって初めて未来への一歩が踏み出せる。日々の生活とは平板で受動的なものではなく、介護職をはじめ環境的要因との相互関係からしだいに能動的な生活態度が形成されるのである。

> **事例②**
>
> Bさん（67歳・男性）
> 　Bさんは、脳血管疾患で倒れ入院した。Bさんは会社員であったが、定年後は会社の嘱託として週2日の勤務であった。残りの日は碁会所で好きな碁を打つのが楽しみであった。退院後は在宅の生活に戻ったが、脳血管疾患の後遺症で麻痺が残り、何もできなくなったと思っており、気力も低下しているようである。
> 　家族も"寝たきりになったら"と不安でいる。家族が心配して、ケアマネジャーに相談のうえ近くのデイサービスセンター（通所介護）に通うことになった。デイサービスセンターの介護職は、ケアマネジャーとも相談のうえ、Bさんのために機能訓練を中心としたケアプランを作成し、Bさんと話し合った。しかしBさんは、「病気は治らないんだから、とにかくゆっくりさせてくれ。」と言って、ケアプランには乗り気でないようである。

　ケアプランは、現在の利用者の意思を尊重することから始まる。この例の場合、Bさんの意思と介護職・専門職の所見・判断とは異なるものであるが、そのことをもってただちに介護職・専門職の判断が採用するに値しないと決めつけられるわけではない。ただ生活支援にあたっては、生活の営みの主体

は，あくまで利用者本人にあることを原点とする。

　人は誰でも周囲の人びとから情報を取り入れ，自身のこれからの生き方に向き合っている。Bさんの意思は，デイサービスセンターへ通うことや介護職の働きかけなどの環境的影響のもとで変容する可能性をもっている。その際，Bさんが主体的に変容する前提として，Bさん自身が介護サービスを受け入れ，生活の安定をはかることをめざすことが必要である。そのうえで，Bさんが介護職との信頼関係を形成していくという時間的経過の中で，介護サービスの利用過程において自身の選択と責任をになうことになる。

　このように介護過程が利用者の生活の向上という実りある効果をあげるためには，利用者が，生きることへの躍動感を伴う意思が期待される。そのためには，利用者が過去の生きてきたその人なりの生活史を光り輝くものとして評価し，これからの生活に対して安心・安定・継続から希望をもてるような，介護の場面を通じての関係性が配慮される。

介護過程の展開

1　展開の手順

　介護過程は，論理的な思考過程を重視する。それは人の生活ニーズ充足のための介護過程が，生活の多様性，個別性に配慮した適時・適切なものとなる筋道を示すことである。

　介護過程は，次の段階を踏んで展開するが，それぞれの段階の基本的な手順は以下の通りである。

　なお，介護過程は，介護職の視点に立ってみれば，多くの情報を整え判断していくという論理的な手順をもって展開する。その際，留意しなければならないのは，ケアプランの作成過程が事情を知った人びとの間だけでの計画ではなく，利用者や関係者にとって目に見える形で明晰性をもって示される必要がある，という点である。このことはあとで述べる介護サービスのエビデンス（evidence：根拠）に深くかかわる問題でもある。

1　生活支障の概括的理解の段階

　まず取り上げるべき生活支障を概括的に理解する。その多くは，利用者に直接に会って話を傾聴するところから出発する。利用者が生活の営みのうえで"何に困っているのか"を，共感をもって傾聴・受容して，利用者の生活上のニーズの概要を理解する。ただ，そこから直ちに介護サービスの全体の

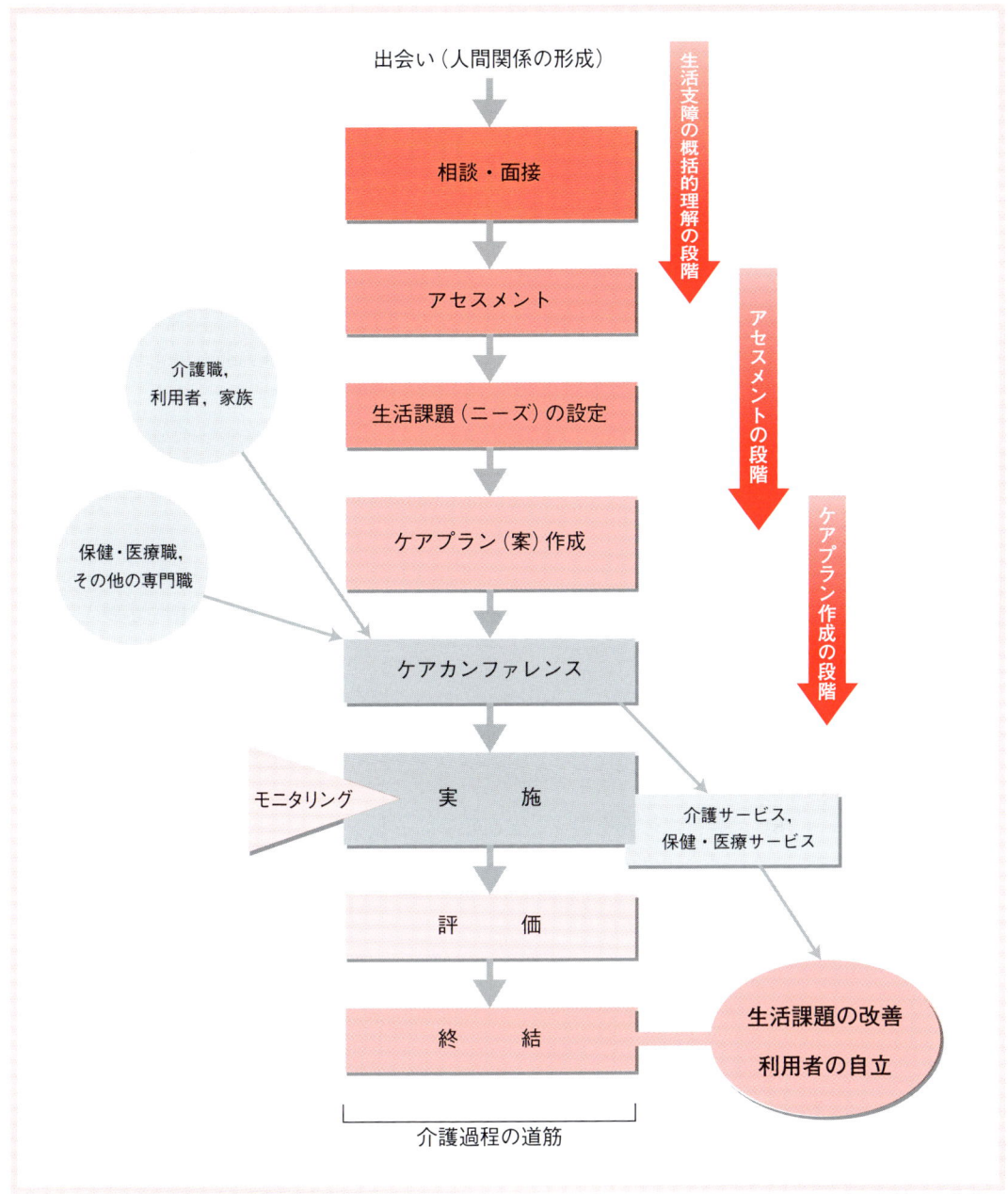

図1−2 介護過程の展開

姿がみえてくるわけではない。

2 アセスメントの段階

　適時・適切な介護サービスの提供のため，もう少し詳しく生活支障の状況を知るために，情報を収集・判断する。この段階をアセスメントという。アセスメントによって，しだいに介護サービスがかかわる生活課題が明確にな

る。アセスメントは基本的には，介護職と利用者，場合によっては家族を含めた直接の人間関係を基盤として行われる。

3 ケアプラン作成の段階—目標と内容—

アセスメントの結果，介護サービスの対象となる生活課題（ニーズ）が設定され，その後，目標・内容を盛り込んだ具体的なケアプランの作成へと移る。

なお，相談・アセスメントの過程において，スクリーニング（分ける）機能が働くことがある。例えば，健康状態の改善のために医療機関において治療を受けることが適切と判断されることや，介護保険制度になじまないニーズへの対応である。介護過程は，他の専門機関の紹介やインフォーマルな資源の活用を含むものである。

ケアプランは，生活課題の解決のために，介護サービスや社会資源をいかに生活の場面に取り入れるかについての介護職と利用者の合意によって作成される。しかし，それは何の脈絡もなく展開されるのではない。人間としての尊厳が確保された生活のありようをめざす理念的な価値観を指標としている。

例えば，自立支援を指標としている場合には，介護過程を通じて自立をはかるという目標がある。これは目標概念であるから，「自立」ということばからただちに具体的な方法が見いだされるわけではないが，目標が示されなければ暗夜に灯火を失うことになる。そして目標から導かれるケアプランは，複合的な介護内容を含んでいる。例えば，生活自立の前提となる精神的自律のためのコミュニケーション，介護サービスによる生活の安心・安定，機能訓練への動機づけの形成・実施，などの多様な方法が統合されて自立への道筋がみえてくるのである。

2 保健・医療職などとの連携

介護を必要とする利用者の生活課題（ニーズ）は，高齢，疾病，外傷などに起因する生活支障であり，多様性・複合性をもつ。したがって，利用者の生活ニーズが適切に充足されるためには，介護過程は保健・医療・関係専門職との連携と協働のうえに展開されることになる。このことは介護過程に，生活支援に関係する保健・医療職などの専門的な知見・技術を取り入れることを意味する。

例えば，介護を必要とする高齢者のケアプランが，残存機能活用の訓練によって生活行動の範囲を広げる目標をもつ場合には，医療関係者との連携が折り込まれた介護過程が展開される。したがって介護過程においては，介護の固有の専門機能の中に，保健・医療等関係者の生活支援機能と連携・協働

する展開方法が含まれることとなる。保健・医療職との連携・協働による介護サービスの対象となるのは以下のような項目である。

① 食事・入浴・排泄・移動などの生理的ニーズの充足にかかわる介護。
② 疾病・後遺症などに対応する保健・医療サービスの提供にかかわる介護。
③ 身体機能の維持・回復などのための機能訓練などにかかわる介護。
④ 社会関係性の維持・回復にかかわる介護。

これらはあくまでも生活支援の目的のために統合的に展開されるが、特に②と③は保健・医療サービスのかかわりが多い領域である。介護職は保健・医療の専門職ではないし実施担当者でもない。しかし、生活支援においては、これらの専門職と連携・協働する内容が含まれることになる。

ここでも、留意すべきは、各専門職の連携・協働は、"利用者の意思に沿う"ことを原点として展開されるということである。

事例を通して介護職の役割・機能についてみてみよう。

> **事例③**
>
> Cさん（74歳・男性）
> Cさんは、脳血管疾患で倒れ入院した。右片麻痺の後遺症が残り、介護が必要な状態になった。妻（72歳）は病弱なため、Cさんは特別養護老人ホームに入所している。
> 高血圧症と糖尿病の持病があり、食事制限が必要との医師の所見がある。健康管理とともに、週1回の理学療法士*の指導で緩やかな機能訓練を行っている。
> 介護職はCさんの食事制限の内容を承知しており、介助を通じて適切な食事が摂れるよう精神的な支援を行っている。また、機能訓練の効果が生活の場で活かされるよう、理学療法士の助言のもとで生活自立について配慮している。

☞ p.44参照。

まず日常生活の支援であるが、介護職の生活支援技術は、広義に解釈すれば、身体機能の不自由さを補う介護から、健康の維持・回復の領域にまで及ぶ。したがって介護職は介護実践の過程で、保健・医療の知見や方針の情報を理解し介護において活かしていくことになる。食事制限の課題は食事介護のうえで認識しておくべき事項であるし、機能訓練の効果はADL（日常生活動作）*の改善やライフスタイルとどう結びつくのかを、日常の介護を通して配慮する。

各専門職側からいえばそれぞれの業務は個別の領域であるが、利用者の立場からいえば分割できない一つの事柄である。したがって、生活支援における各専門職の連携・協働は、生活課題の解決の過程において、生活の質的向上という一つの目的のために統合されるのである。

ADL（日常生活動作）
(Activities of Daily Living)
普段の生活において必要な動作（食事や排泄、入浴、移動、寝起など）すべてのことをさす。

5 生活の豊かさを実現する介護過程

　個人の生活支障は，利用者を取り巻くさまざまな環境，大きくいえば，社会の構造の中で生じている。高齢者の介護の問題は，急激な高齢社会の到来という人口構成の変動，地域社会の構造的変化，家族構成ならびに家族意識の変化などに由来するところが大きい。また障害者の問題については，WHOの報告書は「社会モデルでは障害を主として社会によって作られた問題とみなし，基本的に障害のある人の社会への完全な統合の問題としてみる。」[2]としている。このことから介護過程は，高齢者，障害者などの健康で文化的な生活の保障という，人権を中核とする社会的な価値を実現するものであるということができる。

　介護は社会的価値の実現をはかるものであるが，それは社会のめざす理念が，現実の生活の状況から出発して，より良き生活をめざすという志向性を内在するからである。介護過程は単なる方法（手順）の問題にとどまらずに，人権が保障されて豊かな生活が営まれることへの理念を指標として展開される。このことは，現実の生活課題（ニーズ）の解決の過程で活かされなければならない。例えば，利用者の主体性に基づく自己決定の尊重の価値は，利用者の意思に沿うという意味において，また自由な意思の躍動を期待する点において，介護過程の中で具体的に実現する。

　介護過程は，介護技術を用いた幅広い目的的な活動の道筋を示すものである。介護過程は生活支援の一つの領域であることから，生活ニーズの多様性・複合性に対応する生活支援技術の領域の広がりと内容の深まりをみることになる。介護過程における入浴，排泄，食事，清潔，移動などは基本的な介護であるが，そのうえに日々の生活をいきいきと過ごすためのアクティビティ*，家事支援，生活環境を整えることなどの生活支援技術が含まれる。さらにこれらを包括して，利用者の精神的ケアにもかかわる。例をあげれば，生活自立へ向けた活動のために，精神的自律を育て，強めることへの支援である。

> **memo**
> **アクティビティ**
> 高齢者や障害者などの脳や心身機能の維持・向上をはかる支援活動。音楽療法，絵画療法，園芸，料理，グループレクリエーション，回想法，リアリティ・オリエンテーションなどが行われる。特に，認知症高齢者の症状の改善，あるいは進行防止に効果があるとされる。

引用文献

1）障害者福祉研究会編：ICF国際生活機能分類—国際障害分類改定版—，中央法規出版，2002，p.3.
2）同上，p.18.

第2章 介護過程における介護サービス実践の根拠

1 介護と福祉制度

1 介護サービスの根拠としての法制度

　介護過程における介護サービス実践の拠るべき指標は，福祉制度である。福祉制度は，国会の制定した法律を根拠として展開される。高齢者の生活支援においては「老人福祉法」「介護保険法」など，障害者については「身体障害者福祉法」「障害者自立支援法」などが根拠となる。いうまでもなく，これらの法制度の趣意は，基本的人権として，国民が個人として尊重され，幸福を追求する権利（憲法第13条），健康で文化的な生活の保障（憲法第25条）という生存権に基づいている。したがって介護過程によって展開される介護サービスは，社会の人びとの願いや求めに対応し，社会的使命を背景に実践されるものである。

　このことは，介護が，利用者と介護職との間において行われるサービスの交換といった狭い範疇で理解され，とらえられるべきではないことを示している。介護は，社会の人びとが高齢者や障害者の生活を保障する社会資源として，共に関心をもち，利用し合い，育てていくものでなければならない。そのためには介護サービスの考え方やその方法を示す介護過程が，利用者をはじめとする国民一般の目に明瞭にみえるものでなければならない。介護サービスが社会の期待に応えるためには，その生活支援の客観的妥当性を実証できることが大切である。例えば，法制度に基づくケアプラン（介護サービス計画，個別支援計画等）によって，"いかに"介護サービスを提供するかの道筋を示すのである。そうすることによって初めて，社会の人びとは，生活に身近な事柄として，介護サービスの役割・機能を認識する。

2　介護サービスの制度的目的と自立支援

　介護サービスは，福祉制度の目的を具体的に実現する。ここでは，介護サービスの根拠となる福祉制度の目的を二つあげておこう。
　① 「介護保険法」の目的：「これらの者が尊厳を保持し，その有する能力に応じ自立した日常生活を営むことができるよう……」（第1条〔抜粋〕）。
　② 「障害者自立支援法」の目的：「障害者及び障害児がその有する能力及び適性に応じ，自立した日常生活又は社会生活を営むことができるよう……」（第1条〔抜粋〕）。

　これら二つの法律の目的として掲げられた条項は法の理念であり，介護サービスの提供にあたっての方向性を示し，指針となるものである。
　さらに，介護保険法は「第1項の保険給付は，被保険者の心身の状況，その置かれている環境等に応じて，被保険者の選択に基づき，適切な保健医療サービス及び福祉サービスが，多様な事業者又は施設から，総合的かつ効率的に提供されるよう配慮して行われなければならない。」（第2条第3項）とし，サービスの提供が利用者の選択に基づくことを規定している。介護サービスの提供の原点は，利用者の意思に沿うことである。
　これら制度の核心的な価値概念である"自立"支援は，利用者が介護サービスを利用して，自己の老い，病，障害などを克服して生活の維持・改善をはかることへの支援である。そのための必要条件として，利用者の生活自立への動機づけが必要となる。したがって，介護サービスは単に利用者の生活の不自由さを補うばかりでなく，精神的自立を含む全人格的な視点からの支援を含むことになる。そのためには，介護職は介護サービスを提供するにあたって，利用者の自立へ向けたニーズ（必要性）を確かめ，目標，内容などを設定する。介護職はこの動機づけの形成のため，保健・医療・福祉などの各種生活支援サービスを情報として提供し，利用者のサービス選択が可能なことによる志向性への支援が行われる。

3　介護サービスと利用者の選択

　介護職が情報や所見に基づいて作成するケアプランは，それが利用者に承認され受け入れられて初めて有益なものとされる。施設における介護職の判断に基づいたケアプランの提案も，利用者本人や家族の理解と同意のもとに具体的になる（指定介護老人福祉施設の人員，設備及び運営に関する基準〔平成11.3.31,厚生省令第39号〕第12条参照）。
　利用者にとってみれば，自分の希望がどのように取り入れられているか

は，具体的に介護サービスの方針・目標・内容などが示されることによって判断することができるようになる。そのような判断を通じて初めて，介護サービスの利用が利用者自身のものという認識が生まれるわけであるが，これらはすべて介護過程において明確になる。

2 利用者のニーズ

1 個人的ニーズと社会的ニーズ

　介護過程は，利用者との合意に基づく介護サービスの提供であるが，利用者のニーズは，個人的ニーズと社会的ニーズの二つの側面から考えられなければならない。

　個人的ニーズは，利用者が生活を営むうえで困難や支障を認識し，表明したニーズである。これはある人の生活状況から生じたニーズという意味で，顕在的ニーズといわれる。個人のニーズは，もともと主観的なものである。個人の主観は，人それぞれの個別性・多様性を有している。生活状況やその背景は実に多様であるし，個人のものの考え方や感じ方も多様である。したがって，個人的ニーズは一般化・普遍化されない。

　社会的ニーズは，社会の人びとによって共通に認識され，普遍化されたニーズである。このニーズは，必ずしも個人の生活支障（困難）というかたちでは表現されず，その意味で潜在的ニーズといわれる。生活支障のある個人の生活状況をみるときに，社会が人権保障や社会的正義・公正の観点から何らかの対応をはかるべきとの判断が生じる。この個人の現実の生活状況と，社会的に認められた価値との間隙を埋めようとする認識を社会的ニーズという。ニーズ充足のために，社会は法制度・施策をもって対応をはかるのである。

　個人的ニーズと社会的ニーズの関係であるが，個人的ニーズと社会的ニーズの乖離（離れている）をつなぐ指標は，社会の理念的価値の実現である。例えば，個人の幸福追求権や健康で文化的な生活を社会的に保障するのである。これらの理念的価値は抽象的なものであるが，その価値の実現には具体的な法制度が必要となる。例をあげれば，「介護保険法」は，高齢者の安心・安定した生活が脅かされる状況に対して，生存権の保障という理念的価値に照らし，社会は老後の豊かさを保障するための何らかの対応を必要とするという認識から制定されたものである。

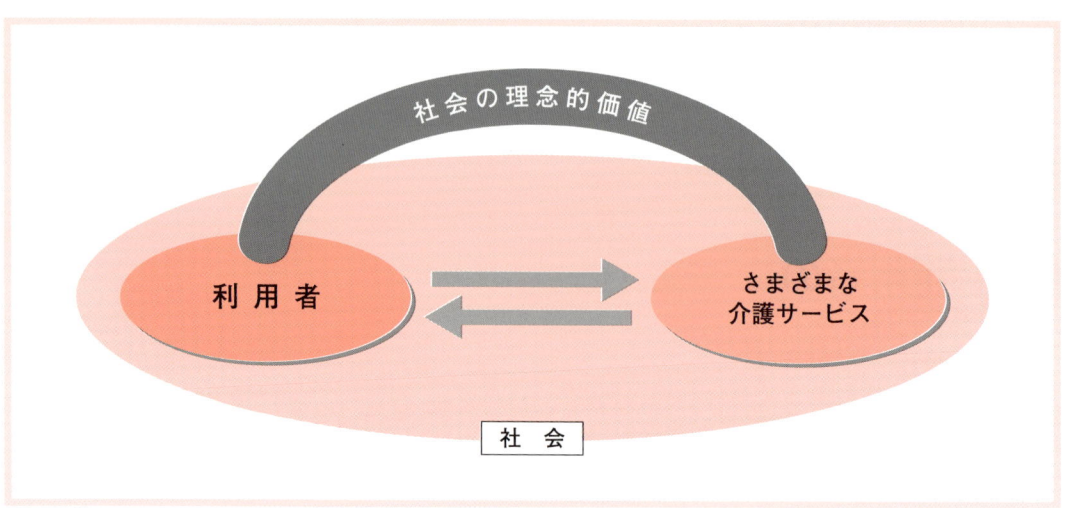

図2-1　社会の理念的価値の役割

2 生活ニーズの階層性

　介護過程においては，利用者のニーズを平板かつ並列的に判断するのではない。個人のニーズは，社会的ニーズの裏打ちがあって初めて社会制度のしくみの中で充足されていく。したがって，ニーズは体系的かつ階層的にとらえられ，適時・適切なその充足のための優先順位を与えられることとなる。繰り返すが，このことは利用者の個人的なニーズを軽視することではない。個人のニーズはあくまでも介護過程の原点に置くのであるが，生活ニーズのそれぞれの特性によって，ニーズをどこに位置づけるか，ニーズの軽重の階層性を明らかにすることが必要である。ここから社会的費用を充当する際の優先順位の指標を示すことが可能となる。

> ニーズの階層性
> 　ニーズの階層性については，マズローの欲求階層説の研究がよく知られている。特に基本的欲求（欠乏欲求）としての，①生理的欲求，②安全の欲求，③所属と愛情の欲求，④尊重の欲求と，成長の欲求としての⑤自己実現の欲求を階層的にみる視点は，介護過程におけるニーズを階層的にみるうえで有益である。

　ただ，ニーズの特性および階層性は，一律に決まっているわけではない。利用者のライフステージ（児童期・成年期・老年期）ごとの特性や，今現在，何を求めているかという，利用者の志向性によっても異なる。ここでは，高齢者の生活ニーズを階層的に示す。（図2-2）

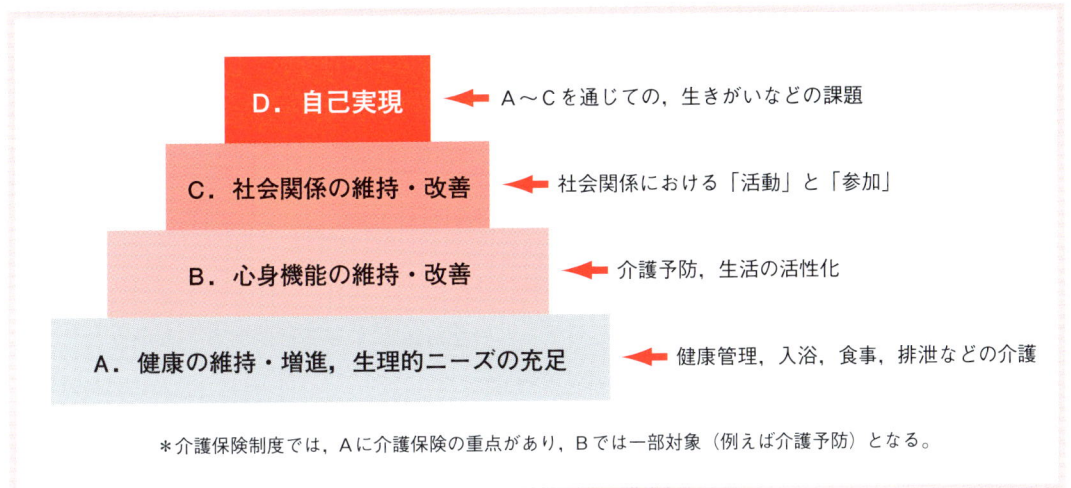

図2-2 生活ニーズの階層性

3 生活状況とニーズの理解

 介護過程は,生活支援のための方法である。そして生活支障は実際の日々のことから生じたものである。したがって,介護過程は生活の状況からのニーズに沿ったものでなければならない。そして,生活の状況は,以下に述べる二つの領域に分けて考えることができる。

1 行為や行動にかかわる具体的な領域

 一つは,入浴,排泄,食事,移動,清潔など,いずれも目に見える具体的な領域の状況である。つまり生活の現在における事実行為である。この領域において介護過程は,利用者の生活の現実の状況を認識して,そこにおける具体的な生活支障をどのように克服するかを,目に見える形で提示する。これらは,介護サービスの実践において,内容,日時,評価を具体的に示すことができ,結果の予測を立てることが容易な領域である。

2 意欲や志向性にかかわる抽象的な領域

 二つ目は,介護過程が明日へのより良き生活の姿を志向するという意味で,目に見えないもの,形で示せないものを実践の目標とする領域である。例えば,精神的に不安定な人にかかわって,どのようにしたら精神的に安定していきいきとした生活が営まれるか,といった領域における介護実践である。この領域については,ある原因を特定し,それに対処すればある結果がもたらされるといった,一般的な因果関係,明らかな見通しといったものを提示することが困難であることが多い。このように領域において,介護職

は，利用者の精神状態や取り巻く生活状況を洞察し，改善への過程を推論する。しかしそれは絶対の結果を予期するのではない。したがって，いくつかの試行的方法（例えば，介護職と利用者との人間関係の改善，医師の知見に基づく対応，生活環境の改善など）を項目立てして，それぞれの重みづけによる優先順位に沿ってケアプランを作成し，実践し，評価する。

3 事例を通して考える

「介護過程は目に見えないものを対象とすることがある」ということについて，事例を通して考えてみよう。

> **事例①**
>
> Dさん（78歳・男性）
> 　Dさんは，特別養護老人ホームを利用している。糖尿病と高血圧症のために健康の維持・改善が生活課題として取り上げられている。まず，食事のカロリー制限と甘い物を控えること，次に機能訓練で身体機能の維持・改善を行う，というケアプランの案がでている。
> 　Dさんに相談したところ，「もう何の楽しみもないのだから，好きな物を食べて残りの人生を過ごしたい。長生きしても仕方がないね。」と言う。機能訓練についても，「そうですか」と言ったきり，それ以上の返事をしてくれない。
> 　"そのような気分にはなれない"という意味の発言のようにもとれるが，担当の介護職は，Dさんは，いつもそういった話し方なので，機能訓練のことは理解してくれたと思っている。

　生活上の課題は，糖尿病の悪化の懸念，身体機能の低下である。その課題に対し，食事制限と機能訓練は，医学的所見からである。しかし，Dさんの意思は必ずしも明確ではない。介護過程の視点からみれば，まず，Dさんの動機づけが基本となる。動機づけをどう考えるかは，介護実践における本質的に重要な課題である。

　介護過程の出発点，人間関係の形成からアセスメントまでの過程で，介護職はDさんのこころ（情緒）を理解することから始めるが，その過程は，例えば，以下のように進行する。

(1) Dさんのこころの洞察……介護職が，介護の場面を通じて共感的に感じ取った事柄である。担当介護職は，"そのような気分になれないでいる"のかなと感じ取っている。

(2) Dさんの内心のニーズ……Dさんは内心，食事制限や機能訓練に意を用いてもらうよりも，"自分のこれまでの苦労（病気を乗り越えてがんばっている）をわかって欲しい。"，"家族と別れて暮らしているが，さびしいものだ。"，"訓練よりももっと温かく接して欲しい。"と思っている。

（3）人は誰でもより良い人生を望んでおり，それに向かって努力する潜在的な力を有している。介護職はその可能性を信頼して，Dさんと話し合う。
（4）Dさんの健康状態や家族との関係など，現在の状況の背景となる諸点に配慮し，ケアプランは次のような視点をもって作成することを考える。
　① 介護の場面を通じて，Dさんのこころの安心，生活の安定をはかる。
　② 信頼関係の形成のもとに，食事のことを話し合っていく。
　③ 家族との関係がより良いものとなるよう調整する。
　④ 趣味活動やコミュニケーションを通じて生活に変化をもたらし，こころの活性化をはかる。
　⑤ 健康状態・機能の改善については，保健・医療職を含めた話し合いから，Dさんの動機づけの形成を探る。

3 介護職の判断の妥当性

　介護過程において，利用者のニーズ理解の原点は，利用者が自己のニーズを表明することである。したがって通常は，介護職と利用者とのコミュニケーションによって，ニーズは明らかになる。しかし，ニーズが常に明確であるとは限らない。したがって，介護過程においては，利用者のニーズを明らかにしようとする介護職の配慮が伴う。例えば，認知症高齢者の場合のように，利用者の動作，ことば，態度などから，利用者の内心の欲求や要望を推測・解釈することによって，ニーズを判断することも少なくない。そのような場合に，介護職の判断の妥当性をどこに求めるのだろうか。これについては二つの視点がある。

　一つは，介護職のこれまでの経験，学んできた知識，人としての感性などの総合である。これは全人的判断ということができる。その際，過去の経験や学びを単に応用するのではない。今，自分と向かい合っている利用者の生活支援のために何ができるのかという真摯な態度から，これまでの経験や学び（知識）が人格的に再構成されて判断へと導かれるのである。これは判断の本質的な根拠である。

　二つ目は，介護職個人の恣意や思い込みによる判断ではなく，介護過程において得られた情報や認識を，判断の根拠（エビデンス）とするものである。判断の実証的根拠を明確に示すことであり，介護過程のどの部分（利用者との関係の過程）から何がどのように情報として得られたのかを明晰に述べる

ことである。そのことから利用者・家族および関係者が同じ視点に立って，ケアプランを吟味することが可能となる。介護職の主観的判断が共有されることで，その判断は客観的妥当性を得ることになる。

　具体的には，立案されたケアプランは，関係者の出席するサービス担当者会議（ケアカンファレンス）によって合意されることで，実践へと移っていく。

■引用・参考文献■
・上田吉一：人間の完成，誠信書房，1991，pp.35-52.
・黒澤貞夫：生活支援学の構想，川島書店，2006，第6章．

第3章 生活支援システムの一環として展開される介護過程

1 社会資源の統合としての生活支援システム

　介護過程は，社会の生活支援システムの中に位置づけられる。個人の生活課題は，同時に社会的な課題として，社会の連帯責任において解決していくものである。社会は，さまざまな生活支援機能を有する社会資源を備えているが，高齢者や障害者の生活支障（困難）の複合性・多様性から，それらに対応する社会の生活支援機能・資源が，システムとして相互に関連し合っていく必要がある。社会の生活支援機能・資源は，それぞれ別個に存在し，独自の役割・機能を有しているが，それら一つひとつの構成要素が相互に関連し合って，ある目的のために集合する，その全体構造をシステムとしてとらえ，概念化するのである。

　北原はシステムを定義して「①いくつかの〈もの〉が存在する。②それらが相互に〈働きかけ〉あっている。あるいは〈相互関連〉を保持している，という事実である。」とし，また「すべての要素が直接・間接に相互関連(inter-relation) をもつときそれらの要素の集合がシステムである。」[1]としている。

　"生活の営み"は，さまざまな要素の複合で成り立っている。したがって，"生活の営み"の中で展開される介護過程もまた，システムとして展開される。
　介護過程をシステムとしてみるということは，それぞれの段階の個別の要素が生活課題の解決のために集合して働きかけ合っている，その全体像をシステムとしてとらえることである。
　介護過程は，相談・面接などにおける生活支援関係の形成→アセスメント→生活課題の設定→生活支援の目標・内容決定→実施→評価，という一連の流れであるが，この手順を平板にみるのではなく，それぞれの過程で生活支

援の関係スタッフがどの時点で、どのように参加あるいは介入するかの構造、すなわち、システムとしての介護過程の構造を示す必要がある。利用者の生活課題に対して保健・医療・福祉などの機能が連携・協働するための基本的な意義と目的である。

介護過程をシステムとしてとらえる際の基本的な視点を以下に示す。

① 介護過程をシステムとしてみるということは、単一の生活支援機能だけでは利用者のニーズを十分には充足できないということである。利用者の生活ニーズ＝複合的ニーズの充足のためには、複数の専門職・機関の連携・協働が必要である。そのための活動のしくみがシステムとして理論的に構築され、実践を支えるシステム構造が示されることで、関係者の共通の認識と活動の基盤が明らかとなる。

② システムの概念は理論上のことであるが、法制度としての根拠をもって裏打ちされている。例をあげれば、介護保険法第8条第21項の「居宅介護支援」において、保健医療サービスまたは福祉サービスの適切な利用ができるよう居宅サービス計画を作成する趣旨が規定されている。

③ ここにいうシステムは、個人と環境との有機的な相互関係をみるものである。生活課題の解決は、個人の努力では限界がある。さまざまな社会資源の目的的な関係があって初めて可能となる。その際、問題になるのは、個人と環境との関係の質である。利用者個人が環境をどのように自己の生活課題の解決のために利用するかは、個人の環境についての認識が重要な要素となる。環境とは自己の周囲にある単なる事物ではない。自分自身と環境とがどうかかわってきたのか、どうかかわるのか、あるいは関係性を新たにつくりあげる動機づけが問題となる。

個人と環境との有機的な相互関係、という点について、事例を通して考えてみよう。

> **事例①**
>
> **Eさん（58歳・男性）**
> 　Eさんは、瀬戸内海に面した美しい町に生まれ育った。大阪に出て会社員になったが、定年少し前に脳血管疾患で倒れた。右片麻痺の後遺症があり、車いすを使用しての生活を送っている。妻と二人暮らしであるが、妻は病弱で介護が難しい。
> 　故郷の町では、親戚・友人が心配して、Eさんが町に帰ってきて、親の残してくれた家に住み、近くの病院、訪問介護（ホームヘルパー）、通所介護（デイサービスセンター）などを利用して安心・安定した老後を送ってはどうかと勧めたが、Eさんは「いまさら車いすで生まれ故郷には帰れない。」と言う。

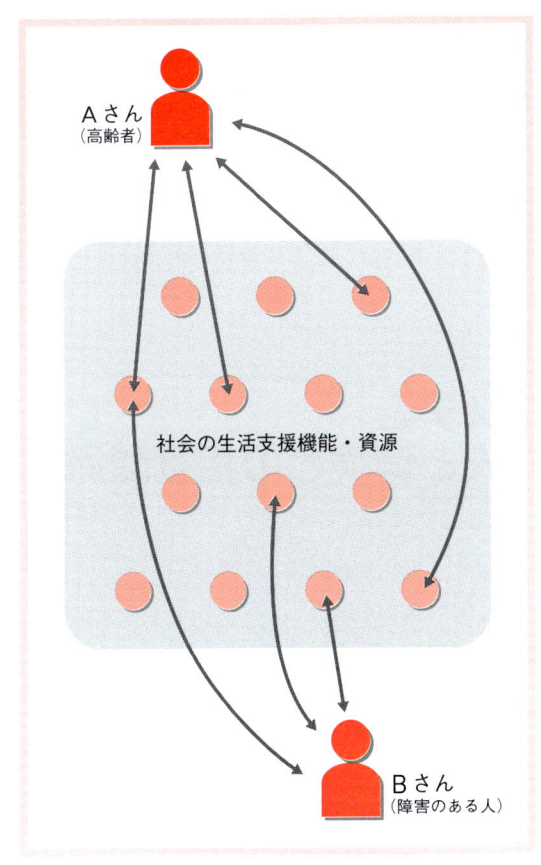

図3-1　生活支援システム

図3-2　生活支援システムにおける目的的連携

　Eさんの認識や情緒は、社会環境とのかかわりにおいて生じている。特に、"人生の成功とは、故郷を出て都会で身を立てることである"あるいは"故郷に錦を飾る"といった、かつての日本の社会に一般的にあった風潮と、車いすを利用する人びとに対する社会の一般的な認識が、Eさんに「いまさら車いすで生まれ故郷には帰れない。」と思わせているのかもしれない。この事例では、単なる事物としてではない社会環境と、Eさんとの関係の質が問われているのである。そして、介護職は、Eさんと社会環境との相互の関係が互いに変化していく可能性を求めて、生活支援を行うことになる。

　介護過程の思考の展開過程を、順を追って整理してみよう。

① Eさんの生活設計の動機づけの不十分さを取り上げる前に、Eさんの現在の心境（情緒）を受容的、共感的に理解することから始める。すなわち、Eさんが、現在の生活状況をどのように認識しているのかを洞察してみる。

　事例に記した時点では、「車いすを利用する」ということに対するEさんの心情は、障害をになう人びとに対する外側からの認識の側に立っ

● 第3章　生活支援システムの一環として展開される介護過程　25

ており，自己の事柄となっていない，ということが，Eさんの発言から推察できる。
② 障害をになったEさんの生活のありようは，時間の経過のもとでしだいにつくりあげられていくのである。このことは，Eさんの意思を関係者が変えようと意図するものではない。介護職とEさんとの信頼関係の形成のうえで情報の提供を行い，Eさんが障害を受容し主体的に生活設計ができるよう支援するのである。

❷ 生活支援システム ―個人と環境との相互関係―

　介護過程は利用者の個人的要素と，生活課題の解決のために必要とされる環境との相互関係を示すものである。相互関係をシステムとしてみるということは，利用者は環境としての社会資源を自己の生活課題の解決のために活用するということを意味する。ここで重要なことは，そのような利用者の営みは，生活のより良き向上をはかるという目的をもって行われるということである。同時に，社会資源といっても，社会の人びとがつくりあげたものである以上，利用者と社会の相互の働きかけによって変化していくものである。したがって，生活支援システムの構築にあたっては，利用者のニーズに応えられる社会資源の質の向上が重要となる。これについては，環境的な「場」の形成と，生活支援の過程という「時間の経過」との関係から理解することが重要である。

　例えば，身体に障害のある人が障害を受容していく過程は，障害者施設という場において，同じ障害をもつ仲間と出会い，話し合うという時間の経過の中で，しだいに障害を受容し，将来の方向性を見いだしていくという過程である。そこでの環境的な質の課題は，①障害者施設が情報を収集して提供していくこと，②障害のある人同士が自由に語り合う雰囲気を形成していくこと，③障害のある人同士あるいはボランティアなどとの地域社会の支援的な環境形成に努めていくことである。生活支障の解決は，生活機能の回復であり，その力を育て強めていくことである。それらは介護職一人，利用者一人の単独の力によるものではない。生活機能は環境との関係の質によって決まるのである。

> **事例②**
>
> Fさん（16歳・女性）
>
> 　Fさんは，スポーツ中の事故によって脊髄損傷（頸髄5番損傷）の重度の障害を負った。上下肢の麻痺により全面介助が必要である。
>
> 　病院から施設へ移ったとき，Fさんは絶望と不安で何をする気力も失っていた。施設利用の初日，両親も涙ながらに施設をあとにした。
>
> 　Fさんの施設生活が始まった。同じ部屋のMさんがFさんを励まし，支えてくれた。Mさんは交通事故による脊髄損傷で，障害の程度は同じであった。
>
> 　Fさんは生活自立のため，ベッドと車いすの間のトランスファー（移乗動作）に挑戦することになった。お手本はMさんであった。Fさんは，訓練室で同じ障害をになう仲間と共に筋力トレーニングに励み，談笑する姿が見られるようになった。6か月が過ぎ，なんとか一人で乗り移れるようになった。面会に来た両親は感激の涙を流した。

　この事例は，Fさんと，彼女を取り巻く環境との相互関係を示している。その環境とは，同じ部屋のMさん，共に暮らす障害のある人同士の語らい，自立へ向けての施設の環境の改善などである。これらの各要素が集合（連携）して目的的に機能している。

　この事例における，Fさんにとって"良い要素"とは何だろうか。それは，誰かが困っているから，その人を支援しようという対象化された関係ではなく，同じ障害をになっている仲間同士が共感し合い，現在のこと，これからのことを真摯に語り合うという生活環境である。これは，いうなればピアカウンセリングの場面である。施設側は，自立支援の理念を掲げており，具体的には，一人ひとりの個別性とこれからの可能性を信頼するという基本的姿勢をもっている。

　Fさんは，自己の生活課題の解決のために施設の機能を活用する。施設側は障害のある人同士の人間関係を大切にしながら施設環境の質を吟味して，利用者の自己変革を求め続けていくのである。施設と利用者との相互関係とは，このような意味を有している。

　Fさんは，何のために必死の努力を続けることができたのであろうか，それは社会における「活動」「参加」への希望である。施設は利用者との話し合いによって個別支援計画を立て，社会的「活動」や「参加」について，社会資源，施設機能などをシステムとして展開するのである。

　この事例では，身体に障害をになった人の例を述べたが，高齢者の介護過程におけるケアプランについても同様である。

❸ 生活支援システムにおける医学モデルと生活モデル

　介護過程は、生活支援のコンセプト（概念の枠組み）をモデルによって示すものである。そして、介護過程は、生活支援における医学モデルと生活モデルの影響のもとに展開されてきた。現在は、医学モデルから生活モデルへと、その根拠となるモデルが変遷してきている。このことは米国のソーシャルワーク（社会福祉援助活動）の影響を受けて、わが国の社会福祉においても論じられてきた。しかし、介護過程について、どのようなモデルを採用するかが意図的に論議されてきたわけではない。むしろ二つのモデルの実践面における有用性の視点から、選択的に援用してきたのである。

　ところが、ICF（国際生活機能分類　2001年）の登場によって、医学モデルと生活モデル（ICFでは社会モデルという）を弁証法的に統合した新たなモデルの構築が問われている。本書では「生活支援モデル」という統合モデルを提案するが、ここでは医学モデルと生活モデルのそれぞれの特性をあげ、そのうえで介護過程における統合モデルとしての「生活支援モデル」の果たす役割・機能を示すことにする。

1 医学モデル

　医学モデルは、社会福祉における生活支援において、医師が患者を診る方法を援用して支援技術の展開過程のモデルを構築してきたのである。すなわち、インテーク面接→社会調査→社会診断→社会治療、の過程である。介護過程においては、介護を必要とする人の生活支援の視点から、心身に障害のある人の生活の支障（ADL）の理解の過程を明らかにする必要があった。そこでWHO（世界保健機関）のICIDH（国際障害分類　1980年）*のモデルを援用してきた。それは、機能損傷→能力低下→社会的不利、という過程である。この医学モデルは実践の場では多少の変容はあるにしても、基本的な枠組みは現在においても用いられている。

　しかし、医学モデルが今日においては生活支援のモデルとして十分な機能を果たしていないといわれるのは、主として人間観の問題と生活の能動的な視点を欠いているという点にある。医学モデルが疾病、障害のある人の欠陥や弱さ、生活の不自由さに焦点を当てすぎているということである。

---

memo

ICIDH（国際障害分類）
(International Classification of Impairment, Disabilities and Handicap)
世界保健機関（WHO）が1980年に提唱した障害と機能（働き）に関する分類。障害を機能障害（Impairment）、能力障害（Disabilities）、社会的不利（Handicap）の3つのレベルに分類し、病気やけがが顕在化したものが機能障害、そのために活動能力が制限されることが能力障害で、さらにそのために社会的役割が果たせなくなった状態を社会的不利と定義づけた。改定版の国際生活機能分類（ICF）が2001年に採択されるまで、この分類と定義が世界で主に使用されていた。

2 生活モデル

　生活モデルは，医学モデルの欠陥を克服しようとするものであるが，まったく新たなモデルというよりも，医学モデルにおける援助の歴史を吟味して，理論的な修正を加え，現実の姿を直視して構築されたモデルであり，生態学と一般システム論を加えたモデルである。そのエッセンスは，人間と環境との交互作用の重視，人間の成長・発達の潜在的可能性への信頼である。生活モデルのコンセプトはICIDHの改定であるICFにおいてみられるところで，「活動」「参加」という社会生活面の能動性および日常生活のいきいきとした志向性を取り入れたことは評価される。しかし，この生活モデルは思想的にはよく理解されるのであるが，医学モデルのように論理的な明晰性をもつ展開過程と比べると，決して十分な展開過程を有しているわけではない。医学モデルの「社会調査・社会診断」を「アセスメント」とし，「援助活動」を「介入（インターベンション）」と呼んで，生活モデルへの移行を試みているが，実践の場において満足する十分な体系性を有しているわけではない。

3 生活支援モデルの構築

　生活支援モデルの構築について，ICFは医学モデルと生活モデルとの弁証法的な統合モデルであると述べている。しかしICFは生活機能の分類という目的からいって，その統合モデルを体系的に示しているわけではない。「健康状態」，「心身機能・身体構造」，「活動」，「参加」，「背景因子」の各要素を示しているが，それらがどのように連関しているかについての説明は十分ではない。したがって，ICFの趣意を取り入れながら，独自の生活支援モデルを構築することとする。介護過程は，このモデルのコンセプトによって展開されることになる。生活支援モデルのコンセプトの基本は，以下の諸点にある。

① 従来行われ現在も行われている介護実践の場面では，例えば，介護過程の領域では，これまで医学モデルと生活モデルが区別のうえに展開されてきたわけではない。利用者の生活課題（ニーズ）に対応した適切な介護サービスが展開されてきたのである。ICFが登場したことで，医学モデル，生活モデルそれぞれのモデルの援用すべき考え方・技法を統合した，新たな生活支援モデルが構想されたのである。

② いつの時代にあっても，人は老い，病をもち，心身の障害によって生活支障を生じることがある。介護は，どのような状況下にあっても，人は健康を維持し，いきいきと活動し，社会参加と役割を果たしていく，という人間観を基盤としている。これは生活モデルの人間観である。

③ 介護過程は，まず医学モデルの論理性・実証性を援用する。例をあげれば，アセスメントの項目における利用者の心身機能の障害の種類・程度，ADL（日常生活動作），健康状態などの情報の収集・判断である。
④ 生活モデルにおいて援用されるシステム論は，社会資源をいかに適時・適切に生活支援において活用するかの根拠を与えるものである。例えば，保健・医療・福祉領域の連携と協働は，まさにシステムとしての視点である。すなわち社会資源の要素の目的的な集合である。
⑤ 利用者の生活課題の解決にあたって社会資源をいかに活用するかは，主として生活モデルにおいて強調されている。このことは社会資源の取り入れは，生活"自立"という価値の実現を指標とするものである。社会資源の活用については，資源の量的・質的な環境整備が必要となり，それを支えるのは社会福祉の法制度に示される目的・理念である。

4 生活支援モデルの視点からみる介護過程

1 生活支援モデルの視点

　介護過程を生活支援モデルの視点からみることについては，二つの視点がある。
　一つは，介護過程において，どのモデルを援用するにしても，利用者の生活課題（ニーズ）の解決のために，適時・適切な介護サービスを提供することの目的を見失わないようにする。したがって，モデルを用いることは，介護過程による方法と目的の連関における思考過程と実践方法のコンセプトを，合理的にかつ明晰に示すうえで有用なのである。
　二つ目は，生活支援モデルは，医学モデルと生活モデルの統合モデルであるが，何をどのように統合しているかを示すことが求められる。医学モデルについては，その分析的・論理的・因果性という特性を介護過程においても援用する。そして，生活モデルについては，個人と環境とのシステムとしての相互関係，人間の成長・発達への信頼，人格的変容などにおける人間の尊厳，自立という価値を基盤に置くことを介護過程に援用する。この二つの特性を，統合的・体系的に構成するのである。

2 事例を通して考える

事例③

Gさん（72歳・女性）

　Gさんは，中学校の校長を勤めて定年退職した。退職後は地域の民生委員の仕事や趣味の俳句の会などで忙しい日々であった。娘夫婦と孫の4人暮らしである。

　2年前に脳血管疾患で倒れ入院した。退院後は，すっかり生活行動の自信を失くしてしまい，日々の生活を娘とホームヘルパーの介護に頼っている。家族の介護負担を軽減するという目的もあって，近くの施設の短期入所生活介護（ショートステイ）をしばしば利用するようになった。

　そこでの介護を通じて信頼できる介護職との出会いがあり，その介護職の助言もあって，機能訓練を継続し，居室を洋間に改装して車いすによる生活ができるようになり，車いすで地域へ出かけて人びとの相談相手を行う機会がもてるようになった。Gさんはしだいに生活への自信と，生きる勇気をもてるようになった。そして趣味の俳句の会にも車いすで出席するようになった。家族も，Gさんがショートステイで学んだ機能訓練を生活の場で活かせるような住宅改造を行い，自立へ向けてがんばっていくように話し合っている。

（1）事例の吟味

この事例における，医学モデルと生活モデルの統合を実践的に吟味してみよう。

① Gさんは，これまでの学校教員の生活史のうえに将来を考えていた。しかし思いがけない疾病によって，日々の不安とストレスの中にあった。

② Gさんの機能損傷，能力低下（それに伴うADL・IADL*），社会的な不利益について的確にアセスメントする。そして機能訓練，住宅改造などによる自立への道筋が話し合われる。これは科学的な根拠をもって示される必要がある。

③ しかし，介護過程におけるGさんへのかかわりは，Gさんの生活課題の設定，ケアプランの目的・内容への動機づけなどが基盤となる。

④ Gさんは，居宅サービス事業を積極的に取り入れて，生活の安心・安定のうえにこれからの志向性をもつことができる。

⑤ さらに，ICFによる，「活動」「参加（役割）」の意義と目的をもった具体的なケアプランが作成される。「活動」とは自立へ向けた訓練，環境整備などの配慮であり，「参加」とは具体的には，Gさんが町内の人びととかかわること，俳句の同好の士との交わりなどである。

> **memo**
> **IADL（手段的日常生活動作）**
> （Instrumental Activities of Daily Living）自立した社会生活を可能にする手段としての動作。掃除，洗濯，買い物，調理などの家事動作や，電話の利用，バスや電車の利用，金銭管理，薬の服用管理などで構成され，ADLよりも広い生活圏での活動や複雑な生活活動をいう。APDLも同義。

（2）ICFの視点から考える

　介護過程において「活動」「参加」の志向性を具体的に取り入れるためには、利用者の生活機能の障害（支障）を「背景因子」との相互関係からみる必要がある。このことは、アセスメントによって生活状況を把握するだけではなく、生活支障にかかわる「阻害因子」を把握して介護などによって取り除くだけの視点ではなく、その「阻害因子」を「促進因子」に変えるための介護過程が留意されなければならないことを意味する。この事例における「活動」「参加」の「阻害因子」と「促進因子」の関係を考えてみよう。

　阻害因子……からだが不自由になったことから、これまでの生活行動の自信を失っている。また、適切な専門職の助言を得る環境にもなかった。

　促進因子……ショートステイを利用するようになり、介護を通じて信頼できる介護職との出会いがあった。機能訓練を受け、住宅を改造して車いすによる生活が可能になり、地域社会への「参加」もできるようになった。家族の励ましも力になった。

　阻害因子と促進因子の関係……両者の関係でもっとも重要な視点は、Gさんの何かを志向する動機づけの形成にある。Gさんは回復の難しい病に倒れ、不安や見通しのない生活の日々であった。そうした状況のもとでは、"こうしたら、このように解決する"というような設計図が描けないのである。自己の活動が暗礁に乗り上げ、"社会的に評価されることもない"との思いがある。すなわち、阻害要因とは、老い、病、障害といった個人的因子が、社会という環境的因子にかかわって本人の自己認識となり、阻害因子となるのである。したがってここでは、環境的因子から改善し整えることで、Gさんの「活動」「参加」の志向性が見えてくる。

　すなわち、「活動」「参加」については、その人の生活構造の特性をよく配慮したうえで、個人と環境との相互関係において、その解決の糸口を見いだすのである。この事例において、ショートステイにおける介護を通じての、介護職の役割・機能が注目される。介護職が利用者ならびにその家族の意向を傾聴して共感的に理解し、適時・適切な働きかけを行うことが、利用者の新しいライフスタイルの形成にかかわることも少なくないのである。

■引用・参考文献■

1）北原貞輔：システム科学入門，有斐閣，1987，p.19.

第4章 介護過程におけるヒューマニティとサイエンスの統合

❶ 介護過程におけるヒューマニティとサイエンス

　介護過程は，介護職ならびに関係専門職種の専門性の具現化である。介護過程の専門性を考えるとき，介護過程はヒューマニティ（人間性：humanity）とサイエンス（科学性：science）をもって構成されていることに着目する。ヒューマニティとは，生活の営みを人間的かつ全体的にみることである。サイエンスとは，生活の事柄を分析して，それぞれの要素の性質および要素のつながりを理解することである。介護過程は生活支援の一環であることから，両者は介護過程において統合される。

1　ヒューマニティ―全人的理解の領域―

　介護過程は生活支援の一環であるから，介護過程にあっては，生活の営みの主人公は誰であるかを常に念頭におき配慮する。すなわち利用者の主体性の尊重である。このことは，介護過程は利用者の意思に沿って展開されることを意味する。すなわち，利用者が現実の生活支障（困難）のある状況を認識して，介護サービスを利用することによる自己の生活課題の解決を主体的に意図することである。そのとき，ポイントとなるのは，利用者のこれからの生活の営みのありようにかかわる志向性（めざすもの）であり，"めざすところの"日常生活における「活動」や「参加」などへのニーズの充足にかかわる意欲である。人は誰でも現在の状況を"ただ"知るだけではない。川辺に立って川の流れを"ただ"眺めているだけではない。そこに何らかの精神の躍動感や志向性が働くのである。人の精神状態は，過去から現在に至る人生の道程に彩られた，その人の生活の歴史からのものであるが，それは常に新たな状況のもとに編みかえられて，人格的態度の変容のもと，新たに生活

機能の力が強められていくのである。これが人間の本来の姿である。

"全人的理解"ということについては，生活支援の目的と手段への適合性という観点から考えることができる。

生活機能の維持・回復という目的については，利用者のこれまでの生活の歴史性，文化性のもとに営んできた生活の姿の全人的な理解が基盤となる。具体的には，利用者それぞれのライフスタイル，ことば，食事の趣向，地域社会の習俗，職業など，さらには，考え方，志向性などである。これらは本来分離できないものであり，その人の個性となっているものである。

介護過程においては，利用者の生活課題（ニーズ）の解決へ向けての動機づけを理解し，その力を支持し強めていく過程が重要となるが，この動機づけは，環境との相互関係によって形成される。環境については，環境という概念そのものの多様性・複合性から一律に論ずることはできない。しかし，ヒューマニティという視点からは，人が他者から敬愛され，評価されることによる自己尊重が重要となる。つまり，"自分は一人ではない"，"自分の意思を尊重し真摯に支援してくれる人びとがいる"という認識である。このような情緒は人間生活の必要条件であり，直観・共感・洞察などによる全人的理解を基盤とした介護を通じた豊かな人間関係性のもとでしだいに形成されてくるのである。

2 サイエンス—要素還元的理解の領域—

介護過程におけるサイエンスの概念には，二つの意味がある。

一つは，自然科学を本籍とするものである。すなわち，ある事柄を論理性・客観性・因果法則性をもって理解する領域である。対象となる事柄を要素に分けて（要素還元主義），それぞれの特性を数量的・記号的に示すことである。例をあげれば，生活動作について，①できる，②できない，③一部できる，といった評価指標で示すものと，ある人の血圧について，単に高いというだけでなく，通常値と個人値を比較して，最高血圧160という数字で根拠づけるものとがある。これらは，そのサイエンスとしての特性からの方法であり，検査・測定・診断・外形的観察によるものである。

二つ目は，生活の事柄を心理社会的にみる側面である。例えば，生活を目的的に分類して，それぞれの個別の状況をみる方法である。例をあげれば，人間のニーズ（欲求）を階層的にみて，それぞれの状況を客観的な指標をもってみるのである。介護過程におけるニーズの充足について，①生理的ニーズの充足，健康状態からのニーズ，②心身機能の維持・改善のニーズ，③社会関係の維持・回復のニーズ，④自己実現のニーズ，という，マズローの欲求階層説から示唆を得て，それぞれに評価指標を設定し，介護過程における評

価の根拠とする，などといった考え方によるものである。

3 ヒューマニティとサイエンスの統合

　介護過程におけるヒューマニティの特性は，利用者を全人的に理解することであると定義した。全人的理解とは，介護職が何らの媒介を要しないで，直接に利用者をそのまま理解することである。実践の立場からは，介護職と利用者との出会い，対話の機会からの共感・観察・洞察などによる理解である。したがって，そこに示されるのは利用者の人格的態度や生活の彩りにおける感情や欲求（ニーズ）から，介護職が感じ取った事柄である。

　もちろん，介護職の全人的理解は何らかの目的をもった関係性（ここでは介護過程）という背景のうえに行われるが，その際，重要なことは，障害に伴う生活支障の理解が先行して人間の理解があるのではない，という点である。事故などによって脊髄を損傷した人が，障害の種類・程度が同じだからといって，本人の障害についての認識（受け止め方）が同じとは限らない。重要なのは，利用者それぞれの"生活世界"の違いを感じ取ることなのである。

　介護職は，利用者のADLやIADL，また心身状況について保健・医療的な側面からの科学的・客観的なデータ（資料），すなわち健康状態にかかわる医師の所見，身体障害の種類・程度，あるいは機能訓練によって達成可能な目標の設定などを得ることができるが，これらは利用者の個人的な生活の彩りに直接に関係することではない。

　ヒューマニティとサイエンスの違いを総括していえば，人間の生活世界における生きる姿から構成するのがヒューマニティであり，そこには本人の生活の歴史，文化，環境における主体的な生き方の彩りがある。一方，サイエンスは，生活における科学文明の利点を必要に応じて活かしていく領域である。

　介護過程は，生活支援のために，医療，保健，科学技術を取り入れるが，サイエンスそれ自体が独自に機能することはない。利用者の主体的な意思が働いて初めて，ヒューマニティの領域，サイエンスの領域の両者が統合的に機能するのである。

2 事例から考える

> **事例①**
>
> Hさん（43歳・女性）
>
> 　Hさんは、ベーチェット病*で突然失明した。病院では、難病なので治療は困難であると言われた。
>
> 　暗黒の世界の中で、ただ呆然自失の状態であった。目が見えなくなり、自分では何もできなくなった自分に絶望した。夫と、中学生と小学生の子どもは、「お母さん、僕たちがやるから心配しないでいいよ。」と言ってくれた。しかし、母として妻として、何もしてやれない自分がつらく悲しかった。
>
> 　ある日、市役所の人が、近くに中途失明者のための生活訓練施設があることを教えてくれた。Hさんは、施設を訪問して訓練を受けようと思った。施設では、Hさんと話し合って個別支援計画を立て、一般生活動作、調理、歩行、整容などの訓練を体系的に行うこととなった。
>
> 　訓練が始まって3か月が過ぎた。Hさんは、目が見えなくなっても訓練によってできることがいかに多いかを身をもって知って、これからの生活に一筋の光を感じて、生きていく勇気がもてるようになった。

memo

ベーチェット病
全身の皮膚や粘膜に発作性の炎症が繰り返し起こる疾患。原因は明らかではない。口内炎（アフタ性潰瘍）、外陰部にできる潰瘍、眼のブドウ膜に炎症が起こるなどの症状がみられ、皮膚にも結節性紅斑や、にきびのような発疹が出る。中近東や日本に多くみられる。炎症の強い病気で、発熱や関節の痛みを伴う。内臓の病変では神経や血管、腸管などがおかされることがある。若い男性に視力障害が多く、女性には眼症状を欠く不全型が多くみられる。

1 ヒューマニティとサイエンスの統合のモデル

　眼科医による治療、そしてアフターケアが行われるが、Hさんは失明の衝撃、悲しみ、絶望の中にあった。施設では次の点を相談、アセスメントの過程によって的確に理解し、生活支援計画を立て生活支援を展開することとなった。以下に示す項目は、事柄の性質上、ヒューマニティとサイエンスの二つの領域に大別したものである。

ヒューマニティの領域

① 失明の受容……生活支援関係を通じて障害を受けとめる心理的回復
② 訓練意欲……生活訓練の動機づけを育て強めていく関係性の構築
③ 新たなライフスタイルの形成……失明をになって生きていく新たな生活の創造

サイエンスの領域

① 視覚障害の種類・程度……眼科医の診断・アフターケア
② 健康状態……一般健康状態・難病に伴う合併症等の医師の診断・治療
③ 失明に伴う生活支障……ADL、IADLの評価から改善の方向性
④ 生活訓練……生活訓練担当者による訓練計画の作成・実施・評価

生活支援の基盤となる目標は，Hさんが障害を受容し，家族との豊かな関係性のもとで，新たなライフスタイルの形成への方向性をもつことであり，それはヒューマニティの領域である。同時に視覚障害，健康状態，ADL，IADL，生活訓練の達成目標などについて的確な理解と方向性を得る必要があり，それらはサイエンスの領域である。そして，これらは生活支障の解決・改善のために統合される。

　このような，ヒューマニティとサイエンスの統合を"生活支援モデル"とするのである。

2 ICFの視点から考える

　この事例をICFの視点からみてみよう。まず，Hさんは目の不自由さを克服するために，生活訓練によってADLおよびIADLの回復をめざすのであるが，これはICFにいう「活動」の回復である。ただ，その「活動」は，Hさんが過去にもっていた活動能力の回復ではなく，目の不自由さをになった新たなライフスタイルの創造による「活動」の形態をめざす。また，"母として，妻としての役割を失った"との思いがあり，Hさんは，社会的・家庭的な意味における自分の存在理由を見失っていた。このことは，Hさんを悲しみと絶望の淵に追い込むことになる。そこからの回復の過程は，ICFにおける「参加（役割）」の意味するところである。

　ICFにいう「活動」「参加」の概念は，それぞれが別々にとらえられるような事柄ではなく，この事例で示すように，生活支障の解決の過程における生活のありようの一つの姿なのであり，それは今日から明日へと向かう時間の経過の中での，より良き生活をめざしている。

　そして介護職は，その人が潜在的にもつ生活機能を信頼して支援を行うのである。このことを，生活モデルの創始者の一人であるジャーメイン*は，「つまり，人間の機能の中の積極的な部分を頼みとし，たとえ病気・障害・失敗・深い悲しみに直面しても，人間はなお成長や健康に向かって活動する，もって生まれたパワーをみなもっているという価値観である。」[1]と言っている。ジャーメインの考え方は，生活支援モデルにおいて核心的な価値観である。その趣意は，介護過程における「活動」「参加（役割）」のうえに十分に活かされるのである。

> **ジャーメイン**
> アメリカのソーシャルワークの研究者，生態学の考え方をもとに，ライフモデル（生活モデル）を構築し，大きな功績を残した。生活支援の拠るべき理論の一つとなっている。

引用・参考文献

1）カレル・ジャーメイン他，小島蓉子編訳・著：エコロジカル・ソーシャルワーク，学苑社，1992，p.85.

第5章 介護過程の体系

1 介護過程の構造

1 介護と介護過程

　人は誰でも自分の望む生活がある。この望む生活を意識的にせよ無意識的にせよ満たすことができるよう，日々，こころやからだを働かせている。この望む生活とその充足は，私たちが自分らしくあるということを意味する。

　介護は，身体面や精神上の障害を有している人への日常生活の基本的活動であるADLやIADLを支援する行為である。私たちの生活は，食事・排泄・入浴・移動といった日常生活の基本的活動により支えられている。これら基本的活動に支障が生じると自分の望むような生活ができず，人生における生きがいをなくしてしまうといったこともある。したがって，介護は生理的欲求を含む日常生活の基本的活動を支えるだけでなく，生きがいや自己実現といった幅広いニーズまで含んでいる。また，人間関係を基盤として行われる介護は，その利用者の思いや願いを受け止め，その人の自己実現をめざして支援が行われる。利用者についての情報の把握，それに基づく判断，支援の方向性，支援内容の適切・不適切など，介護職がどのようなかかわりをするかにより，その生活は大きく影響を受けることになる。

　2000年4月に社会保障制度として介護保険制度が導入されたことに伴い，ケアマネジメントが制度化された。介護の場面においては，支援をどのような方法で行うのかといった，その過程を明らかにすることが求められるようになった。また，介護サービスの質の担保といった視点からも，介護過程を明らかにしていくことは，必要不可欠なものとなっている。

2 介護過程の枠組み

　介護過程は「専門的かつ科学的な方法によって介護上の問題あるいは課題を明確にし，解決あるいは支援するための方法を計画し，実施・評価するための一連の思考過程」[1]であるといわれている。

　介護過程についての，この基本的な考え方に大きな差異はないものの，時間の経過に伴う介護職と利用者との関係性の変容に着目するもの，社会的な価値の実現といった点に力点を置くもの，問題解決の思考過程・思考方法といった側面に着目するもの，介護職の"目的をもった"かかわりという側面にポイントを置くものなど，論者によっていくぶん異なった枠組みが提示されている。

　それらの論点をキーワードとして抜粋し，介護過程のフレームとして図示すると，図5-1のようになる。

② 介護過程の手順

　介護過程は，介護をどのような方法（手順）をもって行うのか，そのプロセスを明らかにするものである。介護過程の手順を図5-2に示した。介護過程の手順を区分けすると，以下の7段階に分けられる。

1 相談・面接

　最初の入り口での相談・面接は，以後の支援関係の成立にとって重要な意味をもつ。利用者は，常に考えていることや感じていることをすべて介護職に話してくれるわけではない。相手との関係性の中で，自分の内面をどこまで話すか考えながら対応している。したがって，介護職は，利用者が本音を語ってくれるような信頼関係をできるだけ早くつくる努力をしなければならない。

2 アセスメント

　アセスメントは，情報収集と情報の分析に分けられる。どのような情報が必要で，その情報にどのような意味があるのかを考えながら情報を集めることが重要である。また，集めた情報は，科学的，多面的，総合的に分析されなければならない。

対象	日常生活に支障（困難）を生じている人を対象としている。
目標	●一人ひとりの利用者が望む生き方を実現させる。 ●一人ひとりの利用者が望む『良い生活』『良い人生』を目標としている。
概念	●社会のしくみの中での支援である。 ●人権を中核とする社会的価値の実現である。 ●介護職の"目的をもった"活動である。 ●私たちが日常的に行っている問題解決過程の介護実践場面での応用である。 ●介護過程は介護実践における一つの方法である。 ●生活支援において一つの役割・機能をになっている。 ●より良い介護実践を達成させるためのプロセスである。
方法	●介護職と利用者との直接の人間関係を基盤とする。 ●介護職と利用者の時間経過による両者変容による生活の創造である。 ●介護職は価値，知識，技術をもって実施する。 ●アセスメントは介護知識に基づき客観的でなければならない。
介護職の職能	●課題達成の根拠をあきらかにする思考過程が極めて重要である。 ●介護従事者が利用者の生活上の課題を解決する。 ●生活支援における一つの役割・機能をになうものである。 ●積極的な介護活動をめざすものである。

図5-1　介護過程のフレーム
石野育子（2005年），黒澤貞夫（2007年），高垣節子（2005年）を引用・参考のうえ，整理して図式化した。

3 生活課題（ニーズ）の設定

　相談・面接などから形成された人間関係のもとに，必要な情報の収集・判断によって生活課題（ニーズ）が明らかになる。どれを優先するのか，利用者の要望を聞き，必要性の高いものから目標の設定を行う。関係する介護職・専門職との間で情報の共有化をはかり，生活課題の設定をする。

4 ケアプラン*の作成

　計画の作成にあたっては，利用者が望む生活が実現できるように長期目標および短期目標を設定する。計画の内容はより具体的なものでなければならず，介護職や利用者本人が実施可能なものでなければならない。作成にあたっては，利用者や家族の意思に沿ったものでなくてはならず，期間を決め，実施後の結果を予測しておくことが，結果の評価をするうえで重要である。

5 ケアカンファレンス

　介護は，介護職のみによって行われるものではない。保健・医療職，ケアマネジャーなどとのチーム連携のもとで支援が行われる。アセスメントの段階から，介護職および専門職による情報収集あるいは職種間の情報提供が行われ，多面的，科学的な分析や利用者の意思に沿って生活課題（ニーズ）が設定され，生活支援の計画が作成される。

　そして，介護サービス計画が利用者の生活支援に適切なものであるかどうかを利用者，介護職，関係専門職の間で協議・決定する。

6 実施とモニタリング

　プランに基づき，目的の遂行のため介護職が"目的をもって"かかわっていく。"目的をもって"そして実践のうえで評価しながらサービスの提供に取り組む必要がある。また，チームとしてそれぞれの役割と責任をもって計画を実施していく。

　介護が計画通り行われているか，また問題はないか，その経過を絶えず見守っていかなければならない。この作業をモニタリングという。利用者の体調が悪くなったり，計画通り実施できないような状況が生じたり，計画として無理な場合には，アセスメント～ケアプランの中止や見直しなどを行うことになる。

7 評　　価

　介護計画を実施してみてどうであったか，結果として予測した結果が得られたかどうか，また課題や問題がどこにあったかなど評価し，次につなげなければならない。

> **memo**
> **ケアプラン**
> ケアプランは，利用者の生活支障（困難）から生じる生活課題を解決するためのケア（支援）の目標・内容・方法などを具体的に示すものである。介護保険制度上では「介護サービス計画」といい，障害者自立支援法の関係では個別支援計画などと呼ばれる。

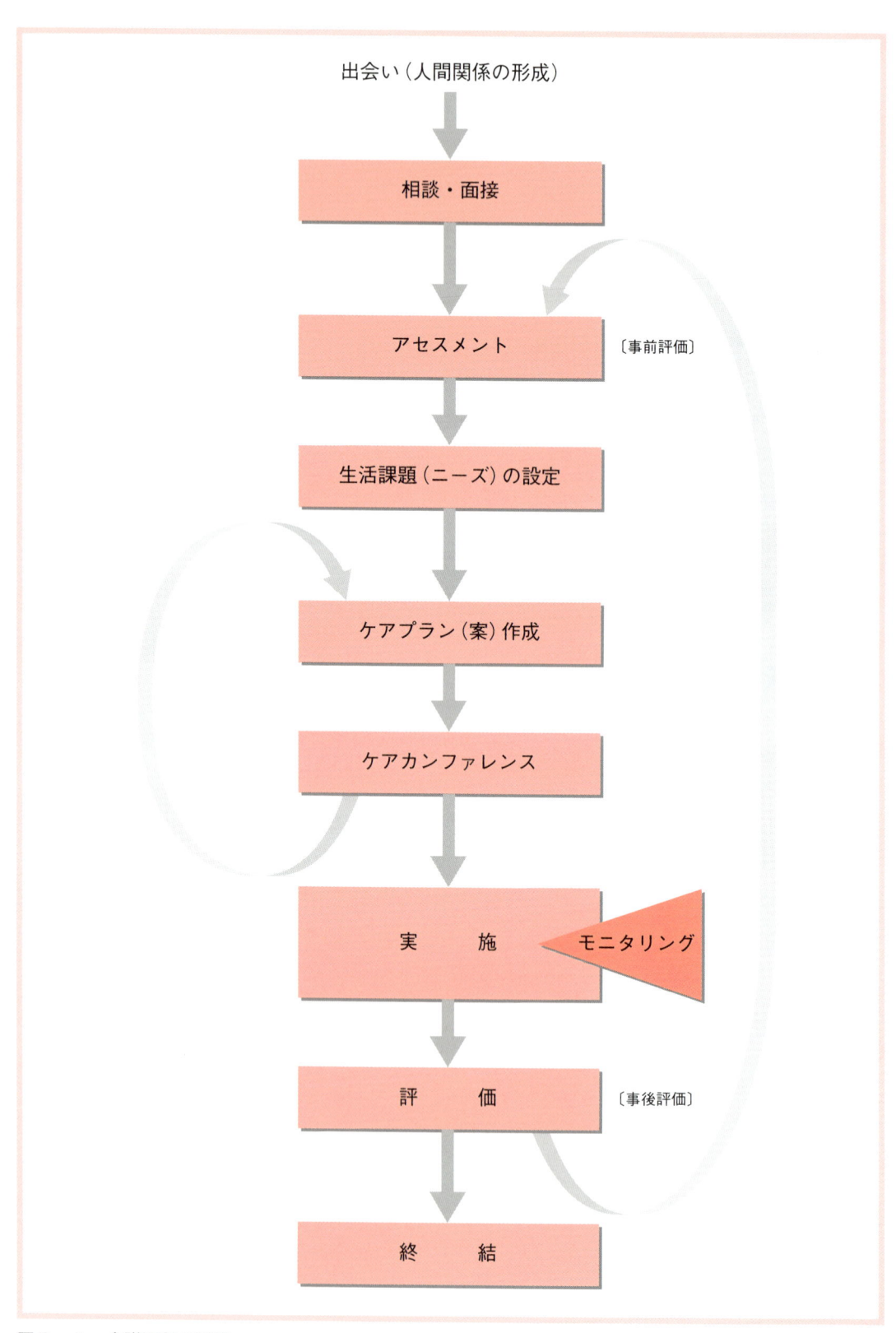

```
出会い（人間関係の形成）
        ↓
    相談・面接
        ↓
    アセスメント      〔事前評価〕
        ↓
  生活課題（ニーズ）の設定
        ↓
   ケアプラン（案）作成
        ↓
   ケアカンファレンス
        ↓
    実　　施      ◁ モニタリング
        ↓
    評　　価      〔事後評価〕
        ↓
    終　　結
```

図5−2　介護過程の道筋

3 "目的をもった"かかわりの意義

　介護過程の特徴としては，利用者の望む生活の実現に向けて，自己決定を尊重しながら介護計画に基づき専門的知識や技術をもとに"目的をもって"（意識的）にかかわるところにある。介護職が計画性もなく目的をもたず，漫然とかかわっていても利用者の望む生活の実現にはつながらない。

　図5－3は，介護過程における"目的をもった"（意識的）かかわりと，その意義の図である。介護職が"目的をもって"かかわらなかった場合とかかわった場合の，利用者の望む生活と時間の経過との関係を示したものである。実線が"目的をもって"かかわった場合で，破線が"目的をもって"かかわらなかった場合である。

① "目的をもって"かかわらなければ現状維持だが，介護職が"目的をもって"かかわることで，生活課題が改善される。

② "目的をもって"かかわらなければ利用者の望む生活からかけ離れていくが，介護職が"目的をもって"かかわることで，現状が維持される。

③ "目的をもって"かかわらなければ利用者の望む生活からかけ離れていく。介護職が"目的をもって"かかわることで，利用者の望む生活との乖離が最小限に食い止められる。

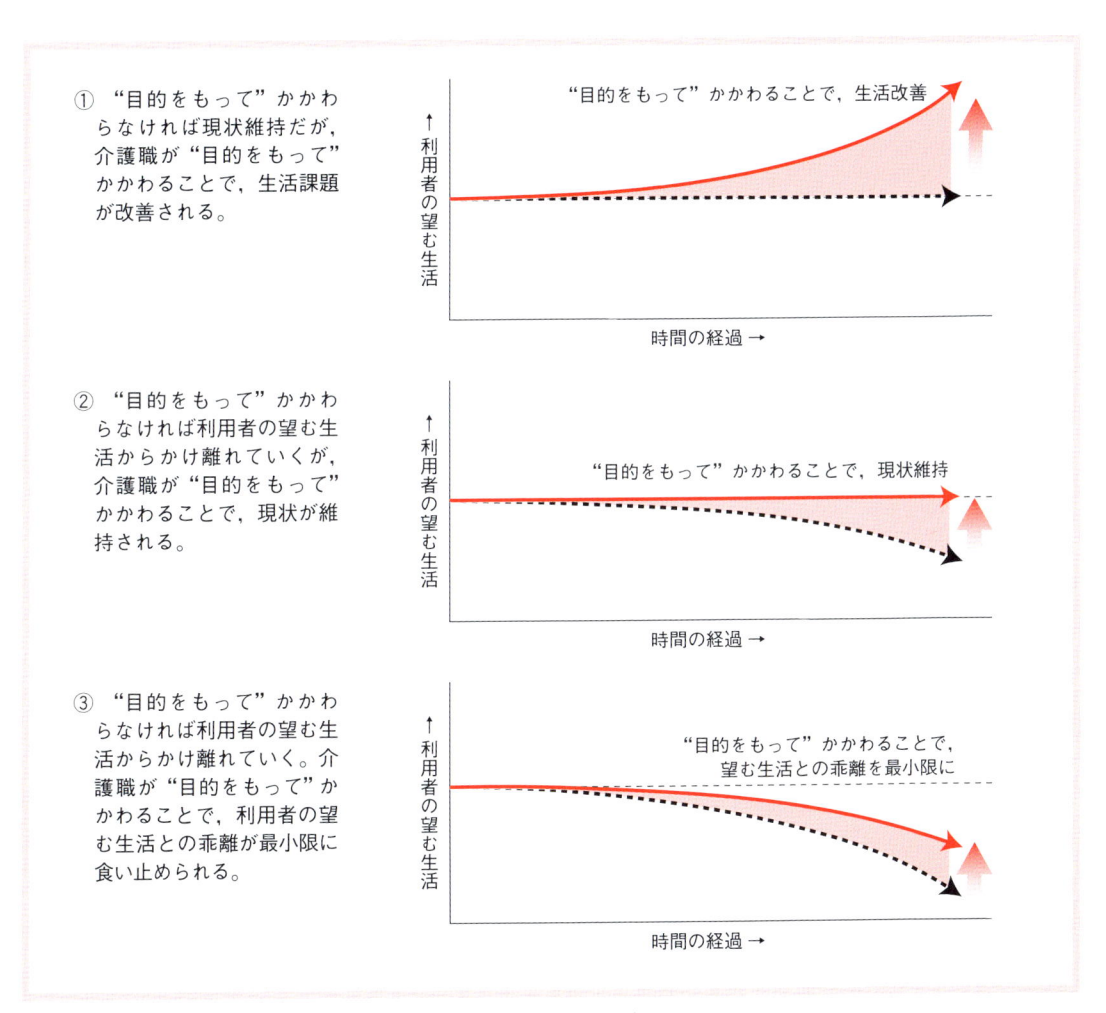

図5－3　介護過程における"目的をもった"かかわりの意義

①は介護職が"目的をもって"かかわらなければ，心身機能・活動や参加といったことにおいて現状維持の状態にあるが，"目的をもって"かかわることによって生活課題が改善され，利用者にとってより良き方向，より利用者が望む生活に近づいていく図である。②は介護職が"目的をもって"かかわらなければ，利用者が望む生活からかけ離れていく図であるが，"目的をもって"かかわることによって現状の生活が維持されている図である。③も介護職が"目的をもって"かかわらなければ，利用者が望む生活からかけ離れていく図であるが，"目的をもって"かかわることによって利用者の望む生活からかけ離れることが最小限にくい止められている図である。

このように，介護過程では生活課題に焦点を当て，介護職が"目的をもって"かかわるということが，利用者の望む生活の実現にとって重要な意味をもつのである。

4 在宅と施設での介護過程の展開

人により望む生活は異なっている。介護の必要な人の場合も，心身機能や身体構造，生活環境は人それぞれに異なっている。

介護過程を展開する場合，在宅と施設とでは大きな違いがある(図5-4)。

在宅では，特定の生活課題について介護サービスが提供され介護過程が展開される。

介護保険施設は，常時介護を必要とする人たちが主に利用している。だからといって，日常生活全般，24時間にわたるその人の生活すべてをケアプランに沿って支援しているわけではない。施設においては，その施設全体の介護の方針・方向性といったものが存在するが，そのような，いわば大枠としての支援をベースとして，さらに施設利用者一人ひとりの個々の状況や日常生活の支障に応じて，より良き生活への改善に向けての生活課題に焦点が絞られ介護過程が展開される。

5 専門性の具現化としての介護過程

図5-5は，生活支援と専門職のかかわりについてモデル的に示したものである。利用者の望む生活という共通の目標に向かって，介護職や保健・医療職（医師，看護師，理学療法士，作業療法士など），栄養士などがそれぞれの立場で"その人の生活課題の解決"という一つの目標に向けたケアプランを

---

memo

理学療法士(PT)
(Physical Therapist)
「理学療法士及び作業療法士法」に基づく国家資格。医師の指示のもとに，疾病や障害などによる機能障害や形態障害，能力障害などのある人に対し，運動療法や物理療法などを用いてリハビリテーションを行う。住宅改修や福祉用具導入に際してアドバイスをすることもある。

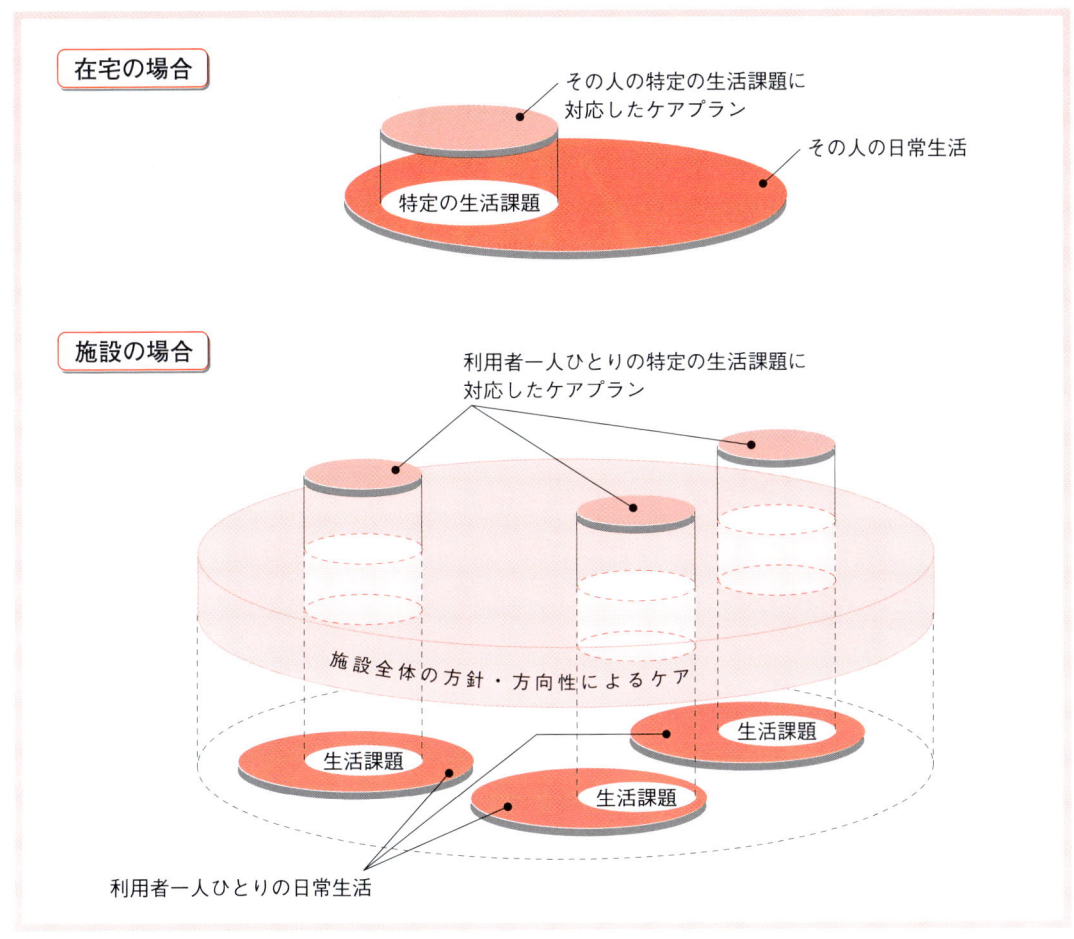

【在宅の場合】
　その人の特定の生活課題に対応したケアプラン
　特定の生活課題
　その人の日常生活

【施設の場合】
　利用者一人ひとりの特定の生活課題に対応したケアプラン
　施設全体の方針・方向性によるケア
　生活課題
　生活課題
　生活課題
　利用者一人ひとりの日常生活

図5-4　在宅と施設での生活支援の違い

立て，実施していく。専門職の業務を例示する。

　介護職は，日常生活の基本的活動であるADLやIADLを支援する。理学療法士（PT）*や作業療法士（OT）*は，医師の指示のもと機能訓練等により身体機能等の維持向上に努める。看護師は，健康管理や医学的管理といったことにより支援を行う。栄養士であれば，日々の食事の管理により支援を行うといったように，それぞれに専門的知識や技術を発揮しながら，生活支援という共通の目的のもとに統合される。

　介護は，1987年に「社会福祉士及び介護福祉士法」の制定により介護福祉士が介護の専門職として位置づけられたが，介護の専門性については明確にされない状態が長く続いてきた。2001年にWHO（世界保健機関）でICF（国際生活機能分類）が採択され，その概念が福祉や介護に取り入れられたことにより，介護の専門性や科学性が飛躍的に論じられるようになった。

　介護過程は，介護福祉の専門性を具現化する手段であるといわれている。

memo
作業療法士（OT）
（Occupational Therapist）
「理学療法士及び作業療法士法」に基づく国家資格。医師の指示のもとに，身体または精神に障害のある人が人間として生活を継続させるうえで必要な活動について分析し，問題点を把握し，作業プログラムを作成し，手芸，工芸その他の作業活動を通じた作業療法を行う。

目　標
利用者の望む生活

意見交換　　情報共有

課題解決の思考過程　　課題解決の思考過程　　課題解決の思考過程

保健・医療的支援にかかわる知識・技術　　生活支援にかかわる知識・技術　　生活支援にかかわる他の専門的知識・技術

保健・医療職　　介　護　職　　その他の専門職

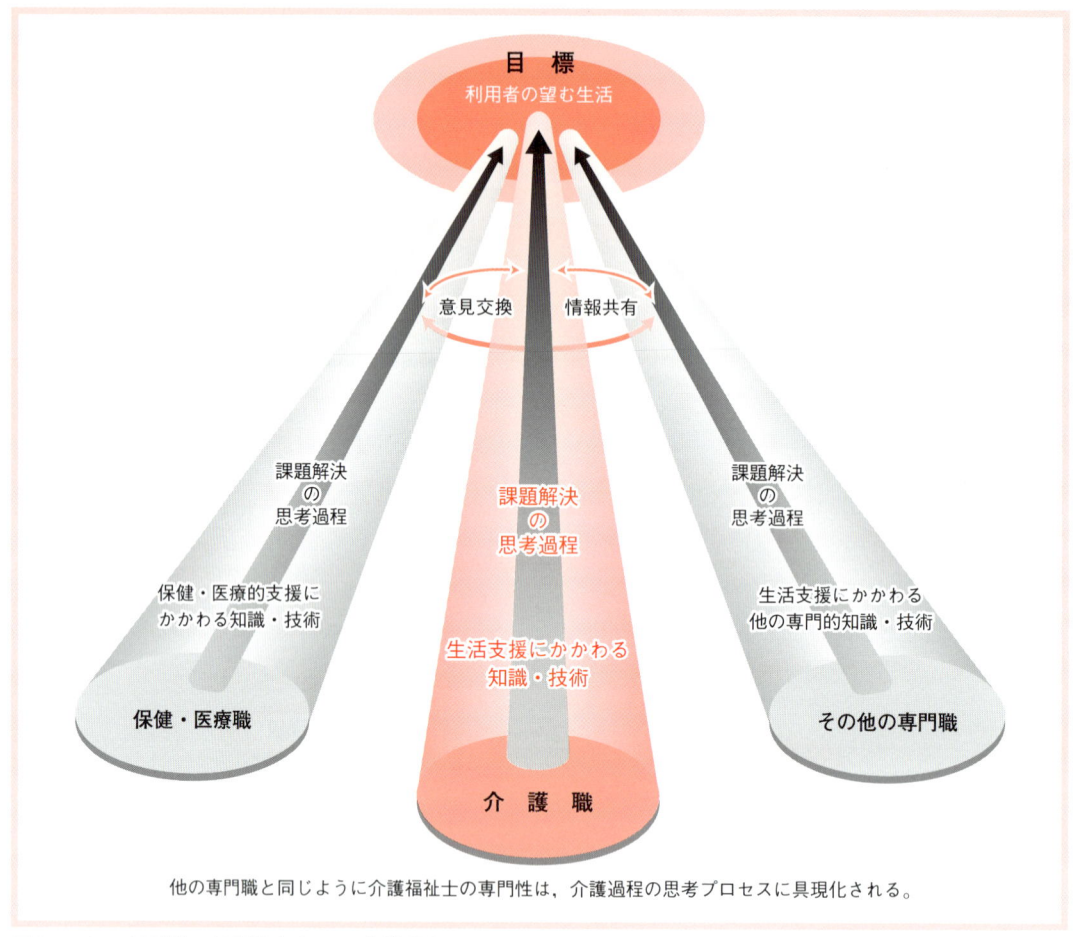

他の専門職と同じように介護福祉士の専門性は，介護過程の思考プロセスに具現化される。

図5-5　専門性の具現化としての介護過程

　　今後，介護の知識や技術の発展だけにとどまらず実践の積み重ねにより，この介護過程を発展させていくことが，専門職としての介護職の専門性を確立していくことにつながると考えられている。

■引用文献■
1) 介護福祉用語研究会：必携介護福祉用語の解説　第2版，建帛社，2001，p.327．

■参考文献■
・黒澤貞夫編著：ICFをとり入れた介護過程の展開，建帛社，2007．
・黒澤貞夫：生活支援学の構想　その理論と実践の統合を目指して，川島書店，2006．
・石橋真二，他6名：介護福祉士国家試験・実技免除のための介護技術講習会テキスト，日本介護福祉士養成施設協会，2005．
・石野育子：介護過程，メヂカルフレンド社，2005．
・仲村優一，一番ヶ瀬康子，右田紀久恵監修：エンサイクロペディア社会福祉学，中央法規出版，2007，pp.644～649．
・佐藤信人：介護サービス計画（ケアプラン）作成の基本的考え方―試論ノート―，全国介護支援専門員連絡協議会，2004．
・研修会資料　ICFと概念とサービス計画書，大阪府介護支援専門員協会，2004．

第6章 支援関係の形成

1 介護における"出会い"の意義

1 介護における人とのかかわり

　介護の仕事は，単に食事の世話をしたとか，排泄の介助をしたという，生活の表面に現れている行為だけに携わっているのではない。日々，人が生きていく，その営みの継続を，しっかりと支えていくのが介護の仕事である。利用者の人生のサポーターという，大きな，目に見えない役割と価値をもっているのである。人のもつ可能性，温かさ，嫌な部分，人とのかかわりの煩わしさ，素晴らしさ，人とかかわるこの仕事は，さまざまな人間模様の中で，いろいろなことを学ばせてくれる。

　どんなに嫌なことがあっても，人は一人では生きていけない。これは仕事だけではなく，プライベートな生活においてもそうである。つまり，人間は，人とのかかわりがなければ満足して生きていけないのである。特に精神的な満足は，人とのかかわりの中に見いだしていることが多い。これらのことを深く考えてこそ，介護の仕事が人間的価値を有して行われていることを理解することができる。

　人は日々，出会い，関係を結び，生活を拡大し，継続させて生きている。その中にあって，介護の仕事は，利用者＝他者の生活の細部にまでわたってかかわっている。利用者・介護職双方の人格を尊重しながら，より良い関係性を築いていくことが，生活支援の関係性を形成する基本的な部分である。

2 生活は人との関係性によって成り立つ

　私たちの生活は，日々，さまざまな人とのかかわりの中で営まれている。朝，自宅での目覚め時に，パンの焼ける美味しそうな匂いや，台所で食器を

準備するためのかちゃかちゃという音，テレビから流れてくるニュースを読むアナウンサーの声が聞こえてくるなどというように，人は日々の暮らしの中で，直接的に，また，間接的に他者とかかわって生きている。また，たとえ一人暮らしであったとしても，自分以外の誰かの生活音が聞こえてくるというように，社会の中で生きているのである。

　配達された新聞を読む，昨日スーパーで買っておいたパンを母がトーストして出してくれる，いつもの駅から電車に乗って学校へ行く，自販機から飲み物を買って飲む，バスの中で友人と会話する，というように，人はその生活の状況に応じて，さまざまな他者との関係性を生みだしていく。

　人が生活するうえで，その人を包む環境はさまざまであるが，その環境の中にあって，他者とかかわりながら，それらを日々新しくつくり変え，人は生活をしている。そしてそれらの暮らしを繰り返し，拡大しながら生きているのである。

　このように，人と人との関係性は重要であり，その関係性をどのように結ぶかということによって，生活の内容は変化しさまざまな方向へと進んでいく。

3　出会いの形―偶然の出会いと必然の出会い―

　人は日々，いろいろな人との関係性の中で生きているが，そのかかわり方の出発点となる出会いの形にも，偶然の出会いと必然的な出会いがある。

　電車に乗ったら，前の座席に中学時代の友人がいて，久しぶりに出会った。デパートに行ったら，たまたま自分の好きなブランドがセールをしていて，思わぬ買い物をした。インターネットを見ていたら，面白いサイトが見つかったなどは，偶然の出会いといってよいのかもしれない。それに対して必然的な出会いは，ある目的を伴っての出会いといえるだろう。遠方の祖父に会うために，電車に乗り，会いに行く。今晩のおかずを買いに近所のスーパーへ行く。宿題のレポートを仕上げるためにインターネットで情報を得るなど。これらは，すべてがすっきりと，偶然，必然と分かれているわけではなく，偶然の中に必然が含まれていたり，その反対のことがあったりもすることは，多くの人が生活上の経験としてもっているものである。

　必然的な出会いには，目的が含まれているが，その目的を果たすために，同時に出会いへの期待感があるといってよいだろう。介護サービスの提供が必要な場合もまた，その人の，自分の考えている支援をしてほしいという期待感が含まれているのであると思われる。しかし，中には，誰にどのような場で出会えばその期待を満たしてくれる出会いができるのかわからない場合や，潜在的には出会いの必要性があっても，日々の暮らしの中に，その必要

性を見いだせない場合もあるかもしれない。

4 必然的な出会いの形

1 相談・面接による出会い

　介護の必要性から，意図的に出会うための方法として，相談・面接による出会いがある。多くの場合は，介護が必要な利用者本人や家族，まわりの人びとからのすすめによってこれらの出会いへと発展する。

　相談・面接によって，利用者の期待に沿った支援へとつなげるためには，介護職はどのように接したらよいのだろうか。

　利用者や家族は，相談・面接を希望しながらも，今，自分が，こころのうちに思い描いていることを，相手はどのように受け止めてくれるだろうか，また，自分のことを十分に理解してくれるだろうか，などの不安な思いを抱いていることが多い。あるいは，うまく自分の思っていることを伝えられるだろうかと心配しながら，その場に臨んでいるのかもしれない。このような心情に配慮して，相談・面接に臨んでいる利用者や家族との関係性を築く第一歩である出会いを大事にして，その後のサービスの提供がスムーズに行われるようにすることが必要である。

2 サービス提供の場における出会い

　同じように，介護を必要とする人が暮らす施設での出会いもある。入所している利用者との関係性はもう結ばれている。介護計画に沿ったサービスの提供も行われているのだから，新たな出会いは存在しないと考えるかもしれない。しかし，もうすでに介護サービスを提供されている利用者であっても，出会いはある。それは日々の暮らしというものが，常に変化しているということを考えてみるとわかるのである。

　暮らしの中心者である利用者も，その人を取り巻く環境も，日々変化し，それらの積み重ねによって暮らしが営まれていく。つまり，利用者の状況は常に変化し，常に新たな出会いがあるということになる。

　朝は食欲もあって，元気だったのに，夕方から発熱した，家族の面会を楽しみにしていたのに，家族が帰宅してしまったら，急に気分が落ち込み，元気がなくなったなど，その生活の有り様はさまざまに変化し，その時々に応じたかかわりが必要になる。これらの生活へのかかわりの必要性を受け止めたときを，新たな出会いということができる。そして，新たな生活支援の関係性へと発展させていくのである。これは，訪問介護サービス提供の場においても同じことがいえる。

　このようにして，介護サービスを受けたいという目的をもった利用者と，

介護の提供という目的をもった介護職の出会いを大切にすることによって，お互いの関係性を形成し，より良いサービスの提供のための出発点に立つことができる。

❷ 支援関係の形成

1 利用者との相互理解の必要性

　介護を提供しようとするとき，介護を必要とする人との関係性を形成することが前提となる。どんなにたくさんの介護の知識や技術をもっていても，利用者に受け入れてもらえなければ，役に立てることはできない。介護を必要とする人が安心して介護を任せてくれるようになるためには，お互いの理解が大切である。信頼できる人でなければ，自分の生活を支援してもらう気持ちがもてないのは当然である。

　サービスの利用者と提供者とは，他人であり，もともとはよく知らない人である場合がほとんどである。では，どのようにしたら，信頼関係を形成することができるのであろうか。

　あなたは，大事なことを他人に頼む場合，あまりよく知らない人と，十分に理解し合っている人のどちらに頼むであろうか。もちろん，よくあなたを理解している人のほうであろう。では，なぜ，よく理解している人のほうを選ぶのだろうか。それは，あなたのことをよく理解してくれていると同時に，あなたもその人のことをよく理解しており，その人が自分の期待に沿ったようにしてくれるとわかるからである。つまり，お互いが信頼関係を結ぼうとするとき，お互いを理解していなければ，安心してかかわることができないのである。これは時間をかけたからできるということではなく，相手の信頼を得るかかわりをして初めて可能になる。

　もし，自分がその利用者だったらどんな風に感じるのだろうと，相手に関心を寄せることが必要である。自分の側から，ただ眺めているのではなく，意識して，その人の側に気持ちを移すような思いで，その人の生きている世界に，自分の気持ちを飛び込ませるようにする。自分のこころをその人に向けていくことによって，その人のこころのうちやその人の伝えてくれていることばやその人のしぐさや表情など，その人を丸ごと理解しようとするこころの働きによって，しだいに相手のことが理解できるようになる。また，自分自身のことも介護職の立場を超えることのない範囲で，理解してもらうような日々のかかわりの中に，お互いの関係性が築かれていくのである。

2 信頼関係形成の技術

1 介護職の姿勢

　相談・面接の場に臨むときには、相談者に対して、礼儀正しく接することが必要である。ことばづかいや目線、態度などが、相手に対して上から下に向かって物を言うようなことがあってはならない。相談者の人格を尊重して誠実な態度で接するようにする。施設での利用者とのかかわりにおいても、同じことがいえる。ともすると、日頃のかかわりによって関係性が成立している場合、節度や誠実さを欠いた態度となりがちであるが、これらのことをよく自己理解して利用者とかかわる必要がある。

2 利用者の内面の理解

　相談・面接によって、相談者が伝えようとしていることを、まず、よく聴くことである。

　もうすでに、サービスの利用が始まっている場合や、施設での利用者の状態によって介護職がかかわりを必要と感じた場合でも、介護職側の先入観によって、それぞれの利用者が抱えている生活上の課題に対して、決めつけるような意見を述べることなどは厳に慎まなければならない。利用者が、十分に自分の気持ちや課題と感じていることを話せるように、受け止めることが大事である。自分のことを理解してくれると感じたとき、人は、安心して、相手に対してこころを開いて話してくれるものである。

3 話しやすい環境

　相談・面接の場では、あらかじめ担当者を決め、途中から担当者を変えたり、中座したりしないようにする。また、場所や時間なども十分に確保し、相談者が安心して話せるようにする。施設での場合も、状況に応じて、他の利用者への遠慮などから話しにくいことのないように場を設けることもよいし、そのままその場でかかわるほうがよい場合もある。状況を判断してかかわるようにする。

3 生活支援へとつながるかかわりと観察

1 かかわりと観察の視点

　生活支援の場においてサービスの提供を行うとき，利用者と介護職がお互いを信頼し合い，適切な介護の提供によって，利用者の自立へつながるような生活を実現するために，必要な介護の内容を導き出すことが前提となる。実際のサービス提供へと次のステップに進むためには，利用者の生活状況をよく知る必要がある。そのために，利用者とのコミュニケーションにおいて，必要な介護内容につながるアセスメントを行うことになる。アセスメントが十分に行われるためには，次のいくつかの事柄の理解のもとにアセスメントを行う必要がある。

1 利用者の価値観や生活感を知る

　利用者が生きてきた時代背景や，日々の生活を積み重ねてきた結果としての生活歴や，その人を取り巻く地域の文化など，さまざまな事柄から現在のその人の生活の形がつくり上げられてきている。それらの生活の志向性を知ることは，利用者がどのような生活の継続を望んでいるのかを知る手がかりとなり，その後の適切な介護の提供につなげることができる。

2 利用者の"思い"に添う

　ともすると，介護をする場合，身体介護などの生活の中の具体的な事柄への介護をすることを優先的に考え，利用者の気持ちに気づかない場合がある。しかし，生活動作への介護と同時に，利用者が抱えている不安や寂しさなどを理解し，落ち着いた気持ちで，安心して生活できるようなかかわりが重要である。利用者の表情やちょっとしたしぐさ，話の仕方，からだの動かし方などからも，その時々のこころの動きを察することができる場合がある。また，利用者は，加齢による身体状態や疾病などへの不安や，家族や親しい人がまわりにいないことへの寂しさ，今までできていたことができなくなった辛さなどを感じている場合がある。また，自分の思いをうまく他者に伝えられないもどかしさを感じていることもあるかもしれない。このような目に見えない利用者の思いを理解することによって，より，その人が望んでいる生活の支援に近づくことができる。これらのほかにも，一般的な高齢者の身体機能の特性を知っていることによって，より適切な生活支援のための

アセスメントにつながるコミュニケーションができるのである。

2 ICFの「活動」「参加」を意識した視点

　ICF（国際生活機能分類）は，心身機能や身体構造に起因する生活支障や社会的不利を理解するための新たな枠組みであり，介護における生活支援においても，その枠組みは大いに活用されるべきものとされている。

　相談担当者は，利用者の「活動」と「参加」の促進因子は何か，また，阻害因子は何かを相談の内容の中から読み取っていくことが重要である。これらを把握しておくことは，目標を意識したより的確なアセスメントを行うことにつながり，さらには，生活支援を展開するためのケアプランの作成や，サービス提供の場での介護職ほか専門職のかかわり方などについても，有効な示唆を与えるものとなる。生活支援の出発点となる相談や面接の場で，利用者が自分の思いをより的確に伝えられるよう，相談担当者側の十分な配慮が求められる。

　またその際，利用者の「活動」と「参加」の現状を把握するのみではなく，促進因子や阻害因子も含めた，生活上の課題をどのように解決し，利用者が望む生活の継続へとつなげるかという，将来を見据えたケアプランの基となるような，おおよその支援内容を示すことによって，利用者も生活課題に対する見通しができ，具体的な生活支援へのイメージをもつことができる。そのことによって利用者は，相談担当者への信頼を増し，相談・面接への満足感を得ることができるのである。

4 相談・面接の実際
　　―事例にみる支援関係の形成―

1 主に介護をになう娘夫婦が相談に訪れる

相談者：Fさん（Iさんの娘）・Mさん（Fさんの夫）／G相談担当者

> **事例①**
>
> Iさん（91歳・男性）
> 障害程度：2年前の胃がんの手術後，体力の低下あり，現在はほぼベッド上の生活　介護度：要介護4
> 生活形態：体調不良にて2週間入院後，現在は老人保健施設入所中
> ［相談の概要］
> 　Iさんは現在，老人保健施設に入所中である。主たる介護者である同居の娘夫婦は自営業で多忙である。そのほかに娘2人と息子1人がいるが，

> キーパーソンは同居の娘である。Ｉさんは自宅へ帰りたいと希望していて、キーパーソンの娘も、Ｉさんの思いに添って自宅での介護を望んでいる。しかし、同居の娘夫婦は、日中店を切り盛りしており、休みの日以外は、介護ができない。そこでほかの子どもたちに店が休みの日以外の介護を頼んだが、それぞれに事情があり、協力には限界があるため、ほかの子どもたちは施設への入所を希望している。どのように父を介護するかということについて調整が困難なため、相談・面接を希望した。

G担当者：はじめまして、お仕事のお忙しいところ、よくおいでくださいました。事前にお電話をいただいておりましたので、本日は1時間程度の時間をとっております。ゆっくりお話をうかがえると思いますのでお困りなことについてお話しください。

Fさん：父が現在老人保健施設に入所しているのですが、面会のたびに、早く家に帰りたいと言っているので、なんとか早く退所して、自宅で過ごさせてやりたいと思っています。私たちは仕事が忙しいので、ほかの兄弟に協力を頼んだのですが、それぞれ事情があって、私の思うような協力ができないと言われてしまったのです。それどころか、それならば自宅では無理だから、施設への入所も検討してみたらと言っています。

Mさん：施設に入所することは父も望んでいませんし、休みの日は私たちが面倒をみるのですから、せめてほかの日は協力してほしいのですが。

G担当者：お話の内容はわかりました。お父さんのお気持ちやお二人のお気持ちはよくわかります。ほかのご兄弟の方々にはそれぞれご事情があるようですが、それぞれが協力できることはあるのでしょうか。

Fさん：毎月の病院への受診は、上の姉夫婦が車でしてくれると言っています。妹は介護にかかる費用の援助ならできると言っています。弟夫婦は近くにいるので、自分たちの生活スケジュールでできる範囲なら協力すると言っています。でも、私たちが希望する日と合わないこともあるのです。

G担当者：そうですか。自宅で生活する場合に、すべての介護を家族がになわなくてもよいのではないでしょうか。皆さんができることを合わせて、そのうえで介護サービスを利用することはどうでしょう。訪問介護や訪問入浴、福祉用具の貸与などもあります。また、ショートステイといって、短期間施設で介護を受けられるものなどもあります。これらのサービスを組み合わせれば、在宅での生活も可能になると思います。皆さんで検討されてはいかがでしょうか。

Fさん：そうですか。わかりました。そんなにいろいろなサービスの種類があることは知りませんでしたから、少し安心しました。帰って兄弟たち

と相談してみます。ありがとうございました。
G担当者：ご検討の結果，また，心配なことやわからないことがあった場合はいつでもご連絡をいただければ，ご相談に応じますので，安心してください。

　自営業で多忙ながら，父親を在宅介護したいという希望をもつ娘夫婦が相談に訪れた事例である。相談担当者は，さまざまなサービスの選択の可能性を示し，すべての介護を家族がになう必要のないことを告げている。相談者夫婦も，父の在宅生活の可能性が生まれそうだと安心している様子である。

2 介護職の"気づき"による生活場面での面接

> **事例②**
>
> Jさん（74歳・女性）
> 障害程度：関節リウマチのため，生活動作全般への介護が必要。移乗を介助すれば，車いすでの移動は自立。　介護度：要介護3
> 生活の形態：特別養護老人ホーム入所
> ［相談の概要］
> 　Jさんはリウマチがあるが，できる限り自分のことは自分で行うようにしており，自分から介助を希望することは少ない。今日は食欲がないのか，朝食の摂取量が少なかったので，介護主任のCさんは，Jさんの様子を観察していたが，いつもより元気がないように感じられた。昼食もあまり食べなかったので，Jさんの居室を訪問し，話を聞くことにした。

C介護主任：Jさん，お邪魔してもよろしいですか？
Jさん：ああ，Cさん，いいですよ。いつもお世話になっていますね。何かご用ですか？
C介護主任：特に用事というわけではないのですが，いつも元気なJさんが，今日はあまりお食事を召し上がらなかったので，どこかお加減でも悪いのかなと思ったものですから。
Jさん：ええ，ありがとう。特に大丈夫なんだけど……。
C介護主任：献立にお好きなものがなかったですか？
Jさん：いいえ，そうじゃないのよ。夕べ，ちょっと痛みがあってよく眠れなかったものだから。
C介護主任：そうでしたか。気がつかずすみませんでした。
Jさん：ううん。いいのよ。いつものことだから特に言うこともないと思って。でも，この痛みがいつまたくるのかと思うと，心配になってね。治る病気じゃないしね……。
C介護主任：本当にJさんはいつも笑顔でよくがんばっていらっしゃいます

ものね。私たちも本当に感心しているのですよ。でも，辛いときはいつ
　　　でもおっしゃってくださいね。できることはさせていただきますから。
Jさん：ええ，ありがとう。そう言っていただくと，安心です。特に夜はな
　　　んだか心細くなることがあるのでね。
C介護主任：今，お痛みはいかがですか。
Jさん：ええ，今は大丈夫よ。でも，また，今夜のことがちょっと心配な気
　　　持ちもあるのよ。
C介護主任：わかりました。それでは，そのことを診療室の看護師に伝えて
　　　おきますが，よろしいですか？
Jさん：そうね，そのほうが安心ね。それじゃお願いします。

　介護職が，「いつもより元気がないようだ」「昼食もあまり食べなかった」という"気づき"によって，利用者の居室を訪れて様子を聞いている場面である。相談・面接といった形式にこだわらず，このような日常的な"気づき"をきっかけに利用者とのコミュニケーションをはかる配慮は，信頼関係の醸成のために不可欠である。

参考文献
・黒澤貞夫：生活支援学の構想　その理論と実践の統合を目指して，川島書店，2006.
・黒澤貞夫編著：ICFをとり入れた介護過程の展開，建帛社，2007.

第7章 アセスメント

1 介護過程におけるアセスメントの意義と目的

1 アセスメントの意義と目的

　英語のassessment（アセスメント）は，「事前評価」や「課題分析」などと訳されるが，そのままアセスメントと表現されることも多い。『必携介護福祉用語の解説』によれば，介護場面におけるアセスメントとは，「介護の目的達成のため，介護福祉利用者がどのような援助を求めているかを明らかにすること」[1]と説明されている。

　また，「課題分析」は，介護保険制度においてアセスメントに該当する用語として初めて用いられるようになった。国の「介護サービス計画書の様式及び課題分析標準項目の提示について」によれば，課題分析によるニーズの把握とその記載要領について，「利用者の自立を阻害する要因等であって，個々の解決すべき課題（ニーズ）についてその相互関係をも含めて明らかにし，それを解決するための要点がどこにあるかを分析し，その波及する効果を予測して原則として優先度合いが高いものから順に記載する」[2]としている。

　つまり，介護場面におけるアセスメントは，新たな介護サービスの提供に先だち，必要な情報の収集と分析を行って，利用者の解決すべき課題（以下，ニーズという）が何であるかを把握することといえる。そして，それは自立支援とQOL*の向上を視野に入れて，ニーズの充足に向けた支援の方向性を踏まえたものである。したがって，アセスメントを進めていくうえでは，利用者がどのような暮らしを望み，どんな支援を必要としているかを共に考え，生活に対する意向を引き出していくことが重要である。

　ところで，介護過程の存在理由について，「介護職による介護の提供が利

> **memo**
> **QOL**
> Quality of Lifeの略。クオリティ・オブ・ライフ。一般に，生活の質と訳されるが，生命の質，人生の質と訳されることもある。QOLは生活者の満足感や幸福感，生きがいなどをさし，利用者の尊厳重視，自己選択・自己決定の尊重により，これらを高める試みがなされている。

用者の意思に沿って適時・適切に行われること，すなわち介護が独断と恣意におちいることなく"科学性"をもって提供されることをその過程において示すこと」とし，さらに介護過程における科学性で最も基本的な事項は，「相談からケアプランの間に入るアセスメント（事前評価）と実践後の事後評価である」[3]といわれている。このように，アセスメントとは，支援目標や介護サービスの設定にあたって，その裏づけ，科学的な根拠を示すものである。どのような分析・判断に基づいてニーズを導き出し，解決に向けた支援につなげていくのか，その思考過程を明らかにすることで，介護過程における科学性を担保しているといえる。アセスメントがない，もしくはあっても不適切で，筋道の通った思考過程をたどることができなければ，介護計画やそれに基づく実践は恣意的で発展性のないものになってしまうであろう。

なお，既述のように，実践前の評価としてアセスメントは「事前評価」ともいうが，実践後の評価であれば「事後評価」（evaluation：エバリュエーション）ということになる。単に「評価」という場合には，「介護計画作成及び実施」に先だつ評価（事前評価）をさすのか，実践後の評価（事後評価）をさすのかで区別する必要がある。

2 介護過程におけるアセスメントの位置づけ

介護過程は，基本的にはケアマネジメントなどほかの生活支援の方法と同じプロセスで行われるが，介護過程では，「直接の人間関係を基盤として行われる介護サービス」により，展開していくところに特徴がある。

介護過程においてアセスメントは，生活困難を生じている利用者に対し，必要な情報を収集し，ニーズを把握して，自立支援やQOLの向上をめざしたケアプランにつなげていく重要な位置を占めるものである。適切なケアプランが立案できるかどうかは，アセスメントがきちんと行えるかどうかにかかっているといっても過言ではないだろう。

なお，アセスメントは，いったん行えばそれで終了するという訳ではない。通常は一定期間において，「相談・面接」から「評価」までのプロセスを繰り返していくことになる。よりミクロなレベルでは，日々の介護実践そのものがそれらのプロセスの繰り返しともいえよう。

② アセスメントのプロセス

アセスメントにおけるプロセスを，ここでは大きく①情報収集，②情報の分析と判断—ニーズの抽出—，の2段階に分けて説明する（図7-1）。

```
情報収集のプロセス ↓

┌─────────────────────────────┐
│ 注目した情報（気づき）          │
├─────────────────────────────┤
│ ＊「ニーズがあるかもしれない」という"気づき" │
└─────────────────────────────┘
              ↓
┌─────────────────────────────┐
│ 関連する情報の収集              │
├─────────────────────────────┤
│ ＊ニーズがあるかどうかを分析するために必要な情報を収集 │
└─────────────────────────────┘
              ⇣
```

情報の分析・判断のプロセス ↓

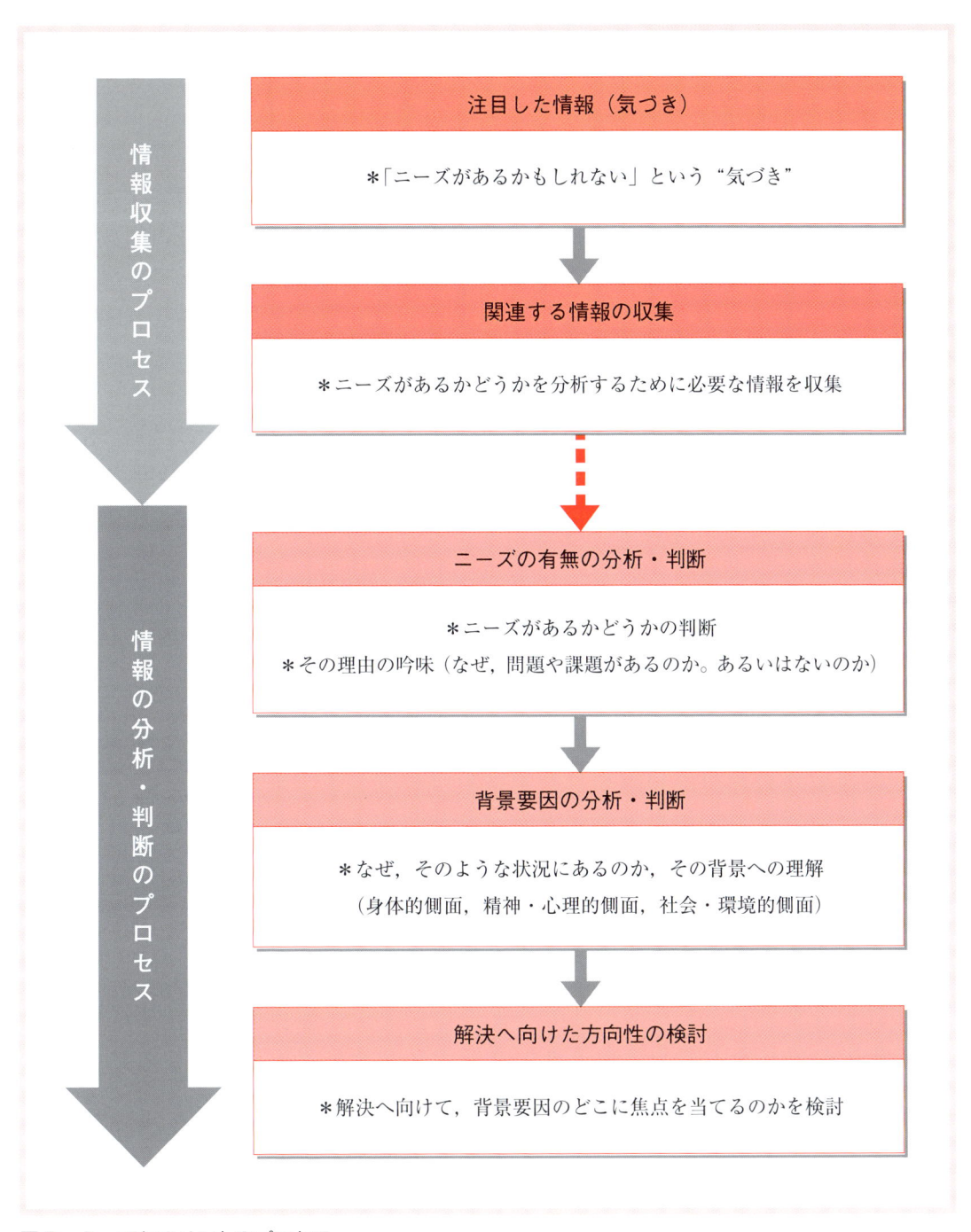

```
┌─────────────────────────────┐
│ ニーズの有無の分析・判断         │
├─────────────────────────────┤
│ ＊ニーズがあるかどうかの判断     │
│ ＊その理由の吟味（なぜ，問題や課題があるのか。あるいはないのか） │
└─────────────────────────────┘
              ↓
┌─────────────────────────────┐
│ 背景要因の分析・判断            │
├─────────────────────────────┤
│ ＊なぜ，そのような状況にあるのか，その背景への理解 │
│ （身体的側面，精神・心理的側面，社会・環境的側面） │
└─────────────────────────────┘
              ↓
┌─────────────────────────────┐
│ 解決へ向けた方向性の検討         │
├─────────────────────────────┤
│ ＊解決へ向けて，背景要因のどこに焦点を当てるのかを検討 │
└─────────────────────────────┘
```

図7-1　アセスメントのプロセス

1　情報収集

1　注目した情報は何か

　アセスメントは，面接室や生活場面における利用者との相談・面接などをきっかけとした，情報収集から始まる。その際，何に注目し，どのような情

●第7章　アセスメント

報を収集すべきか以下にみてみよう。

「相談があるので話を聞いてほしい」というように利用者自身から相談の申し出や訴えがある場合は、その話の内容や面接時の様子がニーズ把握の手がかりとなる。むろん、利用者から表明される悩みや相談の内容がニーズそのものとは限らない。利用者は自らのニーズを必ずしも自覚しているとは限らないし、かりに自覚していたとしても、適切に相談者に伝えられるとは限らない。あるいは、意識的に表明しない場合もあるだろう。また、このように、いつも利用者から相談の申し出や訴えがある訳ではない。高次脳機能障害＊や認知症などがある場合には、意向を表明しようにも困難であることが少なくない。

いずれにせよ、面接などを通して利用者から発せられる言語的、あるいは非言語的なメッセージを糸口として、潜在化しているニーズの掘り起こしや、すでに顕在化しているニーズの明確化が重要である。ここでは生活場面においてニーズを把握するための情報収集のあり方を述べる。

情報収集といっても、やみくもに情報を集めればよいというものではない。介護職は、実践の場面において利用者に関する膨大な情報の中から必要なものを取捨選択している。それでは、介護職が利用者を観察し、情報を取捨選択する基準は何であろうか。あるいは、注目する情報（その人にとって意味のある情報）とはどのようなものであろうか。

それは、例えば「食事が進まない」「歩行中にふらつきがみられる」「一日中、自室から出てこない」などである。これらの情報は、普段とは利用者の様子が違うと感じたり、自立支援やQOLの向上に照らし合わせて、ニーズがあるかもしれないと気づいたりするレベルである。

認知症高齢者が、歩きながら口を動かしているという場面を想定してみよう。かりに、そばに居合わせた介護職が、認知症についての専門的な知識や、異食行為のある認知症高齢者の介護経験がないとするならば、「口を動かしている」ことを気にとめないかもしれない。"気づく"ということは、そこにニーズがあり得る、ということがわかっていることである。この場合、「口を動かしている」という情報に注目をして、異食をしているのかもしれない、といったような推測が働くことである。気づくためには、専門的な知識の習得や経験の積み重ね、普段の利用者の把握などが必要である。

2 関連する情報の収集

気づきから、そこにニーズがあるかどうかを分析し、判断するために、場合によってはさらに情報収集する必要がある。

例えば、ある施設入居者が、「食事を残した」としよう。この場合、その

---

memo

高次脳機能障害
言語活動、記憶、学習、思考、判断、行為、情緒などの大脳がつかさどる高次な働きに障害が生じた状態。失語、失認、失行、見当識障害などの症状、および病変が広がると認知症症状が現れる。脳血管疾患や脳腫瘍、事故などで、大脳の一部が損傷されることによって起こる。

ことが注目すべき情報かどうか，つまり何らかのニーズがあって対応すべきであるかどうかは，これだけの情報では分析・判断ができない。そこで，ニーズの有無を判断するために，何を，どのくらい残したか，また，そのときの様子はどうであったか，さらには，最近の摂取状況はどうであったか，などの情報収集を行う。その結果，かりに3日前の朝食から，主食・副食ともに3分の1程度残すようになり，前日の昼食から，主食・副食とも2，3口しか食べなくなった，とするならば，「食事を残した」という漠然とした情報は，食事摂取量について，具体的に明らかとなってくる。ニーズの有無と対応するかしないかを判断するのに必要な情報収集ができたといえる。

2 情報の分析と判断―ニーズの抽出―

1 ニーズの有無を分析・判断する

ところで，収集した情報のもつ意味は何であろうか。先の例でいえば，なぜ食事の摂取量に注目し，さらに詳しい情報を集めたのであろうか。食事の摂取量の如何によっては，脱水症状や栄養不良，体力の低下などが懸念され，健康上好ましくない事態におちいる危険性があると考えたからである。このようにある情報に注目し，情報収集を行った場合，その人にとってそれがどのような意味をもっているのかを吟味することが重要である。情報を集めただけでは，アセスメントしたことにはならないからである。情報は評価されてこそ意味がある。

ある情報がどのような意味をもつかは個別の事情による。例えば，「昼食を全量摂取した」という情報・事実は，いつも食事を普通に摂取している人には特別の意味をもたないが，拒食など，食事摂取に課題を抱えている人であるならば，注目すべき事柄となる。どのような情報を取捨選択するのかは，その人にとってニーズとなり得るか否かの判断が働くかどうかである。

情報のもつ意味は，健康上の問題よりも生活上の問題のほうが，個別的な事情が強い。例えば，39度の熱があるということであれば，健康上の問題として誰もが注目し，解決のための手立てを考えるであろう。しかし，生活上の問題は必ずしもそうではない。例えば，「一人で居室に過ごすことが多い」，「入浴は週に1回行う」など，その人にとってどんな意味をもつのかということは，個々の状況によって異なる。いずれにせよ，ある情報を取り上げた場合には，なぜその情報を取り上げたのか，なぜそのことがニーズなのかということを，吟味し明らかにしておく必要がある。

2 背景要因の分析

「食事の摂取量が3日前から3分の1に減少し，現在は2，3口しか食べ

ない」という情報・事実の把握と、そのことのもつ意味として、「脱水症状を招く危険性がある」という分析・判断を行って、ニーズとして取り上げるとしよう。では、このような現状と予測されるリスクを回避するためにどのようにしたらよいのであろうか。そのためには、まずなぜこのような事態を招いているのかという背景要因の分析が必要である。

　食事の摂取状況が減少してきた背景として、義歯の不具合などの咀嚼の問題、食事の嗜好・味付けの問題、内科的な疾患、新しい環境に馴染めないことによるストレス、間食の摂りすぎ、テーブルメイトとの折り合いが悪い、などいくつかの要因が考えられよう。解決をはかるためには、このような現状の背景を分析することが重要である。なぜなら、背景要因によって解決方法が異なってくるからである。例えば、義歯の不具合であれば、歯科医に受診しなければならない。嗜好の問題であれば、栄養士に相談することになるであろう。

　このように、現象面だけにとらわれるのではなく、背景要因を分析したうえで、その根本解決をめざすことが重要である。見方を変えれば、いろいろな支援方法がある中で、いくつかの支援方法を試みるとした場合、なぜそのような対応をするのか、ということの根拠がなければならないということである。その根拠は背景要因を明らかにすることである。

3 生活課題の解決に向けた支援の方向性の検討

　背景要因は、身体的側面、精神心理的側面、社会環境的側面からとらえることができる。そして、この背景要因は、いくつかの要因が相互に関連しあってニーズが発生することも少なくない。例えば、身体的側面として、義歯の不具合があり、社会環境面としての食事形態が合わなくなってきて、咀嚼がうまくできず、そのことが精神心理的側面としてのストレスになり、ますます食事が進まないといった具合である。相互に関連しあっている要因のどこに焦点を当て、働きかければよいのかを検討することが重要である。

　別の例をあげよう。認知症高齢者が、トイレ以外の場所で排泄してしまう場合の背景要因をあげてみる。身体的状況として、認知症で見当識障害＊がある。精神心理的状況として、不安や混乱がある。社会環境状況として、物理的にトイレの場所がわかりにくい、人的に利用者が尿意を催したときのそわそわしだすなどのしぐさを見落としているなどである。この場合、認知症そのもの（中核症状としての記憶障害など）に働きかけても、現状では認知症そのものの治癒は期待できない。人的な対応として見守りを強化する、あるいは、見当識障害が軽度であれば、リアリティオリエンテーションとして、トイレ表示を工夫することで場所を認識できるよう働きかけるなどの対応が考

---

memo

見当識障害
自分や自分の置かれている状況について把握する能力が障害された状態をいう。自身の名前や年齢がわからない、日時や曜日、自宅の場所、自分と周囲との関係を理解できないなど。老年期のうつ病や認知症ではしばしばこの症状が現れる。また、アルコール依存症や頭部外傷などでも起こる。失見当識ともいう。

えられよう。利用者のもっている力や自立への可能性を見極めながら、改善が期待できるところに焦点を当て、"目的をもって"支援を行っていくことが重要である。

4 ICFによるアセスメントの視点

　ICF（国際生活機能分類）の考え方は、介護過程におけるアセスメントの際にも参考となる。それまでのICIDH（国際障害分類）が、「障害」を個人に生じる疾病や変調の帰結として「機能障害」「能力障害」「社会的不利」という三つのレベルに分類し、マイナス面を中心にとらえた。これに対し、ICFでは「生活機能」の中に「心身機能・身体構造」「活動」「参加」といった三つのレベルを包括し、プラス面を含む中立的な概念として示している。さらに、「個人の生活機能は健康状態と背景因子（すなわち環境因子と個人因子）との間の、相互作用あるいは複合的な関係とみなされる」[4]としている。したがって、介護過程においては、「介護職が、『活動・参加』という目標概念を従来以上により明確に意識してアセスメントを行う」[5]という意味において、ICFの視点を取り入れることが重要である。

3 アセスメントの方法

1 関係づくりの重要性

　介護の展開過程においてもほかの支援のプロセス同様に利用者との関係づくりが重要である。むしろ「直接の人間関係を基盤」とする介護過程においては、より一層、利用者と介護職との関係性が問われるといえよう。アセスメントの局面において、ある程度の支援関係が成り立っていなければ、利用者が介護職に対して自らの思いを述べることを躊躇するかもしれない。あるいは、今後どのような暮らしを行っていくかということについて、話し合えるだけの間柄を築いていくことができなければ、利用者のニーズを掘り起こすことは困難となりかねないであろう。

　ある程度の関係を築くためには、コミュニケーションをはじめとした、面接の際の留意点を踏まえておく必要がある。例えば、アセスメントにおける情報収集に際して、利用者に対し質問攻めにしてしまったり、事務的に質問を繰り返してしまったり、ということは避ける必要がある。また、アセスメントシートの穴埋めに気をとられ、本来の目的を忘れてしまうことのないようにしなければならない。

2 情報収集の方法

1 客観的事実と主観的事実

　介護職が利用者から集める情報には客観的事実と主観的事実がある。客観的事実は，検査・測定・外形的観察などにより数量化や記号化できる領域や，病状や具体的な生活動作，住環境などに関する情報，誰が見てもそうだとわかる事実をいう。客観的事実の情報収集に際しては，血圧・体温・脈拍・体重・視力・聴力など，検査や測定により数値化できる情報はもちろんのこと，観察による利用者の行動把握に際しても，できるだけ数量化してとらえることが大切である。例えば，認知症高齢者の行動として「激しく徘徊した」とするのではなく，「休むことなく2時間徘徊した」といった具合である。

　いっぽう，主観的事実は，利用者本人の感情・意欲・希望・動機づけなど，利用者が現にそうだと感じたり，考えたりしている思いなどである。これらは，確定的なものではなく，動態的であり，変化するものといえる。客観的事実が利用者に対する分析的理解に必要な情報とするならば，主観的な事実は，「検査や診断による原因・結果の因果的法則性によるというものではなく，利用者の全体像に直接にせまる」[6]という全人的理解に必要な情報である。主観的事実の情報収集に際しては，支援関係の形成・維持に留意しながら，直観・共感・観察・洞察などにより利用者の願いを汲み取ることが重要である。

2 情報収集の項目とツール

　アセスメントにおいて，情報収集とニーズ把握を支援するための道具（tool：ツール）として，さまざまなアセスメント手法が開発され，コンピュータソフト化されているものもある。これらは，介護過程のアセスメントにおいても活用可能である。項目が体系化されており，情報の漏れや見落としを防ぐ意味においても，道具として有用である。

　アセスメントシートによっては，収集した情報の状況によって，どのようなニーズがあり得るのかが推測できるようになっているので，初任者には教育的な意味もあろう。ただ，その場合でも，情報を集めてシートに書き込めば，自動的にニーズが把握されるわけではなく，個別的なニーズを把握するための，分析・判断が必要である。それぞれのアセスメントシートの特徴を理解し，介護実践の活動領域によって使いやすいものを選んで用いるとよいであろう。

　なお，厚生労働省では，「課題分析標準項目」として，アセスメントで収

表7-1 厚生労働省が示す課題分析標準項目23項目
●基本情報に関する項目

No.	標準項目名	項目の主な内容（例）
1	基本情報（受付，利用者等基本情報）	居宅サービス計画作成についての利用者受付情報（受付日時，受付対応者，受付方法等），利用者の基本情報（氏名，性別，生年月日，住所・電話番号等の連絡先），利用者以外の家族等の基本情報について記載する項目
2	生活状況	利用者の現在の生活状況，生活歴等について記載する項目
3	利用者の被保険者情報	利用者の被保険者情報（介護保険，医療保険，生活保護，身体障害者手帳の有無等）について記載する項目
4	現在利用しているサービスの状況	介護保険給付の内外を問わず，利用者が現在受けているサービスの状況について記載する項目
5	障害老人の日常生活自立度	障害老人の日常生活自立度について記載する項目
6	痴呆性※老人の日常生活自立度	痴呆性※老人の日常生活自立度について記載する項目
7	主訴	利用者及びその家族の主訴や要望について記載する項目
8	認定情報	利用者の認定結果（要介護状態区分，審査会の意見，支給限度額等）について記載する項目
9	課題分析（アセスメント）理由	当該課題分析（アセスメント）の理由（初回，定期，退院退所時等）について記載する項目

●課題分析（アセスメント）に関する項目

No.	標準項目名	項目の主な内容（例）
10	健康状態	利用者の健康状態（既往歴，主傷病，症状，痛み等）について記載する項目
11	ADL	ADL（寝返り，起き上がり，移乗，歩行，着衣，入浴，排泄等）に関する項目
12	IADL	IADL（調理，掃除，買物，金銭管理，服薬状況等）に関する項目
13	認知	日常の意志決定を行うための認知能力の程度に関する項目
14	コミュニケーション能力	意志の伝達，視力，聴力等のコミュニケーションに関する項目
15	社会との関わり	社会との関わり（社会的活動への参加意欲，社会との関わりの変化，喪失感や孤独感等）に関する項目
16	排尿・排便	失禁の状況，排尿排泄後の後始末，コントロール方法，頻度などに関する項目
17	褥瘡・皮膚の問題	褥瘡の程度，皮膚の清潔状況等に関する項目
18	口腔衛生	歯・口腔内の状態や口腔衛生に関する項目
19	食事摂取	食事摂取（栄養，食事回数，水分量等）に関する項目
20	問題行動	問題行動（暴言暴行，徘徊，介護の抵抗，収集癖，火の不始末，不潔行為，異食行動等）に関する項目
21	介護力	利用者の介護力（介護者の有無，介護者の介護意志，介護負担，主な介護者に関する情報等）に関する項目
22	居住環境	住宅改修の必要性，危険箇所等の現在の居住環境について記載する項目
23	特別な状況	特別な状況（虐待，ターミナルケア*等）に関する項目

※現在では，認知症と呼称する。

集すべき項目を整理している（表7－1）。

3 アセスメントと記録

　記録の目的には，支援の一貫性や継続性の確保，情報の共有化と支援の統一性の確保，支援の社会的責任と適正さを証拠立てる，などがあげられるが，アセスメントの際にも，記録は必要不可欠なものである。利用者の言動，状態を意識的に観察し，記録としてまとめ整理することにより，利用者への理解を深めることができる。また，残された一連の記録は，ニーズを把握するのに役立つ。

　記録のスタイルには，支援活動の中で生じた事柄を時間的な流れに沿って記録していく叙述体，時間的経緯にとらわれず必要な要点ごとにまとめていく要約体，ある事実に対する介護職の解釈や説明について述べる説明体がある。アセスメントに必要な情報収集に重きを置く場合（例えば，認知症高齢者の行動観察など）には，叙述体を用いることもあるが，経過記録には，一般に叙述体，要約体，説明体などが，ミックスして用いられる。この場合には，アセスメントの部分も含め介護過程の展開に沿って記録をとるとわかりやすい。

　記録の際の留意点として，情報収集については，必要な事実を正確に書く，観察者の主観を交えずに事実を記録する（事実と判断・解釈を混同しない）ことである。また，判断・解釈にあたっては，独断的にならないよう根拠となる事実を記載する必要がある。

4 アセスメントと生活課題
　　　—事例を通して—

　ここでは，事例に基づいて，アセスメント・生活課題・ケアプランの三者の相互関係性を具体的に考えてみよう。

　提示した事例は，すでに施設に入所していた利用者が，大腿骨骨折による1か月の入院・加療後，施設に戻ってきた際のケアプランの作成にかかわるものである。施設入所時にも，フェイスシートが作成され，利用者本人のプロフィールの確認やアセスメントが行われているわけであるが，退院後の新たな生活課題の抽出や関係する項目（身体状況，精神・心理状況，社会的状況）についての再アセスメントが行われ，新たなケアプランの作成に向けた検討がなされるという事例である。

---

memo

ターミナルケア
あらゆる治療を施しても回復の見込みのない終末期（ターミナル期）の患者に対する医療や介護全般をさす。疼痛管理や苦痛軽減などの身体的側面はもちろん，死への恐怖を和らげ，残された人生を尊厳をもって過ごせるように支援することに重点がおかれる。終末期医療，または終末期介護と訳される。同様の意味のことばに緩和ケア，ホスピスケアがある。

> **事例①**
> Kさん（92歳・女性）
> 介護度：要介護3
> 生活形態：D特別養護老人ホームに3か月前より入所
> 　認知症と右大腿骨骨折後遺症のあるKさんは，3か月前に当ホームに入所したが，入所後1週間目の夜間に自室トイレ前で転倒し，左大腿骨を骨折し，S整形外科に入院となる。1か月後，退院可能となり施設生活を再開した。
> 　担当の介護職は，ケアマネジャーと協議してケアプランを作成するにあたり，利用者の日常生活の観察（気づき）を基にいくつかの生活課題を設定するとともに，関係項目のアセスメントを行った。

[アセスメント項目]

① 身体機能の状況
- 右および左の大腿骨骨折後遺症があり，手引き歩行にて1～2メートル移動可能であるが，実用歩行は困難である。

② 精神機能の状況
- 重度のアルツハイマー型認知症*である。

③ 言語機能
- 簡単な要求はできる。意思の疎通は時々可能である。

④ 感覚機能
- 視覚，聴覚の障害はないとみられる。

⑤ ADLの状況
- 入浴：全介助。機械浴槽を使用。
- 排泄：全介助。便尿意あいまい。紙おむつとトイレ誘導を行っている。時々廊下などトイレ以外での排泄あり。
- 食事：見守り。食事摂取量は少ない。
- 移動：全介助。車いすの使用。一部手引き歩行。

⑥ 心理・社会的状況
　対人交流は少ない。若いころから歌を歌うことが好きである。食事や排泄の介助の際に時々怒ることがあるが，ほかの場面では比較的落ち着いている。

⑦ 家族関係
- 夫は20年前に死亡。3人の子がいる。
- 長男夫婦による面会が週に1～2回程度ある。長女，次女は結婚して遠方に住んでいる。
- 家族は，Kさんが怪我をすることなく，穏やかに過ごしてほしいと願っている。

> **memo**
> **アルツハイマー型認知症**
> 脳全体が萎縮するアルツハイマー病を原因疾患とする認知症。高齢の女性に発症が多い。記銘力・記憶力の低下や見当識障害，失禁，多動など認知症特有の症状に加えて，抑うつ気分，人格の変化やせん妄，妄想などの精神症状を伴い，比較的ゆっくりした経過で進行する。病状が進行すると，倫理観念もしだいに失われ，徘徊，異食，叫声，暴力などの行動障害も出現する。

[生活課題（ニーズ）]
① 夜間に，ベッドから転落したり，歩行しようとして転倒したりするため，骨折の危険性がある。
② トイレ以外の場所で排泄することがある。
③ 自発的な食事摂取がみられないときがある。
④ 生活の楽しみや活動が不足している。

　このようなニーズの解決はどのようにしたらよいであろうか。[生活課題（ニーズ）]の冒頭にかかげた「①夜間に，ベッドから転落したり，歩行しようとして転倒したりするため，骨折の危険性がある。」を例にとって考えてみよう。
　ニーズの解決のためには，そのようなニーズがなぜ生じているのかを分析・判断することが重要である。そこで，背景要因について考えてみることとなる。

・身体的状況では，骨折後遺症による歩行障害，認知症による判断力低下など（危険察知ができない，コールボタンを操作できない）がある。
・精神・心理的状況では，尿意をもよおしトイレに行きたい，すでに失禁した場合には不快感があり動いてしまう，と推測できよう。
・社会・環境状況では，夜間における見守り体制が十分ではない，排泄誘導がうまくいっていない，ベッドそのものやベッド周辺の環境面に改善へ向けた工夫の余地がある。

　以上のように，背景要因として，身体的状況，精神・心理的状況，社会・環境状況が相互に関連しあってニーズが発生していることがわかる。つまり，夜間ベッドを離れようとするのは，排泄に関する本人なりの目的や理由があってのことであるが，自力で安全に目的達成することは困難である。しかし，本人に危険を伴うという自覚はなく，介護職に直接支援を求めることもせず（できず），介護職も十分な対応ができていないために生じている問題といえよう。そこで，転落，転倒による骨折を未然に防ぎ，安心して入眠できるように，また，転落した場合でも骨折を防ぐようにするには，背景要因として，どこに焦点を当て支援したらよいかを検討する必要がある。
　この場合，対応として，真っ先に，転倒を防ぐための歩行訓練をあげてしまうかもしれない。しかし，身体状況に焦点を当てても，認知症そのものの改善や実用歩行は期待できない。そこで，精神・心理的状況と社会・環境状況としての，人的対応に焦点を当て，本人のシグナル（そわそわした素振りの観察など）をキャッチして，入眠前の排泄誘導を行う。また社会・環境状

況としての物理的環境面でサービスステーション近くの居室へ移動する，ベッドの脇にマットを敷くなどの対応があげられよう。

　ICFの視点でとらえるならば，この事例の場合，歩行障害や認知症などの「心身機能・身体構造」への働きかけを重視するのではなく，「個人因子」としての「自分でトイレに行きたい」という本人の欲求を汲み取り，排泄という「活動」が安全にできるように「環境因子」に焦点を当てたアプローチを行うということになろう。

引用文献

1）介護福祉用語研究会編：必携介護福祉用語の解説（第3版），建帛社，2007．
2）平成11年11月12日　老企第29号　厚生省老人保健福祉局企画課長通知．
3）黒澤貞夫編著：ICFをとり入れた介護過程の展開，建帛社，2007，p.19．
4）障害者福祉研究会編：ICF国際生活機能分類—国際障害分類改定版—，中央法規出版，2002，p.17．
5）同上3）p.74．
6）同上3）p.72．

参考文献

・介護支援専門員実務研修テキスト作成委員会編集：改訂介護支援専門員実務研修テキスト，(財)長寿社会開発センター，2006．
・竹内孝仁：ケアマネジメント，医歯薬出版，1996．
・白澤政和：生活支援のための施設ケアプラン，中央法規出版，2003．
・真砂良則「ケアプランの観点から記録の位置づけを考える」，全国社会福祉協議会：ふれあいケア，第10巻第12号，2004．

第8章 ケアプランの作成

　ケアプランは，アセスメントをもとに利用者の意思を明確にし，利用者が主体的に「活動」「参加」できるように，また自立に向かえるように生活課題をかかげ，その生活課題に対して具体的に解決する方法を利用者・家族と共に計画するものである。あくまでも利用者を主体とし，利用者の意思に沿うものでなければならず，利用者の思いに介護職の専門的判断を加え，双方の合意に基づいたケアプランを作成する。

1 生活課題と支援目標

1 支援目標の共有

　アセスメントをした結果から，利用者の全体像を把握し，利用者はどのような生活を送りたいと思っているのか，その人らしい生活を送るには何が障壁となっているのかを考え，利用者のニーズを整理する。

　利用者はより良く生活したい，自立の範囲を広げたい，身体的機能の低下を緩やかにしたいというさまざまなニーズをもっている。そのさまざまなニーズを具体的に表現したものが生活課題となる。この生活課題は，介護職だけでなく，利用者・家族が個々の生活ニーズとしてとらえなければ，自ら解決していくことはできない。利用者・家族と共通の問題意識，目標をもつことが大事である。

　利用者は，日常生活全般にわたってさまざまな介護を必要とするが，そのすべてを生活課題として取り上げるわけではない。ケアプランの対象となる生活課題は，利用者が生活支障（困難）をきたしている事柄の中で，利用者と介護職の共通の認識のもとに特定の目標に向かって行われる介護を取り上げる。

2 生活課題を抽出する視点

　ケアプラン作成においては，阻害因子を理解しながら，なおかつその阻害因子を促進因子として具体的に転換し展開していくことになる。阻害因子にのみ目を奪われることなく，促進因子に重みづけをおいて重視することである。

　生活課題とは，困りごとを発生させている原因や，背景要因そのものではない。障害そのものを生活課題として取り上げても，解決できない。また，「○○のため○○ができない」というように身体，精神，心理，家族関係などの問題点や原因を取り上げると，否定的なとらえ方になりやすくなる。単に困った問題状況を明らかにすることにとどまらず，目の前の「困った状況を改善して，望む生活をしたい」というように生活意欲に転換することである。

　また，「自分でできている」「している」ことにも目を向けることが大切である。このことを大切にすることで，利用者・家族が「できないことも多いけれど，こんなことができるのだ」という気持ちに変わってくる。この発想の転換が，「利用者のやる気」と「介護者の介護意識」を前向きなものに変化させることになる。利用者が主体的，意図的に取り組めるような生活課題にすることである。

3 生活課題の優先順位

　生活課題は利用者と相談しながら決めていくが，複数ある場合には専門的見地からの優先順位が，利用者・家族の意向に沿っているかを確認しながら決められる。

1 利用者の"思い"

　優先順位を決定するための視点の一つとして，利用者の"思い"がある。生活課題は利用者の思いを反映させたものであることは当然のことであるが，85歳の糖尿病の利用者が「好きな物を食べたい。これまで長生きできたのだから，食べたい物を食べて死ぬのは本望である」，がんの末期の利用者が「状態が悪化する危険性があっても，一度故郷の墓参りをしたい」というように，利用者の欲求の中にはさまざま揺れ動く思いがあり，介護職を悩ませることがある。また，「要介護の状態で家族はいないが，どうしても温泉に行ってみたい」というような介護保険のサービス範囲を超えている場合もある。このような場合には，一方的にできないと否定するのではなく，利用者の声に耳を傾けながら，専門職としての判断も伝え，利用者・家族と共に，

いろいろな方法を探る必要がある。

2 生命に危険を及ぼすもの，苦痛など

生命を維持することは何よりも大切なことであり，苦痛や苦悩があっては，何もする気になれない。生命に危険を及ぼす可能性の高いもの，苦痛や苦悩に関する生活課題の優先順位は高い。

A.H.マズローは，人間が生きていくために必要な基本的欲求を①生理的欲求，②安全の欲求，③愛と所属の欲求，④承認の欲求，⑤自己実現の欲求の五つの階層に分け，低い段階の欲求がある程度満足すると，次の階層の欲求が動機づけられると述べている。「生理的欲求」や「安全の欲求」に関する生活課題は優先的に満たされなければならない。

2 長期目標と短期目標

長期目標は，利用者の抱える生活支障の軽減や解決により得られると思われる利用者の希望する生活状況であり，支援を受けながら利用者も努力する到達点である。短期目標は，長期目標を実現するための段階的目標で，的を絞ってモニタリングの際に達成度がわかるような具体的なものである。

例えば，脳梗塞の後遺症のために左片麻痺があり，車いすによる移動に介助を必要としているLさんは，車いす自走が行えるようになりたいという生活課題をもっている。これに対し，長期目標に「孫と一緒に車いすで散歩をする」ことを掲げ，短期目標は「10メートル自走できるようになる」というように具体的に目標設定をする。

目標を「活動」「参加」ということを通して考えてみると，精神的，身体的に自己の置かれた状況を受けとめてより良いライフスタイルを形成し，精神的な躍動感をもつという意味におけるその目標と，筋力向上，栄養改善，口腔機能向上などを目標にした介護予防における自立を目標とした二つが考えられる。精神的躍動感や具体的介護予防という目標概念は，利用者の主体的な動機づけやその方向性の認識がなければ十分なケアプランとはならない。

また，いつまでに目標を達成するかという達成期間を決める必要がある。利用者自身も期間設定に参加し，無理なく実現可能な期間を設けることで，努力の目安として自覚することになる。また，目標の期日がきたときには必ず評価を行い，計画の見直しを行う。

3 支援の内容

　短期目標を設定した後，その短期目標を達成するためにはどのような介護サービスを提供すればよいのかを考える。つまり，具体的にどのように環境因子を整えていくかということである。

　支援内容は，具体的ですぐに実行に移せるように，いつ，どこで，誰が，何を，なぜ，どのように実施するかを明記する。また，支援内容は，利用者一人ひとりの状態に応じたものであり，アセスメントで引き出されたものを十分に盛り込んだうえで，実現可能な計画を立案していくこととなる。

　例えば，Lさんは脳梗塞の後遺症のために左片麻痺があり，車いすによる移動に介助を必要としているが，Lさんのケアプランについて，車いす自走が行えるような課題設定をしたいと介護職，理学療法士は考えている。また，残存機能からみて十分にその可能性があるとの判断をしている。しかし，Lさんは，依存的でリハビリテーションにも積極的ではない。いっぽう，アセスメントによりLさんはかつて社交ダンスを楽しんでおり，社交ダンスがまたできるようになりたいと思っていることがわかった。Lさんのケアプランは，ただ訓練の是非のみ論じるのではなく，Lさんの動機づけ，つまり阻害要因から促進要因を見いだすことが必要である。すなわち，訓練としてのリハビリテーションにのみ焦点を合わせるのではなく，車いすダンスという方法を用い，車いすダンスのことを調べたり，ステップの練習をすることを通して自走ができるようになるように，「午後，Lさんと一緒に担当介護職が，車いすダンスのステップを練習する」というように計画することも考えられるのである。

参考文献
・上田吉一：人間の完成　マスロー心理学研究，誠信書房，1991.
・NPO法人神奈川県介護支援専門員協会：オリジナル様式から考えるケアマネジメント実践マニュアル施設編チームケアを円滑に進めるためのツール集，中央法規出版，2005.

第9章 ケアカンファレンス

1 ケアカンファレンスの位置づけ

　ケアカンファレンスは,「サービス担当者会議」,「ケアプラン会議」などと呼ばれ,定期的あるいは必要に応じて行われる。支援における情報の共有化やケアプランの進捗状況の確認,支援内容の見直しなど,支援にかかわる専門職がチームとしてケアプランを実施していくうえで欠くことができないものである。

　ケアカンファレンスは,「ケア(支援)検討の場」と定義できるが,もう少し具体的に述べるならば,「ケアカンファレンスとは,生活に支障のある人を支援する過程において,必要に応じ,適切な支援を行うため,そこにかかわる人たちが集まり,いろいろな意見や情報を交換し,支援の方向や内容等を検討し,共通の理解を得ながら,チームとして実行に移していくための会議である。」ということができる。ケアカンファレンスは,ケアプランの協議・決定のためのものである。

2 ケアカンファレンスの目的と意義

　ケアカンファレンスの目的は,利用者にとって適切な支援やサービスを行うことや専門職としての成長にある。それぞれの専門職＝サービス提供者は,利用者の生活課題の解決に向けた支援目標を設定し,「目的をもって」かかわる。利用者本人の望む生活をどのように実現するか,ケアカンファレンスを通して共通の認識をもち相互の役割を確認しながらサービスの提供を行う。

　その意義や効果については,以下のようなことがあげられる。

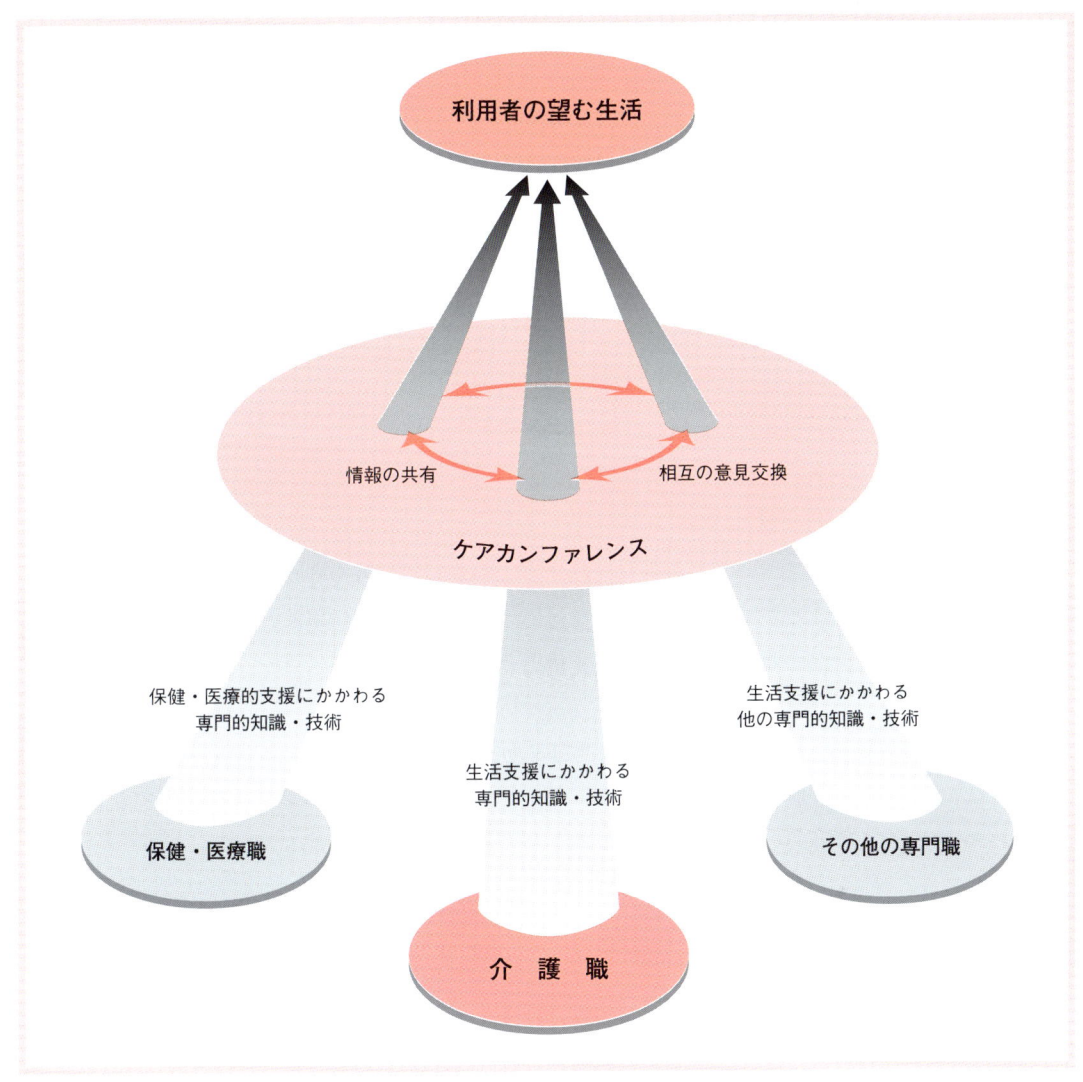

図9-1 ケアカンファレンスとサービス提供のイメージ図

(1) 利用者に対しての理解を深める

　同じ利用者にかかわっていても，サービス機関の特性や担当者個々により利用者がみせる側面も異なっており，それぞれ得られる情報も異なっている。そこで，かかわっている担当者が集まり情報を統合化することで，利用者に対する理解を深めることができる。

(2) サービス提供者の情報の共有化と課題の明確化

　チームとして，利用者の望んでいることや心身に関すること，課題となっていることなどについて相互に情報の共有化をはかることができ，支援を行っていくうえでの課題を明確にすることができる。また，その課題につい

て相互に共通認識をもつことができる。

(3) 支援に客観的妥当性をもたせる

ケアプランは，最初は，作成者の主観的色合いの濃いものである。ケアカンファレンスにより，ケアプランが多面的に議論され支援の方向性が明らかになる。ケアカンファレンスの構成メンバー（以下，メンバーという）が妥当性を認めることで，ケアプランが客観的なものになる。ケアカンファレンスは，支援を主観的なものから客観的で妥当なものへと変える場である。

(4) 支援方針の確認と振り返りの機会

相互に支援の目標とするところや支援のあり方，方針などについて理解するとともに確認し合う場である。また，メンバーが自分たちの行っている支援について振り返り，自分自身の対応の仕方や考え方などの問題点に気づくことができ，いろいろな対応の仕方について学ぶとともに，メンバー自身のかかわりについて見直す機会となる。

(5) 関係者の連携とコミュニケーション

関係機関や担当者が，相互にコミュニケーションをはかることによってお互いの顔が見え，チームとしての連携が強化される。

(6) チームとしての役割分担と責任の所在の明確化

サービス提供機関の業務内容やその役割などについて相互に理解することができる。また，チームとして各サービス提供機関や担当者が利用者に対しどのような役割を果たすべきか，その責任を明らかにし，具体的なサービスの提供について確認をする場である。

また，メンバーが共に相互に補完しあっていることの確認をする場でもある。利用者の生活の連続性に配慮して支援の継続性と一貫性を守るのに役立つ。

(7) サービスに対する利用者の信頼と意欲

関係する機関がどのような役割をにない，どのようなサービスを提供してくれるかといったことが，利用者や家族に理解してもらえる。そのことは，サービスに対する信頼感や安心感をもたらすだけでなく，利用者や家族の生活に対する意欲にもつながる。

(8) 専門職としての成長とサービスの質の向上

利用者について話し合う中で、メンバーが対応の仕方や考え方の問題点に気づく機会となる。自分であればどのようにかかわっていくのか、課題や問題をどのように解決していくのか考える場となる。そのことは、メンバーが相互に学び合い、知識や経験、技術などを深め専門職としての成長につながる。また、ほかの分野の専門職と意見を出し合うには、メンバーが個々に専門職としての資質の向上をはかっていかなければならない。そのことがサービス全体の質の向上につながるのである。

3 ケアカンファレンスの形態と実施時期

ケアカンファレンスの形態は、その目的により参加するメンバーや、検討される内容などにより異なる。

参加人数の多少にかかわらず、1人の利用者に対してサービスにかかわる者が2人以上顔を合わせ、利用者に対しての支援について協議すれば、それはケアカンファレンスということになる。

支援の内容や方向性については、利用者本人やその家族が支援のプランニングについて理解し了解することなしに決められ実施されるということは避けるべきである。支援の現場で行われているカンファレンスは大小さまざまあり、すべてのカンファレンスに利用者や家族などが参加することは難しいかもしれないが、できるだけ参加してもらうように努めなければならない。

1 形　態

ケアカンファレンスの形態は、その内容により参加する機関と職種によりいくつかの形態に分けることができるが、主には次の四つに分けられる。

(1) 複数の機関・複数の専門職

介護保険におけるサービス担当者会議などがこれにあたる。利用者・家族、ケアマネジャー・かかりつけ医・関係するサービス提供事業者（ヘルパー・看護師・PT・OTなど）が参加する。職場や職種が異なるため、開催場所や時間の調整がしにくいといったことがある。

(2) 複数の機関・同一専門職

1人の利用者が、複数の機関から同種のサービスを受けているような場合などがこれにあたる。ホームヘルプサービスが複数の事業所から行われてい

るような場合には,同一職種間の調整としてケアカンファレンスが必要である。

(3) 同一機関・複数の専門職

施設における担当者ケア会議などがこれにあたる。利用者・家族,ケアマネジャー・生活相談員・介護職・看護師・栄養士・医師などが一堂に会して行う。また,介護職と看護師,栄養士と介護職など必要に応じて臨機応変に職種間のケアカンファレンスを行うこともある。同じ職場であり,開催場所や時間が調整しやすい。

(4) 同一機関・同一専門職

同一機関・同一事業所の介護職や看護師,ヘルパーなど,同一職種で行うケアカンファレンスである。同一職としての役割や課題,支援のあり方について調整を行う。利用者に対して決定したことなど,その内容などによっては関係する他職種に伝える必要がある。

2 実施時期

ケアカンファレンスの実施時期は,初期・中期・終期・臨時等に分けられる。

(1) 初期(利用時)ケアカンファレンス

初期のケアカンファレンスは,サービス利用前の情報によるケアカンファレンスと,サービスの利用に少し慣れた段階でのケアカンファレンスの二つに分けることができる。サービスの利用前では,当面の間どのようなサービスを提供するか大まかに決定する。利用者が慣れ,サービス提供者が多くの情報が得られた段階で本格的なケアカンファレンスを行う。また,初めてのケアカンファレンスでは,関係する専門職,利用者やその家族が初めて顔を合わせる。利用者の生きがいやその実現のため支援の方針・内容・方法・頻度・利用者の希望など,多くの情報が集められ,ケアプランについて協議される。ケアプランの目標や方針,実施期間,実施に対する結果の予測,モニタリングの方法,支援の評価などが決定される。

(2) 中期(中間)ケアカンファレンス

ケアプラン実施の初期から終期までの間に,定期的に行うケアカンファレンスである。支援についてのモニタリングによりプランの進捗状況の確認,課題の発見,実施状況に対する評価,必要に応じての再アセスメントなどを行う。利用者に大きな変化が生じた場合,支援の目標やサービス内容などの

変更についての検討が行われる。

(3) 終期（最終）ケアカンファレンス

ケアプラン実施期間の最終段階で行う。ケアプラン作成や変更をした段階で，実施に対する結果の予測と実施期間の設定をしている。実施期間の終わりに結果の予測に対する評価を行うとともに，今後の支援についてどのようにしていくのかを協議する。

(4) 臨時ケアカンファレンス

利用者の状況やケアプランの進捗状況に応じ，支援の方針の変更や確認のため臨時に行われるケアカンファレンスである。利用者の状況が急変したりした場合の緊急に行われるケアカンファレンスもこれに含まれる。

4 ケアカンファレンスのあり方

ケアカンファレンスのあり方としては，民主的な方法と権威的な方法がある。

司会者の進行の仕方が悪かったり，メンバーの問題意識や進めるうえでの認識が欠けていると，ケアカンファレンスが思わぬ方向に向かったり，内容自体が乏しいものになったりする。また，集団の規範により暗黙のうちに個人の発言や行動が影響を受ける。

ケアカンファレンスは，利用者にとって必要なことが，職階や職種，年齢，性別等にとらわれることなく自由に発言できることが重要で，そのあり方としては，基本的に民主的に行われることが望ましい。ケアカンファレンスでは，職場の職階や経験，職種により特定の人の発言が通り，ほかの人の発言が制限されたりする場面が時としてある。民主的なケアカンファレンスでは，職階や経験，職種にかかわらずそれぞれの立場で自由に発言できるのである。

5 資料の作成と準備

「提示する資料を的確に準備できれば，ケアカンファレンスは8割がた成功だ。」といわれることがある。利用者の生活課題の解決のためにも，また，出席者の専門職としての職能の向上のためにも，資料・情報の準備は重要で

ある。

　ケアカンファレンスに必要な資料・情報は，実施の時期により異なる。利用者の全体像がわかるようアセスメントシート，また，ケアカンファレンスに取り上げた理由なども情報として必要である。

　実施時期までのサービス提供の事実経過や記録，利用者およびその家族の生活に対する意向なども，情報として準備するとよい。

6 実施にあたっての留意点

　ケアカンファレンスは，さまざまな問題を課題とし，司会者とメンバーの積極的な参加があって，初めて効果をあげることができる。ケアカンファレンスの席上で積極的に建設的な発言を行うためには，常日頃から利用者としっかり向き合っていることが大切である。利用者の日々の生活の中から課題を感じるには，日常の支援場面における観察を意識して行っておくことが必要である。

1 司会者の役割

　ケアカンファレンスは，限られた時間で行われる。したがって，効率よく円滑に進行していくことが求められる。司会者が，どのように進行させていくかによって大きく変わってくる。司会者の役割として知っておかなければならないことは，議論の対象となる課題や問題点を明確にし，その解決のための方向性を十分に議論してもらうことである。また，課題や問題点を出した担当者が，どのように考えているのかを明確にすることも必要である。何が話されているのか，ケアカンファレンスの流れと内容の移り変わりを全体として確認していく。

2 業務におけるケアカンファレンスの設定

　ケアカンファレンスは，利用者についての課題を解決し，これからの支援方針などを決めメンバーの共通理解を得るために開催される。どのように支援していくかといったことがケアカンファレンスの中心になる。したがって，ケアカンファレンスを，専門職同士の連携をはかる目的として，システム的に業務の中にきちんと位置づけて行われることが重要である。開催場所，日時，運営方法（進行・記録など），参加メンバー等，事前に取り決めをしておく。

3 自由な発言

　ごく身近なことから，利用者の人間関係や家族関係，サービスのあり方，社会資源など広範な問題について，ケアカンファレンスでは自由に意見を述べることができる雰囲気が大切である。メンバーには自由に意見を述べる機会が平等に与えられ，多職種の多様な視点からの意見で，支援の方針の決定，課題の解決がはかられることが重要である。そのことが，利用者を意識的により深く理解することにつながる。

4 開催場所・時間

　ケアカンファレンスの開催にあたっては，まずは利用者中心に考えるべきである。サービス提供事業者の参加しやすい時間帯や場所などを考えることはもちろん必要であるが，それ以上に利用者や家族の参加について配慮しなければならない。

5 ケアカンファレンス参加の技術

　ケアカンファレンスには，利用者理解・支援の確認・情報の共有化・課題の解決などの目的がある。ケアカンファレンスのメンバーは，意見を集約して一定の方向性を出すという機能を果たさなければならない。また，限られた時間の中でこれらの機能を果たそうとすれば，メンバーには一定の技術と認識が必要となる。

　以下は，『福祉職員研修テキスト基礎編』[1]にある会議における課題解決のための技術と会議運営に協力する（集団維持の）技術であるが，ケアカンファレンスに参加するための技術としてそのまま置き換えられるものである。

〈会議における課題解決のための技術〉
（1）　建設的で責任ある発言をこころがける。
（2）　具体的で積極的な発言を行う。
（3）　情報提供か，自分の主張かを明確にして発言する。
（4）　結論は先に述べ，状況説明は後にする。
（5）　発言するときは，全員に話しかける。
（6）　1回の発言は1～2分で簡潔に（冗長にならぬよう配慮）。
（7）　思いつきや主題に関連のない発言はさける。
（8）　他人が発言しているときは傾聴する。
（9）　少数意見となったときは一つの意見として見解を述べる。
（10）　感情的な発言はしない。

〈会議運営に協力する（集団維持の）技術〉
（1） 進行状況や時間に注意し，司会者に協力する。
（2） 発言の量，タイミングを考える。
（3） 発言の少ない人に発言を促す。
（4） 脱線，感情的対立が起こったときは，積極的に働きかけ，脱線や対立をおさめる。
（5） 準備や議事録の作成を頼まれたときは，積極的に協力する。

7 進め方

ケアカンファレンス資料については，事前に出席者全員に配布しておく。メンバーは，資料を熟読し，内容を把握しておくと同時に課題を確認し，スムーズに討議に参加できるように準備しておく。また，時間制限があることを認識し，時間内で所定の目的が達成できるように工夫する。また，前項で述べたケアカンファレンスに参加するうえでの技術についても心得ておかなければならない。

これら共通の情報と認識のもと，メンバーはケアカンファレンスに参加する。また，会議には記録の係を決めておき，必要に応じて話された内容の確認をしていくことも必要である。状況に応じて，司会者はケアカンファレンスでの話の内容について記録の係に確認をする。一般的な進め方としての例を図9-2に示す。

8 ケアカンファレンスとモニタリング

ケアカンファレンスでは，支援の方針や関係機関や関係者の役割分担を明確にしてケアプランを進めていく。実行されているケアプランの進捗状況や利用者の状況について，その経過をみていく作業がモニタリングである。

モニタリングにおいて，ケアプランで目標とする結果の予測通りに進んでいれば，定期的なケアカンファレンスで利用者の状況が報告され，サービスの方向性が再度確認される。また，当初の予定とは想定外のことが起こった場合や起こっている場合は，ケアプランの見直しや変更を行うことになる。そのような場合，臨時的ケアカンファレンスを行い，支援の方針やサービスの内容の変更など調整を行うことになる。

このように，モニタリングはケアカンファレンスと密接に関連している。

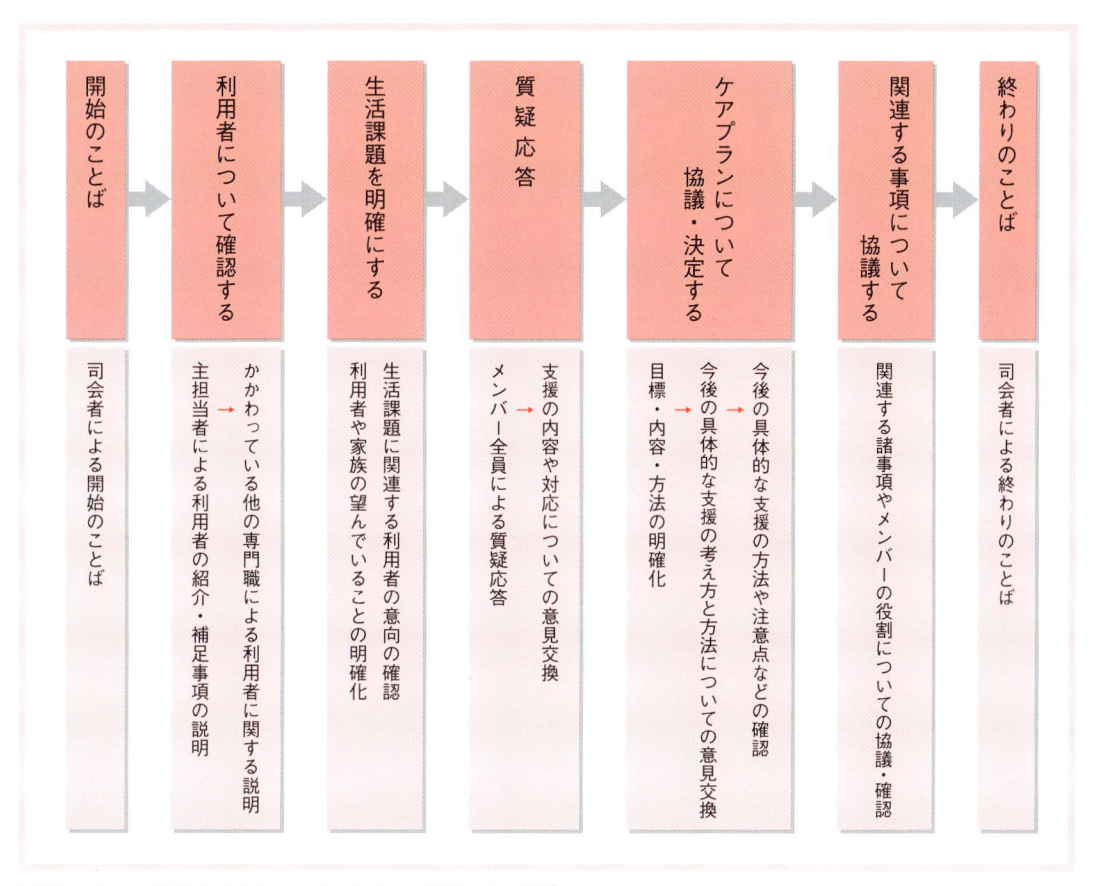

開始のことば	利用者について確認する	生活課題を明確にする	質疑応答	ケアプランについて協議・決定する	関連する事項について協議する	終わりのことば
司会者による開始のことば	主担当者による利用者の紹介・補足事項の説明 → かかわっている他の専門職による利用者に関する説明	利用者や家族の望んでいることの明確化 / 生活課題に関連する利用者の意向の確認	メンバー全員による質疑応答 → 支援の内容や対応についての意見交換	目標・内容・方法の明確化 → 今後の具体的な支援の考え方と方法についての意見交換 → 今後の具体的な支援の方法や注意点などの確認	関連する諸事項やメンバーの役割についての協議・確認	司会者による終わりのことば

図9-2　一般的なケアカンファレンスの進め方（例）

引用文献

1）「福祉職員生涯研修」推進委員会編：福祉職員研修テキスト基礎編，全国社会福祉協議会，2002，p.75.

参考文献

・「福祉職員生涯研修」推進委員会編：福祉職員研修テキスト基礎編，全国社会福祉協議会，2002.
・石橋真二，他6名著：介護支援専門員基本テキスト　第1巻，日本介護福祉士養成施設協会，2005.
・黒澤貞夫編著：ICFをとり入れた介護過程の展開，建帛社，2007.
・黒澤貞夫：生活支援学の構想　その理論と実践の統合を目指して，川島書店，2006.
・住友雄資「改めて，カンファレンスのあり方を見直してみよう」，中央法規出版：おはよう21，9月号，2006，pp.12 -15.

第10章 実施

1 ケアプランの実施とは

1 ケアプランに沿った実施

　利用者個々の生活課題（ニーズ）に沿った介護をするためにケアプランがある。ケアプランは，十分なアセスメントに基づき立案されているわけであるから，実施へのモチベーションは高いはずである。いうまでもなく，支援はケアプランに沿って実施されるのであるが，必ずしもその計画通りにいかない面があり得る。その理由としては，以下の①〜③のようなケアプラン実施への意識の希薄さだけではなく，さまざまな要因が絡み合っていることが推測される。したがって，その要因をよく検証して，効果的なケアプランの実施をはからなければならない。

① 立案されたケアプランが書類上のものとして位置づけられ，実施すべきものとの意識が低い。
② 介護職のためのケアプランになっているため，利用者の意向に沿った実施と乖離（かいり）している。
③ ケアプランを意識はしていても忙しく，他のことが優先してしまう。

　ここでは，事例を通して，ケアプランに沿った実施に影響する要因を探っていく。

2 事例から考える

　介護老人福祉施設に入居しているMさんは，現在，車いすでの生活である。78歳で右片麻痺はあるものの，日常生活動作の自立は，働きかけによって拡大する見通しがあった。入居して数か月が過ぎ，具体的な生活課題（ニー

ズ）として，「車いすを自走することで移動における自由度を確保し，行動範囲を広げたい」があがっており，それに沿ったケアプランが作成されていた。

　ある日の昼食前のことである。職員はいつもの通り，介助の必要な利用者の移動介助に追われていた。Mさんのそばを通った職員は，「食堂までがんばってください」と，声だけかけて足早に通り過ぎていった。職員が通り過ぎた後，Mさんは，身近にいた介護実習生に，食堂まで車いすを押すように依頼した。

　この場面をケアプランに沿った実施という面から分析する。
① 　**利用者の意欲**……利用者の「車いすを自走することで行動範囲を広げたい」という意欲の程度である。職員は，ADLの拡大に対する意欲は高いと判断し，応援するような声かけだけで通り過ぎていったが，実際はどうであったのだろうか。
② 　**日々変化する状況**……その日の体調変化や早く食堂に到着したいなど，普段と違う利用者の意向や状況変化の有無である。ケアプランは，さまざまな状況の変化までを想定して立案されているわけではない。状況変化と利用者のその時々の意向を確認し，ケアプランをどう実施するかは介護職の判断に負うところが大きい。
③ 　**利用者の気持ち（遠慮）**……職員に介助を依頼しなかったという点である。利用者は，忙しそうにしている職員の姿を目にする中で，自分のことに時間を割かせてはいけないと考えたのかもしれない。利用者は，場の雰囲気を敏感に感じ取っているのであろう。
④ 　**介護職側の職場状況**……職員はいつもの通り，介助の必要な他の利用者の移動介助に追われていたという点である。日頃，意識されていないかもしれないが，職員自身も，勤務状況やチームケアの体制，業務マニュアル，職場内の暗黙のルール，人間関係などによって影響を受けている。職員自身を取り巻く環境が，ケアプランの実施に際して，阻害あるいは促進のいずれの方向に働いているのか，という観点である。

　以上から，ケアプランに沿った実施における視点として，①利用者の意向を尊重した実施，②安全で効果的な実施，③実施におけるチーム連携，④情報交換と支援の調整の4点をあげ，順に述べていく。

2 利用者の意向を尊重した実施

1 意向を尊重するとは

　毎日の生活の中で，利用者の気分や思いは揺れ動く。がんばって日常生活のさまざまな場面を自分の力で行いたいと思う日もあれば，何もする気が起きないほど気力が萎えている日もある。このような気持ちの変化は，利用者自身および利用者の置かれた環境との相互作用によって生じるものである。

　ケアプランで立案されているからといって，何ら介護職が判断することなく機械的に実施していては，利用者の生活を損ないかねない。介護職が利用者のために役立つと思う行為であっても，利用者のその時・その場の思いとかみ合わずにズレが生じることもある。

　利用者の意向＊を尊重するということは，利用者の気持ちの揺れ動きに呼応しながらも，利用者自身が「こうありたいと願う生活」を実現する意欲が継続できるように支えることである。

2 意欲の変化をとらえる

　私たちの日常生活で考えてみても，「こうあればいいなあ」との思いと，実際にとっている行動とが，いつも一致しているとは限らない。例えば，きれいに整えられた部屋にいたいと思っていても，かたづけや掃除ができないこともある。その時に，「かたづけなさい」と家人に言われたら，わかっているのにとやる気が削がれるのではないだろうか。その時に嫌々かたづけても，長い目でみれば，散らかった状態に戻ってしまう。かたづけや掃除ができないのは，その気になれない荷物の多さ，時間がない，そのうちになど，自分自身でも気づいていない何らかの理由がある。

　思いを実現していくための具体的行動がとれていないことを，他者から意欲がないと判断されるのは不本意なことであろう。利用者のその時・その場における意欲をとらえながら，長期的な展望をもって，利用者の思いが実現するようにかかわっていくことが，ひいては利用者の意向を尊重することになる。

---

memo

意 向
どうするつもりかという考え。こころの向かうところ（大辞泉）。人間は未来への志向性をもって生きている。利用者が今後どうしていきたいと思っているかを尊重することは，介護過程の各段階を通して重要である。

3 安全で効果的な実施

1 安全な実施

　一般的に安全な実施をするためには，危険を知っておく必要がある。しかし，すべての危険を想定できるかというとそうではない。新たな取り組みをするときには，想定外のことが起こり得る。

　ケアプランの実施は，利用者への個別支援であるため，既存のマニュアル化した方法の適用ではすまされない。その人にあった支援が，誰にでも通用する支援ではない。つまり，危険予測についても一般化できていないということになる。支援にあたって介護職は，利用者一人ひとりが，個別の状況下にあることを認識してリスクマネジメント*の意識をもって介護することが重要である。

> **memo**
> **リスクマネジメント**
> 組織的に危険を回避できるようにあるいは被害を最小限にすること。リスクは存在するものとの認識に立ち，介護事故は予防が第一であるとの考え方がある。利用者個人の状況変化に応じて，起こりやすい介護事故をアセスメントしておく必要がある。

2 効果的な実施

　効果的な実施とは，ケアプランの目的にかなった結果が出せるということである。「ああすれば，こうなる」との見通しをもった実施をさす。しかし，すでに述べたように利用者の気持ちや意欲，状態の変化を含めて利用者自身が揺れ動いている存在であり，利用者を取り巻く環境も変化している中で，「ああすれば，こうなる」との見通しをもって実施しながら，結果につながらないことも多々ある。しかしながら，目的意識をもって実施するからこそ，なぜ結果につながらなかったかを振り返ることができる。それが，ケアプランに沿った介護への動機づけとなる。

4 実施におけるチーム連携

1 施設におけるチーム連携

　施設は，複数の利用者を複数の職員が支援する体制（集団ケア）である。1人の利用者に同じ職員が四六時中対応するのではなく，職員が入れ替わりながら介護していく。24時間体制で介護できるように複数の職員による勤務シフト*が組まれている。

　集団ケアを提供しやすくするために，排泄介助，入浴介助と担当する業務

> **memo**
> **勤務シフト**
> 利用者の介護の必要度が高い時間帯に，できるだけ多くの勤務者が勤務できるように配置する勤務体制のこと。日勤，早出，遅出，夜勤などの勤務時間帯を組み合わせている。

分担を決めて実施している方式もある。職員は、複数の利用者への対応を迫られる中で、緊急性を要すること、他の職員では代替できないこと、業務分担などのさまざまな条件を考慮に入れ、その時々で優先度の高いものから先に対応している。ともすれば集団ケアの中で、ケアプランに基づいた個別ケアは、勤務の余裕のあるときに行われるものとして疎かになることがある。

ユニットケア体制のように少人数の利用者を少人数の職員で担当する体制は、掌握する利用者の人数が少なく、かつ利用者への支援が継続して行いやすいことから、個別ケアを比較的実施しやすい。

しかし、ユニットケアの形態は整っていても、日常業務に位置づけられる介護が基準化されていないと、行為の一つひとつに対して何をどうするかに戸惑い、基本的な介護をするだけで精一杯になることもある。したがって、必須の留意事項としての業務マニュアルと利用者の個別性を重視した個別ケアとが相俟って質の高い支援が提供できる。

2 居宅におけるチーム連携

訪問介護を例にとって考えてみる。訪問介護では、同じ利用者に同じ介護職が継続して担当できる場合もあれば、そうでない場合もあるが、施設と比較すると「1対1」での個別ケアを提供できる場が用意されているといえよう。

しかしながら、実施する時間の制約や直行直帰という勤務体制が多い中で、ケアプランに沿った実施がされているかどうかは、介護職個々に委ねられてしまう。「1対1」で支援が提供される場があることによって、個別ケアの実施が十分にできる、とは一概にいえないわけである。ケアプランに沿った実施ができるように事業者がサポート体制をつくる必要がある。定期的に情報交換の場を設けることや、モニタリングを適切に実施していくことなどが重要であろう。

5 情報交換と支援の調整

1 情報交換の方法

1 申し送り

勤務者の勤務交代時間に(日勤者から夜勤者へ、夜勤者から日勤者へ)申し送りが行われる。申し送りの内容は、引継ぎ事項、特記事項(事故や特に注意を要する心身状態)、利用者の一般状態である。一般状態としては、食事摂取の状態、排泄や睡眠状態、行動面の状態、不穏などを含む精神状態などである。

2 ミーティング

　申し送りを受けて，その日予定されている業務内容の調整や支援実施上で注意すべきこと，あるいは早急に対応すべきことなどをミーティングにおいて確認する。このときに，業務内容の調整だけにとどまらず，ケアプランに基づいた実施の確認を行うことが重要となる。

3 情報交換の手段

　情報交換の手段には，口頭によるものと文書によるものがある。口頭での情報交換の良い点は，①簡便である，②大事なことを強調できる，③質問して確認できる，ことである。欠点は，情報の伝え手と受け手が，同じ時間に集合していないと効率的に情報交換ができないことである。

　文章による情報交換は，①その場にいなくても情報伝達が可能である，②書式が決まっていると情報の漏れがない，③何回も見直すことができるなど，口頭での欠点を補完できる面がある。両者を併用して活用することが大切である。

2 情報の共有化と支援の調整

　勤務者の引継ぎをする申し送りやミーティングが機能することで，利用者への適切で継続的な支援が実施できる。申し送りやミーティングが日々重ねられる中で，介護職が直接かかわらなかった利用者の情報も共有化されていく。

　定期的な申し送りだけでなく，介護職間では，報告・連絡・相談が口頭で行われ，利用者の状況変化がタイミングよく伝えられている。それが，日々の状況変化に応じた支援の調整に活かされている。

　また，介護として有効な方法や，利用者に喜ばれた内容についても情報を交換することで介護が適宜調整される。例えば，誘導途中で立ち止まる認知症高齢者が，「リンゴの歌」を歌うとスムーズに歩くと１人の介護職が気づいたことが，介護職間で共有化されるなどである。

　以上のような情報の共有化からの支援の調整が，ケアプランの範囲内であればよいが，それを逸脱して支援が変更されるとケアプランに沿った実施に影響を与えることになる。

6 記　　　録

1 記録の意義と目的

1 介護記録の意義

　記録することの意義を一言で述べると，記録することでしか，日々実践した介護の内容を示すことができないということである。

　利用者のその時・その場の心身の状況や生活状況の何を見て，どのような介護を，どのような判断のもとに行ったか，その後の様子はどうかなど，それらを言語化することは，自分の見聞きし，感じ判断したことを明確にする。何らかの判断ができるのは，言語でもって，目の前にあることを意味のある文脈としてとらえているからである。それゆえ，介護の記録は，利用者に介護（見守りや観察したことも当然含む）を行った介護職が行うことに意味がある。

　記録する必然も意味も見出せないときには，何らかの判断を伴うことなく，機械的に介護しているのではないかと内省してみることも必要であろう。記録に残したい介護を実践しているのかどうかが問われているのである。

2 記録の目的

① 個々の利用者のケアプランに沿った介護過程の実践を残す。
② 介護の実践内容を蓄積することにより，質の高い介護の提供につなげる。
③ チームケアを円滑に行うための情報の共有化に役立てる。
④ 利用者・家族への説明責任を果たすときの情報提供に資する。
⑤ 組織的な介護提供を行うための管理機能に供する。

2 記録の特性と書式

1 介護過程に沿った記録

　ケアプランの実施に直接かかわる記録としては，①日々の介護実践や利用者の心身の状況などを記録する「介護日誌」と，②実施状況や利用者本人・家族の満足度などの点検を行い，必要な場合には，支援の軌道修正の指針となる「モニタリング表」がある。

　ただ，日々の介護実践は，相談・面接，アセスメント，ケアプランの作成，ケアカンファレンスという介護過程の一連の流れの中で行われるものである。したがって，実施そのものにかかわる「介護日誌」「モニタリング表」に

表10-1 介護過程に沿った記録の形式と記載事項〔例〕

介護過程	記録の形式	記載事項ならびに記載の留意点
相談・面接	相談・面接記録（自由記載形式）	・利用者の主訴（困っていること）を的確に記載 ・利用者本人とその家族の意向を区別して記載 ・利用者本人ならびにその家族の本当に言いたいことについては「直接話法」（当人の話をそのまま引用する）で記載
アセスメント	アセスメント用紙（項目欄記載形式）	・利用者に関する基本情報 ・健康状態，心身の状況，生活状況，ADL・IADLの状況，家族・地域の状況など
ケアプラン作成	介護サービス計画書（設定書式）	・利用者の生活課題（ニーズ），目標，介護内容
ケアカンファレンス	ケアカンファレンス記録（会議録）（自由記載形式）	・会議開催日時，出席者など ・検討内容（項目，内容，結果） ・次回の課題
実　施	モニタリング表（項目欄記載形式）	・ケアプラン実施状況の点検 ・本人・家族の満足度 ・状況の変化
実　施	介護日誌（自由記載形式）	・利用者の心身の状況 ・利用者を取り巻く生活環境の変化 ・日々の介護実践記録
評　価	評価用紙（自由記載形式）	・モニタリングに基づく支援の評価 ・ケアプランの各要素の検証

ついても，この一連の流れを意識し，介護過程の連続性に留意した記載であることが望まれる。

このような観点から，介護過程の流れに沿った記録の形式と記載事項，記載にあたっての留意点を表10-1に例示した。

2 介護管理のための記録

① 業務日誌：施設全体の業務にかかわる内容
② 苦情状況報告書：利用者・家族からの苦情についての記録
③ 事故等報告書：事故の状況および事故に際してとった処置の記録
④ 身体拘束等に関する記録：身体拘束等の様態，時間，その際の心身の状況，緊急やむを得ない理由の記録

入所施設では，施設サービス計画書，提供サービスの内容等の記録，②，③，④は，2年間の保存が義務づけられている。

3 記録のポイント

介護における記録にあたっては，利用者の尊厳に配慮すること，かかわる専門職間の情報の共有化などに配慮し，正確かつ適切なコミュニケーションが行えるような配慮，スキルが求められる。

また，記録者＝介護職自身の職能の向上のためには，反省すべき事実は事実として正確に記述すべきである。

　利用者やその家族の意向や内面の要求，利用者の身体状況，精神・心理的状況についての客観的報告，介護職の主観や意見あるいは見通しなどが，区別されずに混在するような記述は記録として望ましくない。ポイントとなる留意点をあげておく。

① 利用者本人がいつ記録を見ても不快にならない表現にする。
② 記録者の考えを述べているのか，客観的事実を述べているのかがわかるように書き分ける。
③ 介護職が行った働きかけや支援に対する結果を述べる。
④ 実施結果に基づいて，次回への対応に関する見解や判断を述べる。

　本章冒頭にあげた事例の場面を介護日誌に記録したものを例として示す。（図10－1）

月　日	時　間	記載事項	サイン
○月○日	11:40	・Mさんは，食堂に行こうと車いすを自走されていた。 私は，他の利用者さんの車いすを押しながら，Mさんのそばを通るときに「食堂までがんばってください。」と声をかけた。 ・そのときは，食堂まで自走で行かれるものと思っていたが，後で，実習生から，車いすを食堂まで押すよう依頼された，と報告を受けた。 ・急いでいたので，Mさんのそのときの表情や，私の声かけをどのように受け止められたのかまでは，よく見ていなかった。 今後，同様の場面があったときには，・声かけだけでなく，Mさんからの応答を待つようにしたいと考えている。	△△△

（注釈）
- 利用者に対して敬語を使って記述している。
- 利用者の発言や行動についての記述している。
- 介護職の働きかけや支援の結果や，利用者の反応（この事例の場合，その確認がなされていないが）をとらえる。
- 次回の対応に関する見解や判断を述べている。
- 介護職が"思い込み"による判断をしてしまったことを率直に記述している。

図10－1　介護日誌記録例

参考文献

・黒澤貞夫編者：ケアサービスの記録法，一橋出版，2003.
・黒澤貞夫：生活支援学の構想，川島書店，2006.
・澤田信子監修：介護事故リスクマネジメント，日総研，2002.
・柴尾慶次：介護事故とリスクマネジメント，中央法規出版，2002.
・白澤政和：生活支援のための施設プラン―いかにケアプランを作成するか―，中央法規出版，2003.
・田形隆尚「『記録』力を鍛えよう」，中央法規出版：おはよう21，4月号，2006.
・津田祐子：介護記録の教科書，日総研，2006.
・中村雄二郎：臨床の知とはなにか，岩波新書，1992.

第11章 モニタリング

1 モニタリングの目的

　モニタリングの目的は，ケアプランが計画通りに実施されているかどうかの点検，および利用者の状況変化や利用者を取り巻く環境変化を把握して，新たな生活課題（ニーズ）が発生していないかどうかを定期的に見守ることである。

　モニタリングが行われていないと，実施がケアプランから逸れていてもその事実に気づかないままに時間が経過し，ケアプランの評価が適切にできなくなる。介護過程は，モニタリング・評価を通して，アセスメントやケアプランを見直すというサイクルを踏んで，より良いものへと改善していく過程が重要である。モニタリングをすることで，ケアプランに沿った実施へと軌道修正をはかる。あたかもロケットを打ち上げてその軌道を監視する体制が別立てにあるように，モニタリングを介護過程の中にシステムとして位置づけていくことが重要である。念のためにいうと，個々の介護職は，何も考えず実施すればよいといっているのではない。ケアプランに沿った実施になっているかどうかをモニタリングすることは，介護職に当然求められていることである。

2 モニタリングの視点

1 実施状況の確認

1 支援の実施状況

　利用者の生活課題（ニーズ）ごとに計画通り実施できているかどうかと，

目標の達成状況を確認する。計画通りできていなければ，その理由をあげ，実施に向けての調整の方法を検討する。利用者の求める「こうありたいと願う生活」に介護がどのような影響を及ぼしているかをみようとすることが重要となる。ケアプランで立案された介護内容が，利用者にとって適切であるのかどうかの確認も重要である。

　例えば，声をかければ覚醒するが，職員が働きかけないと日中にうとうとすることが多く，夜間に眠れないという生活課題があったとする。介護内容は，日中に職員と一緒におしぼりタオルを巻くこと，そのときに他の利用者と会話ができるように働きかけることである。

　おしぼりタオルを巻くことは，利用者にとって本当に興味のあることであるのかどうか。そのときに他の利用者との会話が円滑に進んでいるのか。どのくらいの頻度で実施できているのか。夜間の睡眠への影響はどうかなどを確認する。

2 利用者の支援への満足度

　利用者の生活課題の解決に向けてのケアプランであるため，利用者や家族の支援に対する満足度は重要な指標となる。満足度の低いものについては，不満の具体的内容を明らかにする。

　利用者からすれば，不満を述べることは，介護職にはばかられる。あるいは，介護に影響がでるのではと心配する。家族が満足しているのに申し訳なく思うなど，さまざまな思いが交錯し，直接口に出して言い難い面がある。満足度という指標が有効に機能するためには，利用者および家族が本心を言える関係の構築が不可欠である。

　昨今，教育現場や，医療現場でのクレームの急増が話題になっている。介護現場においても，満足していないことがあればよく検討・理解して適切な対応をはかることが必要となる。そのために，支援に対する満足度を日常的に把握することが重要である。満足か不満かの二者択一ではなく，経過の中で，どのように満足度が変化してきているのかをとらえる。また，モニタリングをする直前の支援が印象に残っており，それが満足度の判断に影響を及ぼすこともある。満足度の把握は，誰がどんな方法でとらえるのが適切であるかも検討しておく必要がある。

2 利用者の状況の変化

1 心身の状況の変化

　心身の状況の変化は，前回モニタリングしたときと比較して，①変化がない，②変化があれば，改善しているのか，③また，悪化しているのかの3通りになる。それぞれの心身の状況変化によって，新たな生活課題（ニーズ）が生じていないかどうか，それに伴って，利用者・家族の意向に変化はないかの確認が必要になる。

　そして，それらの変化は，ケアプランで立案されている介護内容の調整で対応できるものか，再アセスメントあるいはケアプラン変更を要するものであるかどうかの判断を行う。

　心身の状況変化には，一時的なものと長期的なもの，急激なものと緩慢なものがある。利用者の状況変化として，骨折や病気の悪化のように，急激で長期的な変化は比較的とらえやすいが，いつ変化が起こっているのか，波があって変化の様子がとらえにくいものもある。

　ADLやIADL，行動面，あるいは血糖値や血圧値などのように数値として表れるもの，病気や怪我などは，比較的とらえやすい。しかし，心身が連動して変化するような意欲や気力，思いというものには，波があって，利用者の状況を普段からみている人とそうでない人とではとらえ方が違う場合もある。モニタリング者が利用者のわずかな変化をとらえていこうとすること，誰からのどのような情報によってモニタリングをするのが適切なのかも考えておくとよい。

2 利用者・家族の意向の変化

　利用者の意向を尊重するとは，利用者の気持ちの揺れ動きに呼応しながらも，利用者自身が「こうありたいと願う生活」を実現する意欲が継続できるように支えることである。

　例えば，デイサービスに行くことで他者との交流が活発になり，生活の張り合いがもてると本人も家族も思っていたが，他者に気遣いをしすぎて，帰宅後疲労感が高まり，食事するのも億劫になり，簡単に済ませてしまうという場合がある。本人は，デイサービスの職員の対応に不満はなく，疲れるけれども自分の性分だから，そのうちに慣れてくるだろうと，デイサービスでは楽しそうに振舞っている。

　「デイサービスで他者と交流をもちたい」との意向が，「疲れるのでやっぱり家で過ごしたい」と変わるのか，「気遣いはあるが，デイサービスで楽しく過ごせているので，このまま続けたい」となるのかは，支援の実施内容が

大きく反映する。また，気の合う友人ができる，反対に，馴染めないまま時間が経過していくなどの環境要因も利用者の意向に影響を及ぼす。

利用者の意向をとらえるときに，単に「今後どうしたいのか」との問いかけではなく，支援の実施内容，あるいは利用者を取り巻く環境を本人がどのようにとらえているかを聞き取っていく必要がある。利用者本人の環境のとらえ方という文脈の中で，利用者の意向を確認していくことが重要である。

3 利用者を取り巻く環境の変化

ICFでは，環境の定義を「環境因子（environmental factors）とは，人々が生活し，人生を送っている物的な環境や社会的環境，人々の社会的な態度による環境を構成する因子のことである」[1]とし，環境因子の肯定的側面を促進因子，否定的側面を阻害因子と表している。また，「環境因子は，本人の視点から評価されなければならない」[2]とし，ある環境因子が促進因子になるか阻害因子になるかの評価において，本人の視点が重視されている。

とはいえ，利用者と利用者を取り巻く環境との関係は，一方が作用を与え，他方が作用を与えられるという関係ではなく，相互に影響を及ぼす関係にあり，また，単一の原因が同一の結果を導く，「ああなれば，こうなる」というものでもない。環境の変化がなければ，環境による影響は以前と同様であると短絡的に割り切ることはできない。

環境における阻害因子，促進因子は，利用者の視点によって変わり得るものだという考えで，利用者を取り巻く環境をモニタリングしていく必要がある。また，環境が，どれほど心身の状況や「活動」「参加」に影響を与えるものかについての洞察があれば，見えにくい環境の変化にも細やかなセンサーが働き，微少な変化をとらえることができる。

4 目標設定とモニタリングの整合性

以上，モニタリングの視点を実施状況の確認，利用者の状況変化，利用者を取り巻く環境の変化の3点で述べてきた。これらは，利用者の生活課題（ニーズ）を充足するための目標設定に基づいて行われるものである。したがって，目標そのものがあいまいであったり，長期目標と短期目標がズレていたりすると，モニタリングが有効に活用されない。

「木を見て森を見ず」ということばがあるが，利用者の「かくありたい生活像」に日々の実践が近づいているかどうかを俯瞰的にモニタリングすることが重要である。また，適切なモニタリングには，誰が・いつ・どのように行うかの方法の理解も大切である。

3 モニタリングの方法

1 誰が行うのか

1 ケアプラン実施者

　介護職は，利用者の状況変化・環境変化を観察しながら，利用者の意向をとらえ，ケアプランを意識して介護している。介護職は日々のケアプランのモニタリング者でもある。介護職が実践した介護を日々記録したものが，モニタリングの資料ともなる。

2 ケアプラン作成者

　介護保険制度では，ケアマネジャーが作成するケアプランと，各サービス内容を請け負った事業者が作成するケアプランがある。施設では，これが通常重なっている。在宅でケアマネジャーがモニタリングするときには，利用者・家族からの直接情報が主となる。各事業者のケアプラン作成者は，実施者からの情報に基づいて実施状況を把握し，必要に応じて利用者・家族からも満足度などについての聞きとりを行う。そして両者が統合されて，的確なモニタリングとなる。

　施設では，複数の職員によるケアカンファレンスによってケアプランが作成され，モニタリングもケアカンファレンスにて行われることが多い。モニタリング内容は，ケアプラン作成者が記録として残す。

2 いつ行うのか

　利用者の状況やケアプランの内容によって，いつ行うのかは一概に決められないが，ケアプラン作成段階でモニタリングの実施計画をたて，定期的に行う必要がある。介護サービス計画書については，実施開始の1か月後にはモニタリングが必要で，基本的には1か月に1度は行う。

　健康状態の変化が大きい利用者やターミナル期*にある利用者では，モニタリングの頻度を増やす必要があろう。

3 モニタリングと介護過程

　モニタリング表などを用いて，モニタリング内容を明らかにしておく。モニタリング内容をもとに，利用者の生活課題（ニーズ）が改善する方向にケアプランが機能しているかどうかの効果の確認をする。効果があって，現状

> **memo**
> **ターミナル期**
> あらゆる治療を施しても回復の見込みのない時期。終末期ともいう。そのような状況にある利用者に対し，介護職としてどのようにかかわるかが課題である。

```
出会い（人間関係の形成）
        ↓
      相談・面接
        ↓
      アセスメント
        ↓
   生活課題（ニーズ）の設定
        ↓
    ケアプラン（案）作成
        ↓
     ケアカンファレンス
        ↓
       モニタリング → 実　施
```

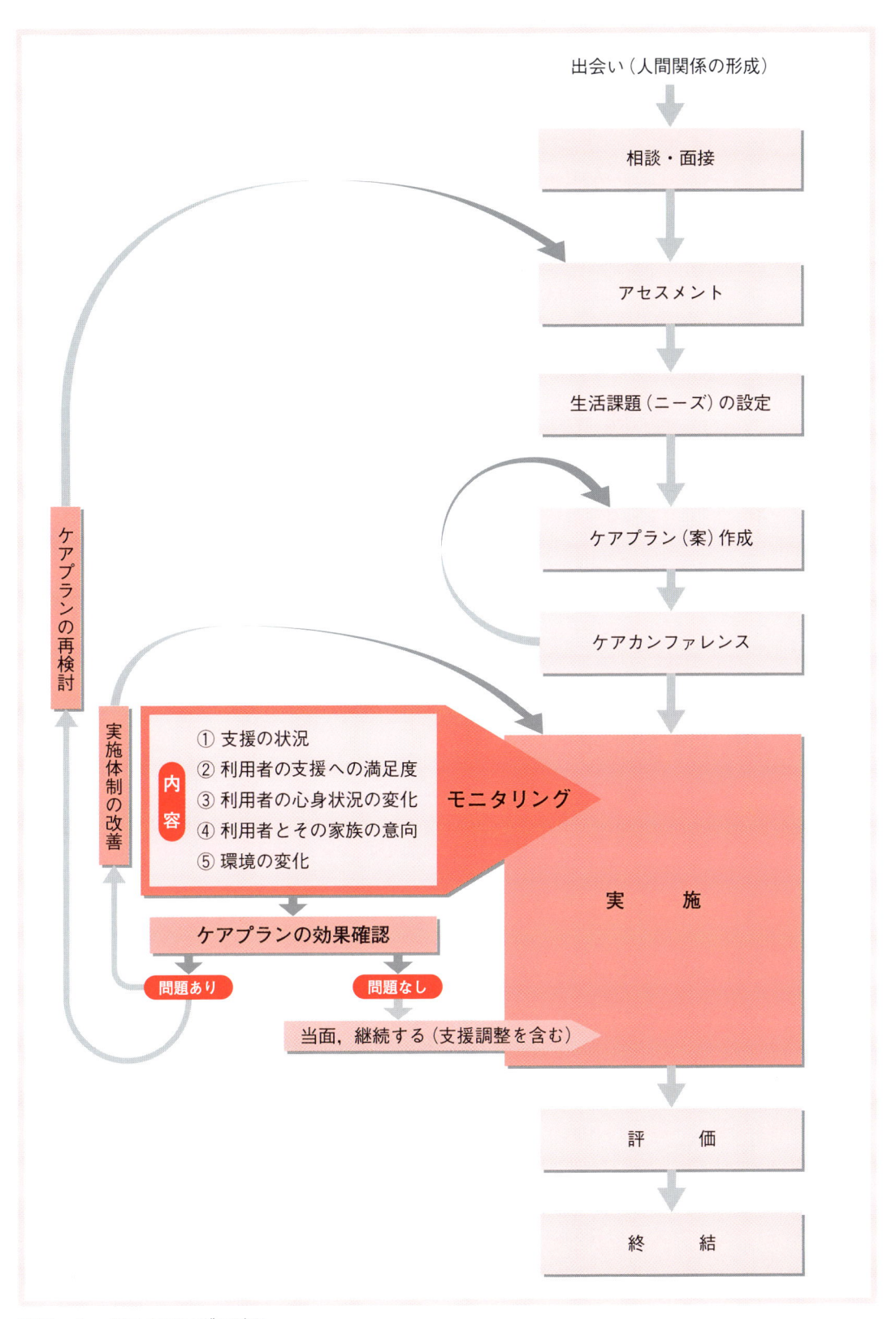

内容
① 支援の状況
② 利用者の支援への満足度
③ 利用者の心身状況の変化
④ 利用者とその家族の意向
⑤ 環境の変化

- ケアプランの再検討
- 実施体制の改善
- ケアプランの効果確認
  - 問題あり
  - 問題なし
- 当面，継続する（支援調整を含む）
- 評　価
- 終　結

図11-1　モニタリングの流れ

で問題がなければ（利用者や家族の意向による支援方法の調整を含む），現行のケアプランを継続する（図11-1）。

現行のケアプランで効果がないときには，①ケアプランそのものに問題はないが，実施状況に問題のある場合，②利用者の状況変化や環境の変化によって，現行のケアプランで対応できない場合，がある。前者では，実施体制を見直し，適切な実施ができるように改善する。後者においては，ケアプラン変更の内容について，ケアカンファレンスによって検討する。生活課題（ニーズ）そのものを見直す必要がある場合は，ただちに「評価」の段階に移り，再アセスメントをすることになる。

4 モニタリングの記載─事例を通して─

第Ⅱ部 介護過程演習 ①入所直後，環境の変化にとまどう認知症高齢者への支援事例＊での，ケアカンファレンスによるモニタリングの記載例をあげる。

☞ p.120参照。

表11-1 モニタリング表

実施日	○月○日
短期目標	施設環境に慣れるまでの期間，生活面での戸惑いや混乱ができるだけ少なくなるようにする。
支援の実施状況（利用者・家族の意向を含む）	ケアプラン作成時の意向と変化なし。 ケアプラン通りに実施できている。
利用者・家族の満足度	本人：本人の満足度は確認できていない。不穏な状態がほとんどないことから，入所前の支援の継続ができていることに対して不満はないのではないかと推測される。今後，継続して本人の満足度をどうとらえるか検討が必要である。 家族：本人の混乱がなく，対応に満足している。
心身の状況変化・環境の変化	入所前と比較して，心身の状況変化はみられない。夜間帯に落ち着きのない様子があった。
ケアプラン変更の必要性	現行ケアプランの継続。夜間に覚醒されたときには，排泄後に温かい飲み物をすすめるとの支援内容を追加する。

引用文献

1) 障害者福祉研究会：ICF国際生活機能分類─国際障害分類改定版─，中央法規出版，2002，p.169.
2) 同上，p.169.

参考文献

・黒澤貞夫編著：ICFをとり入れた介護過程の展開，建帛社，2007.
・白澤政和，橋本泰子，竹内孝仁：ケアマネジメント講座(1) ケアマネジメント概論，中央法規出版，2000.
・土屋典子，大渕修一，長谷憲明：居宅介護支援専門員のためのケアマネジメント入門① ケアプランのつくり方・サービス担当者会議（ケアカンファレンス）の開き方・モニタリングの方法，瀬谷出版，2006.

第12章 評価

1 評価は誰が何について行うのか

1 評価の目的

介護過程における評価の目的は，次の三つである。
① 実践されたケアプランが妥当であったか，つまり生活課題が利用者のニーズに合致しているか，また生活課題に対応するケアプラン実践が適切なものであったかを検証すること。
② 利用者自身が提供された介護サービスに対して満足しているか，またどのように認識しているのかを確かめること。
③ この二つを検証したうえで，実践されたケアプランを今後どのようにするのかを検討すること。

2 何を評価するのか

介護過程における評価とは，ここまで展開された介護過程が円滑に実施されたかを，実践を通して振り返っていくことである。ここでいう実践を通して振り返るということは，単に実践内容だけを振り返るのではなく，介護過程のすべてを振り返ることである。

つまり，利用者が自身の生活課題の解決という目的へ向けて"意欲をもって"変容しているかを確認することである。そのためには，生活課題が達成されているか，また本人がどのように認識しているかを，関係する専門職の意見も聞きながら，総合的に判断していく必要がある。事例を通して考えてみよう。

> **事例①**
>
> Nさん（75歳・女性）
> 　関節リウマチによる手指の変形があり，痛みも伴っている。手指の変形で箸やスプーンをうまく持つことができず，食事を途中でやめてしまうことが目立つようになり，摂取量が減少してきた。
> 　そこで手指の変形に合わせて工夫をした自助具を使うことで，自分で，ゆっくりと食事をすることを目標とした。
> 　しかし，食事の摂取量は増えていない。

　Nさんの生活課題は，自分でゆっくり食事をし，必要な量を摂取することである。そこで，工夫を加えた自助具を使って食べることをケアプランにあげ実践したが，食事摂取量が増えないというケースである。

　この場合，単に実践方法を振り返るのではなく，以下にあげるようなさまざまな要因が関係しているかどうかを検証してみなければならない。

① 「自分でゆっくり食べる」という生活課題が，Nさんの本当のニーズであったか。
② 自助具を使うことをNさんはどのように認識しているのか。
③ Nさんの手指の変形に合わせた工夫を行ったが，まだ，自助具の選択に問題があるのか。
④ Nさんの自助具の使い方に問題があるのか。
⑤ 「自助具を使って自分で」というだけでなく，介助が必要なのか。

　これらについて，根拠をあげて判断していく。つまりアセスメントからケアプランの作成，そして実践という介護過程のすべてを振り返ってみることが評価となる。

3　誰が評価するのか

　評価は，基本的には，介護過程を展開した人が行う。そして，それぞれの介護過程の展開場面にかかわった人，ケアカンファレンスに参加した人，実践にかかわった専門職からの意見を聞き資料とし，また利用者本人とその家族の意見や気持ちを十分取り入れ，それらを総合して行わなければならない。

　特に利用者や家族の気持ちや意見は，主観的なものであるが，介護を受ける側からの評価は，介護に対する直接的な意見であり，何より必要である。評価は，必ず介護を提供する側と，介護を受ける側の双方の評価を総合したものでなければならない。

2 評価の時期

　評価の時期は，定期的に行う評価と，利用者の生活に大きな変化が生じたときや，支援を通して疑問が生じたときに臨時で行う評価に分けることができる。

　定期的に行う評価は，短期目標の達成を振り返る3か月後，さらにその3か月後が目安となるが，目標によっては期間が1か月，2週間など短いものもあり，それに応じた時期に評価が必要となる。

　また利用者の健康状態や心身機能などの予期しない変化により，生活課題が変わってしまうことも考えられ，その場合は随時評価を行うことが必要となる。例えば歩行訓練中に転倒し骨折をして，自力歩行ができなくなったという場合，「安定した歩行を行う」という生活課題を見直すだけでなく，歩くという目標を失ったことへのアセスメントも必要となり，ケアプランも変更や修正が必要となる。

3 評価の視点

1 介護過程における評価の視点

　先にも記したが，"介護過程における評価"という観点からは，相談・面接から実施・モニタリングに至る介護過程のすべての段階における実践状況そのものが評価の対象となる。

　したがって，相談・面接における，相談担当者の対応が適切で，相談者のかかえる問題や状況，その解決へ向けた相談者の希望などを的確に把握するものであったかをはじめとして，アセスメント，ケアカンファレンス，実施，モニタリングの各段階についても，同様の検証が行われ，最終的に利用者の生活課題の解決に向けて有効で適切なものであったかが評価されなければならない。

　とはいえ，利用者の心身の状況，生活課題がどのように，どの程度改善されたかという客観的データに基づく評価と，利用者ならびにその家族の満足度，意識といった，いわば利用者の主観の領域に属する事柄についての評価が最も重要であることはいうまでもない。

2 利用者の生活の背景に留意した働きかけとその評価

利用者の健康状態や心身機能といった客観的事実のほかに、利用者の生活歴や生活過程、習慣などによって形成されてきた、その人らしい生き方、考え方、こころの問題など利用者の主観的な認識の側面も評価に含まれる。その際の評価のポイントとなるのは、介護職および関係者のかかわりが、時間の経過の中で、その利用者の内面にどのような変容をもたらしたか、という視点である。

介護職、保健・医療職などによる介護のかかわりは、利用者にとっては、その人を取り巻く環境的要素の一つである。人は環境によって意欲を増すこともあれば、意欲をそがれることもある。

利用者の生活歴を把握し、介護職が適切な働きかけを行うことで、意欲や生きる気力を活性化し、それが生活全般の活性化へとつながることもめずらしくはない。そのような事例をみてみよう。

> **事例②**
>
> Oさん（70歳・女性）
> 特別養護老人ホームに入所中。
> 障害程度：脳梗塞で右片麻痺となる。健側である左手がうまく使えず、生活におけるあらゆる面で介助を受けることが多い。
> 長期目標：日常生活が自立できるようになる。
> 短期目標：左手を使って字を書いたり食事をしたりできるようになる。
>
> 　Oさんは自分の部屋で車いすに座っていることが多い。介護職がレクリエーションに誘っても「いいです」と言って部屋に帰ってしまう。しかし、書道クラブがある時は、遠くから見ている。書道クラブに誘うと「右手が動かないから字は書けない」と断っていた。
> 　ある日、デイサービスの部屋を通りかかったOさんは、足の指で筆を持ち、字を書いている利用者を見た。楽しそうに字を書いている利用者をしばらく見続けていた。そして一緒にいた介護職に「あの人の字からは気持が伝わってくる」と言った。そして「私は書道が趣味で、師範の資格ももっている」ということを話した。しかし、利き手が麻痺して使うことができず、もう書道はできないと考えていたが、足で字を書いている利用者を見て「私も左手で書いてみようかな」と言った。
> 　次の週から書道クラブに参加するようになった。思うように書くことはできないが「また筆が持ててうれしい」と言い、他の利用者からも「さすがに師範だけあって、左手でもうまい」と言われ、うれしそうにしていた。

突然の障害で、自分の生活を新たに組み立てるどころか、生活への意欲さえ失いかけていたが、障害のある人が足を使って楽しんで書道をする様子を

見て, "左手で書いてみよう" という意欲がわいた, という事例である。
　これをきっかけに以下のような新たな生活課題, 支援内容がたてられた。

> 生活課題：書道クラブを通じて生活に躍動感がもてる。
> 支援内容：書道クラブでの参加を継続し, 食事に関しては自助具の工夫で, 自分で食べることができるように環境を整える。

　中間評価では, Oさんが他の利用者とかかわるようになったことと, 自室にこもることがほとんどなくなったことが確認された。書道クラブを通して "生活への意欲の活性化" がなされ, ADLが拡大し, 生活の質の向上にもなっていると評価した。自立した日常生活をおくることができるように, ケアプランを継続していくこととした。

> 中間評価：自室にいることが多かったOさんが, ホールで書道クラブに参加している利用者と談話したり, 廊下に飾ってある作品を見たりと他者とのかかわりが多くなった。今後はさらにADLが拡大できるように環境を整えることが必要である。

　介護職による適切なかかわり, 働きかけは, 利用者を変容させる一つの因子であり, また変容した利用者にとっては, 従来と客観的には同じ環境でも, その環境の意味が変わってくるという一面もある。
　介護を実践するうえで, 利用者の現在の生活の背景にあるさまざまな事柄に着目することは重要であるし, 評価においてもこの視点は必要である。

3 認知症や寝たきりの場合の評価

　利用者にとって, 「活動すること」 や 「参加すること」 が生活課題になるのは, 心身機能の低下や障害, または意欲の低下が生活に影響を及ぼしているからである。これらを考えると, 身体機能の改善や残存機能の活用, 生活環境の改善, そして精神の躍動感をもつことができたかどうかという評価が行われることとなる。
　ここで考えたいのは, 認知症や寝たきりの場合である。これらの利用者の「活動」や「参加」とは何であろうか。このような場合, その利用者が他者から存在を認められ, 家族や集団, 社会の中での役割が認められているのか, そして利用者の生活の質は向上したのかということについての評価が行われるべきであろう。言い換えれば, "その利用者の存在そのものが受け入れられる" というかたちでの 「参加」 が評価されるべきである。この例を次にみてみよう。

> **事例③**
>
> Pさん（80歳・女性）
> 　特別養護老人ホームに入所しているPさんは認知症で，その症状はしだいに進行し，最近では日常生活動作もできなくなることが多くなり，家族が面会に来てもわからなくなってきている。
> 　Pさん一家は，家族の誕生日には必ずみんなでお祝いをする習慣があった。今年のPさんの誕生日も，以前同居していた娘とその子どもたち（Pさんの孫2人）が集まり，居室（個室）で誕生日会を行った。
> 　娘たちが訪問し「お誕生日おめでとう」というと，「ありがとうございます。でもせっかくですが誕生日は家族と祝いますので，帰ってくれますか。」と言った。娘は「おかあさん，私たちですよ。家族は私たちでしょ。何でわからないの。」とPさんに話したが，Pさんは「すみませんなあ。」と言うばかりだった。しかし孫は，「今年もおばあちゃんが元気に誕生日を迎えられただけで，よかったです。」と言い，買ってきたお花をPさんに渡していた。Pさんは笑顔で「ありがとう」と言っていた。

　この事例では，Pさんは家族の存在を認識できていない。しかし，孫たちにとっては，Pさんが生きて存在していることが家族の一員としての役割となっている。まだPさんの認知症を受容しきれていない娘にとっても同様であろう。孫たちのように素直に状況を受け入れられない娘との関係が途絶えることのないように，介護職は家族ともかかわっていく必要がある。

　このように，人の存在を役割（参加）としてとらえていくことは，評価を深みのあるものにし，その人らしさを見つめていくことになる。

4 フィードバックと終結

1 フィードバック（再アセスメント）

　評価を行った結果，目標の達成が不十分という評価になった場合，フィードバックを行う。フィードバックとは，再アセスメントを行い，計画を変更・修正することである。ただし，これは最初に行ったアセスメントを変更・修正するのではなく，実施し評価したうえに，変化していく情報を見直し，新たにアセスメントを行うことである。そしてケアプランの変更・修正を行い，実施する。そしてまた新たにモニタリング，評価を行い，必要に応じてフィードバックしていく（図12−1）。

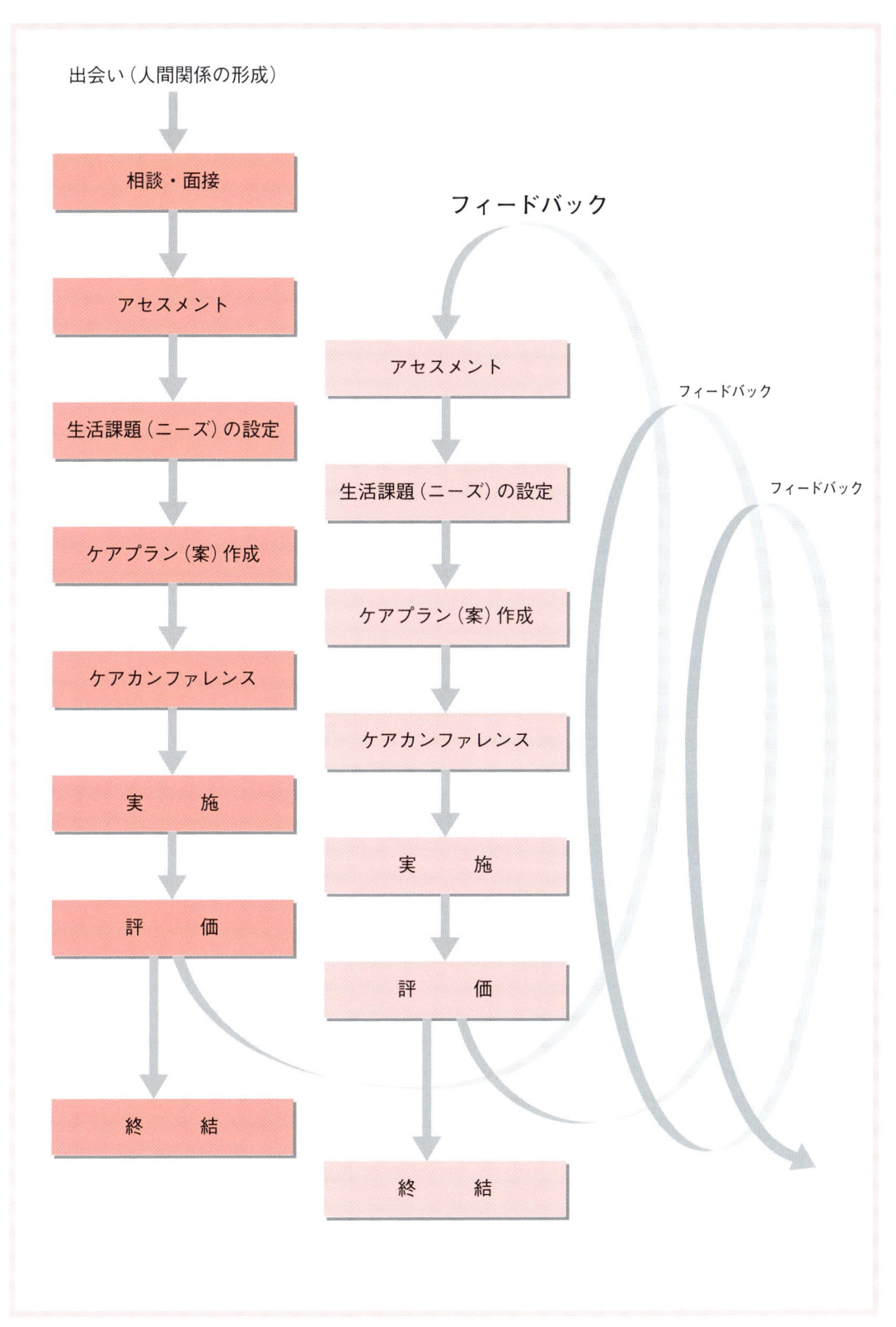

図12−1　フィードバック機能における支援の継続性

2 終　　結

　ケアプランの終結とはあくまでも一つの計画の終結であり，当然のことながら，その利用者とのかかわりの終結ではない。記録上では終結するが，達成された目標が継続，維持できるようかかわっていくことは言うまでもない。

参考文献

- 黒澤貞夫編著：ICFをとり入れた介護過程の展開，建帛社，2007，pp.61-104.
- 黒澤貞夫：生活支援学の構想，川島書店，2006，pp.149-175.
- 石野育子：最新介護福祉全書別巻2　介護過程，メヂカルフレンド社，2005，pp.113-120.
- 厚生労働省大臣官房統計情報部編：生活機能分類の活用にむけて，厚生統計協会，2007，pp.2-8.

第13章 ICFを介護過程にどう活かすか

1 介護過程はICFをどのように取り入れるのか

　最初に，WHO（世界保健機関）の提唱するICFの趣旨や分類方法を，介護過程にどのように取り入れるかという課題について述べる。

1 ICFの概観と基本構造

　1980年，世界保健機関（以下「WHO」）は国際疾病分類の補助分類として「WHO国際障害分類（ICIDH）*」（以下「ICIDH」）を発表し，図13－1に示すように，障害（disablement）を三つのレベルに分けた。レベルの一つ目は「機能障害」（生物体レベルでとらえられる心理的・生理的・解剖学的な構造，または機能の何らかの喪失や異常であり，言語の理解や表出の障害，手足の切断などが含まれる）で，二つ目は機能障害の直接的結果としての個人レベルで生じる「能力障害」（コミュニケーション能力の障害や移動能力の障害などが含まれる），三つ目は社会生活レベルの機能障害や能力障害の結果として生じる

> **memo**
> **国際障害分類（ICIDH）**
> (International Classification of Impairments, Disabilities and Handicaps)

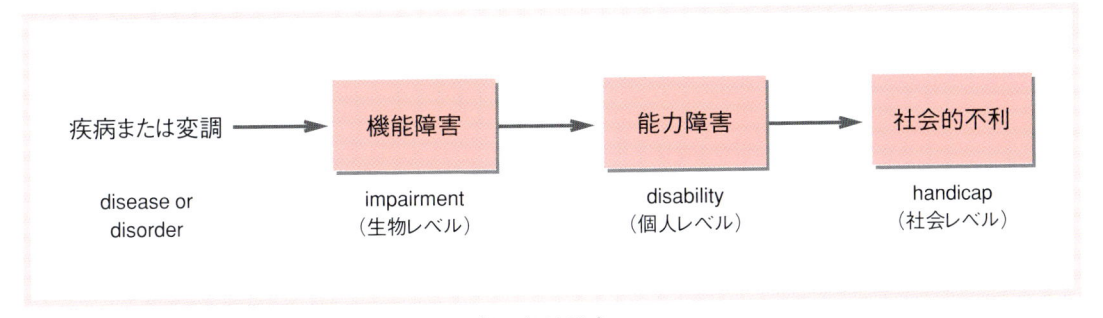

疾病または変調 → 機能障害 → 能力障害 → 社会的不利
disease or disorder　　impairment（生物レベル）　　disability（個人レベル）　　handicap（社会レベル）

図13－1　障害（disablement）のWHOモデル（1980年）
（渡邊裕子・関啓子・輪湖史子：『保健・医療・福祉をつなぐ考える技術』医学書院（1997年）一部改変）

「社会的不利」（性別や年齢，社会・文化からみて人間関係の形成や経済的自立における不利などが含まれる）である[1]。このように階層的な構造をもつICIDHの考え方は，その人の心身の障害から起こる生活支障（困難）について理解する場合には，その概念や内容は有用であり，これまでの介護過程においても用いられてきた。

具体的には，交通事故による関節運動障害（機能障害）により日常生活動作：ADL（能力障害）が低下しており，そのことによって社会的に不利な状況が生じているという展開である。しかしICIDHについては，身体障害から起こる生活の支障や社会的に不利な条件を重視しているという指摘があり，2001年国際生活機能分類（ICF）*がICIDHの改定版としてWHO総会で採択された。ICFが提供するのは，生活機能と障害の分類への多角的なアプローチである。すなわち，「活動」「参加」や「背景因子」など各要素は独立しているが互いに関連しており，これを使ってモデルをつくったり，この相互作用的な過程をさまざまな視点から発展的に研究できるという特性をもつ（図13-2）。

しかしICFは，直接介護過程を取り上げてはいないが，これまでのようにマイナス面重視の介護過程ではなく，プラス面も記述できるように「活動」「参加」の分類項目を取り入れた点，および「背景因子」の考え方は，介護過程に十分援用可能である。

> **memo**
> 国際生活機能分類
> （ICF）
> （International Classification of Functioning, Disability and Health）

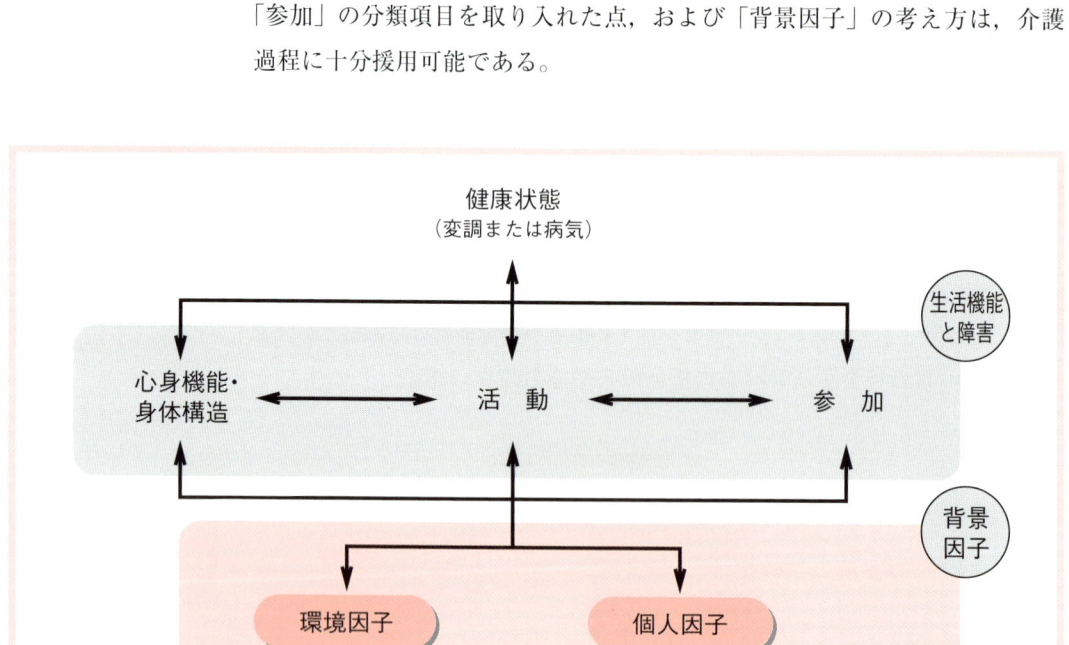

図13-2　ICFの構成要素間の相互作用

2 ICFを介護過程に取り入れるための視点

　ICFの趣旨を，介護過程にどのように取り入れるのかについては，次の視点から考えることができる。

　これまでわが国の介護実践などで行われてきた状況を考えると，多くは，ICIDHの機能障害，能力低下，社会的不利の概念枠を用いてケアプランを作成してきた。例えば利用者のどこが悪いのか，できないのかという固定的・静態的な形でのマイナス面の理解である。しかし，実際にケアプランを立案する場合には，どのように生活支障を軽減したり解決するのかという視点（利用者のより良き状態への志向性），すなわちプラス面のアプローチがとられることになる。ここでいうプラス面のアプローチは，WHOのICIDHの概念枠にはないが，これまでのケアプラン作成における思考過程の基盤となっていたのは事実である。

　今回ICFが「活動」「参加」という積極的で新たな概念枠を示したことで，これまで行われてきたケアプラン作成の基盤としての思考過程に，マイナス面のみでなくプラス面のアプローチについての根拠も包括した新たな概念枠を提示することになった。ここでの「活動」「参加」を行う人の想定は，心身機能に障害をもち生活支障など何らかのマイナス要因を生じている利用者であり，ICFの趣旨は，このような個人の課題を社会的に解決することを前提としている。しかしいっぽう，人は何かを行うときには主体的な精神の躍動，言い換えるならば主観的な動機づけが基盤となる。したがって，動機づけをどのように形成するかがICFの概念を取り入れた生活支援において重要な要素といえる。

　次に，このようなICFの概念を理解するうえで背景となる思想と，介護過程を実践するうえでどのようにICFを有益に取り入れることができるのかを述べていく。

❷ ICFの思想

1 ICFにおける「活動」「参加」の思想と法制度

　ICFの「活動」「参加」についての考えは，わが国の障害者福祉における課題として実践されてきた。それは「障害者基本法」（昭和45年5月21日，法律第84号，最終改正平成16年6月4日，法律第80号）において明確に示されている。第1条には「この法律は，障害者の自立及び社会参加の支援等のため

の施策に関し，基本的理念を定め，及び国，地方公共団体等の責務を明らかにするとともに，障害者の自立及び社会参加の支援等のための施策の基本となる事項を定めること等により，障害者の自立及び社会参加の支援等のための施策を総合的かつ計画的に推進し，もつて障害者の福祉を増進することを目的とする。」と述べられている。

また，1995（平成7）年「障害者プラン―ノーマライゼーション7カ年戦略―」が策定され，「障害者が地域で生活するため」，「社会的自立を促進するため」，「バリアフリーを促進するため」，障害者に対する心の障壁を取り除こうとする「心のバリアを取り除くため」など七つの視点が盛り込まれた。ノーマライゼーションの理念は，最初は知的障害者の施設処遇のあり方をめぐって提唱されたが，その後，障害のある人すべてに共通する理念として，現在では高齢者福祉や児童福祉などを含む社会福祉の全領域共通の基本理念となっている。ここで，ノーマライゼーションの理念をICFの「活動」「参加」の思想的な根拠と考えるならば，具体的には「高齢者も障害者もすべての人が平等で豊かな生活を共有できる権利があり，そのための生活環境を構築していく必要がある」ととらえることができる。実際の介護過程においてもこのような思想をよりどころに，国の施策を具体的な形で実践してきた。例えば日常生活の中で行う離床実践，アクティビティなどがあげられる。

このことは介護過程における要素として明確に位置づけられているわけではないが，上述のようにICFが介護過程の理論的根拠を考えるうえでの概念枠組みと方法を体系的に提示した意義は大きい。

2 ICFにおける医学モデルと生活モデル

（ICFは社会モデルであるが本書では生活モデルとする）

医学モデルと生活モデルの思想は，米国のソーシャルワークにおいて理論的に発展し，わが国のソーシャルワークに大きな影響を与えてきた。特に直接的な人間関係に基づく援助技術の方法論は，介護過程の理論や実践において援用されてきた。

1 医学モデル

医学モデルの原点は，医師が患者を診る方法であり，医師の医療行為としての検査―→診断―→治療の過程に基づく。このモデル概念の特性は，疾病と病理を基盤とする治療・適応・行動変容を目標とする。ICFは医学モデルを「障害という現象を個人の問題としてとらえ，病気・外傷やその他の健康状態から直接的に生じるものであり，専門職による個別的な治療というかたちでの医療を必要とするものとみる。」[2]，そして，医療を主な課題とする。

2 生活モデル

　ICFは生活モデルを「障害を主として社会によって作られた問題とみなし，基本的に障害のある人の社会への完全な統合の問題としてみる。」[3]，すなわち障害は個人に帰属するものではなく，さまざまな状態の集合体でありその多くは社会環境によってつくりだされたものであるとしている。しかし，生活モデルはこれまでの医学モデルの吟味のうえに「生態学」や「一般システム論」を加えてソーシャルワークの新たな体系化をはかるものであり，医学モデルと生活モデルは互いに排斥しあうものではない。この論旨の援用により，介護過程の展開を考えていくことにする。

　ICFは，医学モデルと生活モデルの統合の課題を次のように提示している。一つのモデルを捨て去るのではなく二つのモデルが弁証法的*に，それ自体の発展過程のうえに新たな理論体系を導くものと考えるべきであるという。本書では，このような課題に基づく新たな発展的理論体系としての統合モデルを「生活支援モデル」とする。

> **弁証法的**
> ここでは，二つのモデルがそれぞれの方法，対立を克服して，新たな発展モデルをみることをいう。

3 医学モデルと生活モデル，介護過程における統合

　介護過程は，基本的には医学モデルの思考過程を方法とする。具体的には，相談・面接──→アセスメント──→生活課題の設定──→ケアプラン作成──→実践──→評価，という介護の過程である。この場合，「医学モデルにおける『診断』を『アセスメント』に，『治療』を『介入または実践』に置き換えたものであるが，医学モデルにおける方法としての思考過程は生活モデルにおいても基本的に同じである。」[4]。

　それでは，介護過程において，ICFのいう医学モデルと生活モデルをどのように弁証法的に統合するのかという課題については「背景因子（個人因子・環境因子）」を手がかりとして考えることができる。ICFの背景因子の存在は，医学モデルにおいては，個人の疾病や病理，身体機能の損傷・低下などによってもたらされる生活上の支障を重視した見方ととらえることができる。また，生活モデルでは時間の経過の中で利用者本人が生活支障をどのようにとらえ，どのように生活しようとしているのかという，生活の新たな創造として表現することができる。

　したがって，介護過程における医学モデルと生活モデルの統合とは，具体的には，図13-3に示すように二つの段階からアセスメントすることができる。

　図13-3の具体例をあげるならば，脳血管疾患による障害のため，食事摂取に困難を生じているQさんの場合，医学モデルでは，医学的な診断的・分析的アセスメント（障害の程度・麻痺の程度・関節可動域など）はケアプラン

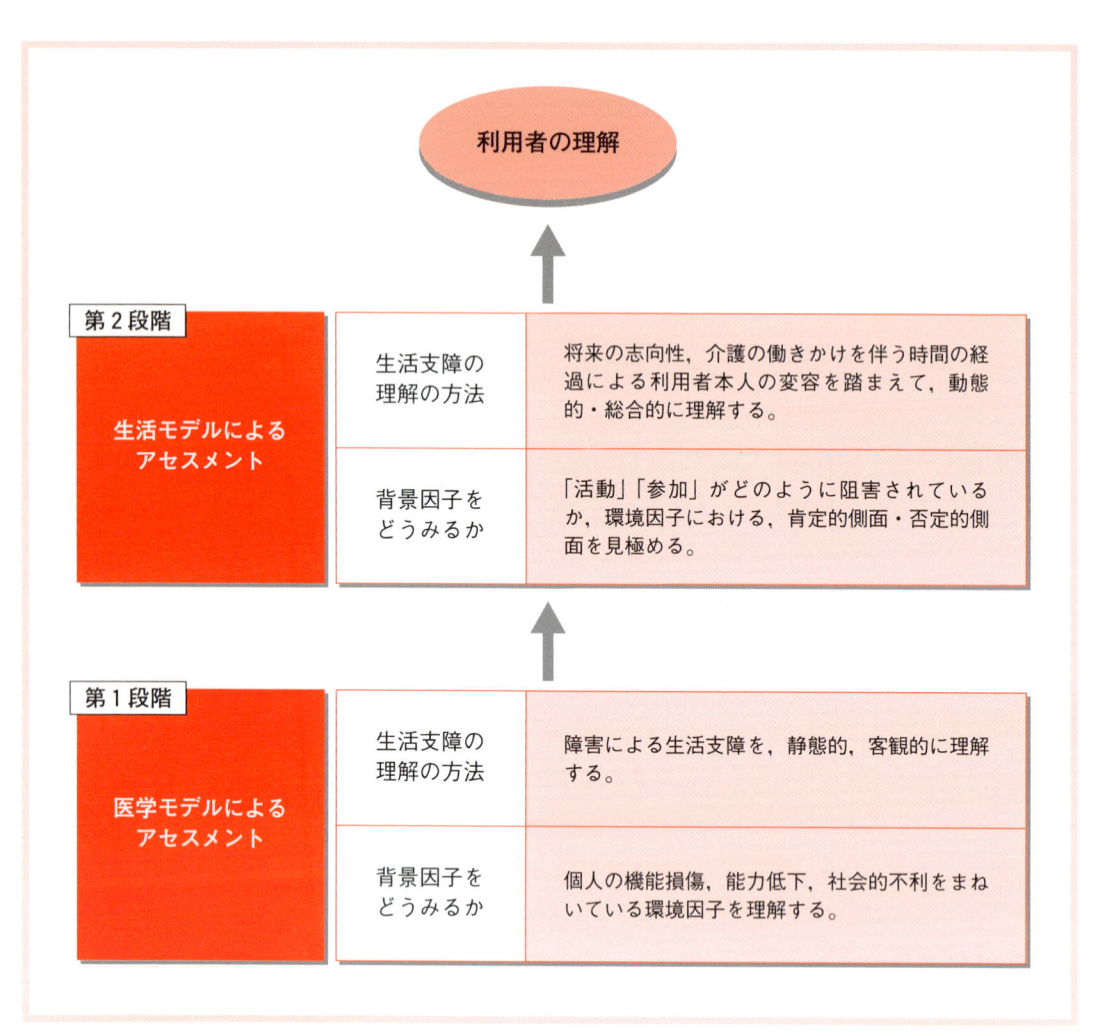

第2段階 生活モデルによるアセスメント	生活支障の理解の方法	将来の志向性，介護の働きかけを伴う時間の経過による利用者本人の変容を踏まえて，動態的・総合的に理解する。
	背景因子をどうみるか	「活動」「参加」がどのように阻害されているか，環境因子における，肯定的側面・否定的側面を見極める。
第1段階 医学モデルによるアセスメント	生活支障の理解の方法	障害による生活支障を，静態的，客観的に理解する。
	背景因子をどうみるか	個人の機能損傷，能力低下，社会的不利をまねいている環境因子を理解する。

↑ 利用者の理解

図13-3 生活モデルと医学モデルの統合（例）

作成における資料（データ）としての意味をもつ。一方，生活モデルのアセスメントは，脳血管疾患による後遺症（右片麻痺）による活動の制約としてADL（日常生活動作）のアセスメントが行われると同時に，背景となる促進因子（福祉用具の使用・介護者の存在・個人の動機づけ・将来の志向性など）もみることになる。

　ICFは，生活支援について具体的に何を行うのかを指示してはいない。したがって，どのようにICFの趣旨を取り入れるかは，それぞれの国の状況や社会の実情をふまえたうえで工夫していくことが求められる。ここでは，わが国の状況をふまえながら述べている。

3 ICFにおける「活動」「参加」

　重度の障害をもって生活している人こそ，より多くの「活動」「参加」を語る価値がある。また，生活支障があるからこそ活動のニーズが存在するのであるという考えに基づき，生活支援における「活動」「参加」の意義を考える。

1 「活動」「参加」を考える

　人間の活動を考えてみると，「身体機能の活動」と「精神機能の活動」をあげることができる。活動は，自己と環境とのかかわりにおいて，何かを認識し，志向するときに起こるため，最初に「精神的な躍動感」が求められ，「動機づけ」として表現される。介護職の役割は，「動機づけ」をどのように高め持続していくかということである。そのためには，利用者を全人的にとらえ，十分話し合い，目標を共有することが求められる。例えば，一人暮らしで何もすることがなく生活しているRさん宅にホームヘルパーが訪問することを考えると，両者の間にはしだいに良い関係性が構築され，Rさんの精神的躍動感が引き出されることになる。「今日はホームヘルパーさんと何を話そうか」という楽しみが生まれ，これまで外に出ることを拒否していたRさんの「デイサービスに行ってみようか」という思いは，生活の活性化という両者の目標の共有につながる。その場合，Rさんにとってのホームヘルパーは，環境因子として促進的なかかわりをもったといえる。

　「参加」を考えるということは，その人の社会的役割の意味を考えるということである。介護は，「利用者にとって社会的役割（参加）の機会が得られ，利用者の能力を生かし，生き生きとした生活が創造できる」ことをめざす。たとえ重度の難病で寝たきりのSさんであっても，Sさんの存在は家族にとっては一家の主婦であり，母としての存在の価値がある。子どもたちが必ずSさんに献立を聞いてから食事の買い物に行くことが習慣になっているならばSさんのその家庭における主婦・母としての役割・存在感は十分発揮できている。この場合，重度の難病はSさんの参加における制約因子ではあるが，子どもたちのかかわりはSさんにとっての重要な促進因子といえる。

　ここで述べる「活動」「参加」は，あくまでも生活の営みの場面における「活動」「参加」とし，社会的・生物的な一般概念としての広義の「活動」「参加」には言及していない。次は，介護過程において「活動」「参加」をどのようにとらえるのかについて述べる。

表13-1　アセスメントにおける二つの要素（例示）

区分	方法	内容	例
分析的理解 （医学モデル）	検査・測定・診断・外形的観察など	数量的・記号的な記述（固定・確定的データなど）	血圧・体温・脈拍・体重・ADL/IADL・関節の可動域・麻痺の程度・疾患名など
全人的理解 （生活モデル）	洞察・直観・共感・全体的観察など	①個人の状況、②生活環境、③社会と個人の相互関係（何ら媒介を要しない一人の生活者としての利用者の全体像）（時間性・関係性の中で変化するデータなど）	・身体の不自由さからくる生活上の不安 ・施設に慣れないことからくる不眠 ・一人暮らしの寂しさからくる無気力感 など

2 「活動」「参加」の基本的課題

ICFにおける「活動」「参加」の基本的課題として、ここでは二つの視点からみる。

第1の課題は、人は老い、病気、心身の障害をになって生活する場合、生活支障を克服するという課題に直面する。このことは、日常生活における活動の不自由さや社会生活からの疎外感を克服することを意味する。すなわち、その人の健康状態や心身機能・身体構造に伴う「活動」「参加」の支障の視点があげられる。このことについては医学モデルによる分析的な理解を必要とする（表13-1）。

第2の課題は、「活動」「参加」の概念を社会環境とのかかわりにおける相互関係から理解する必要がある。そのように考えるならば、「活動」「参加」は、①個人の状況、②生活環境、③社会と個人の相互関係、という要素をみることで理解が可能である。ICFはこのような要素を「背景因子（個人因子・環境因子）」としてあげている。これは生活モデルによる全人的理解を必要とし、一人の人間としての生活の営みを理解することである。その方法は、洞察・直観・共感・全体的観察などをさす（表13-1）。

3 「活動」「参加」の位置づけとアセスメントの課題

介護過程における「活動」「参加」について、ここでは①介護過程における「活動」「参加」の位置づけと、②「活動」「参加」にかかわる利用者と家族の意思についてのアセスメントの二つの課題からみていくことにする。

1 「活動」「参加」の位置づけ

介護過程において「活動」「参加」が課題として認識されるのは、相談からアセスメントの段階であることが多い。例えば、「毎日やることがなくて辛いんですよ」とか「外に出て、美味しい物を食べたいが手伝ってく

れる人もいない」など生活におけることばとして表現される。介護職は，その利用者のことばの意味について解釈・推測・判断し，語られた内容はどのような状況を示しているのか，その状況についてどのように対応することが求められるのかという課題を認識する。その意味では相談・アセスメントの段階から「活動」「参加」が生活課題として取り上げられる。「活動」「参加」が生活課題としてあげられるということは，漠然とではあるが利用者の生活支障克服の可能性を介護職が認識しているからである。したがってここでは，「活動」「参加」を生活課題として取り上げ，その根拠となる背景因子（個人因子・環境因子）のアセスメントが重要になってくる。

2 利用者と家族の意思についてのアセスメント

　「活動」「参加」の概念が，いきなり介護過程の課題になることはない。相談・アセスメント・生活課題設定の経過の中で，「活動」「参加」を介護過程において取り上げる根拠が求められる。根拠とは，「活動」「参加」の意義と目標を明確にすることである。その理由は，利用者・家族および介護職は共通の認識のもとに介護過程に参加することが求められているからである。

　ここで，「生活自立」について述べておく。生活自立は，広い領域をもつ包括概念であり，ICFの「活動」「参加」において具体化することができる。生活自立は，現在の環境条件の中で自己の選択と責任による生活の場面の「活動」を意図するものであり，「参加」については社会・家庭において何らかの役割を果たしていることである。それは，その人が能動的に「活動」し，社会的な役割・機能を果たしている場合と，受動的にみて，その人が存在していることに対して社会から限りない尊敬のまなざしを受け，その人の人間関係が良い状態に構築されている場合がある。いっぽう，生活自立の項目として①健康状態の改善，②機能訓練などによる身体機能の維持・改善，③精神の躍動感を基盤とする生活の活性化があげられる。身体と環境が総合的に認識されて，相互関係が形成され現状を変革し，より良き方向性を求めていくことがこれらを包含する考え方である。

4 ICFにおける背景因子（個人因子・環境因子）

背景因子：contextual factors
個人因子：personal factors
環境因子：environmental factors

　ICFの大きな特徴は，背景因子＊の存在にある。ICFでいう背景因子とは，「個人の人生と生活に関する背景全体を表す。それは個人因子＊と環境因子＊の

二つの構成要素からなり，ある健康状態にある個人やその人の健康状況や健康関連状況に影響を及ぼし得るものである」[5]と述べられている。すなわち，背景因子（個人因子・環境因子）と，個人の生活機能（心身機能・身体構造，活動，参加），健康状態は，相互作用的，複合的な関係にあることを示している。

　介護過程における「個人因子」と「環境因子」は，基本的にはアセスメントにおいて確認される。「個人因子」には，心身機能や身体構造，健康状態のような客観的なものと，そのような自分の状況をどうとらえているのかという本人の主観的認識の側面がある。本人の自分自身を取り巻く状況の認識や気持ちの変容，将来の志向性などはICFを取り入れた介護過程の展開における重要事項といえる。また，ICFでは物理的・人的環境を「環境因子」としてあげている。身体的に同じような機能障害があったとしても，その人の「活動」「参加」の状況には，生活環境の影響が大きく，さらにその人自身は，自分の生活環境をどのように思っているのかという認識を含む「環境因子」についての理解が必要である。例えば，自分を取り巻く環境が自分の生活にどのような意味があるのかという本人の意味づけが重要になってくる。環境には固定的な物的環境と本人にとって意味づけられた環境が存在するということである。例えば，近所にある介護事業所を例にとると，元気なときは特に自分にとって意味はもたない。しかし，介護が必要になったときには，デイサービスを受けるための重要な事業所として認識されることになる。このように，本人の状況により環境の意味づけは全く異なるということである。

引用文献

1) 渡邊裕子・関啓子・輪湖史子：保健・医療・福祉をつなぐ考える技術，医学書院，1997，pp.25～26.
2) 障害者福祉研究会編：ICF国際生活機能分類―国際障害分類改定版―，中央法規出版，2002，p.18.
3) 同上2)，p.18.
4) 黒澤貞夫編著：ICFをとり入れた介護過程の展開，建帛社，2007，p.14.
5) 同上2) p.15.

第Ⅱ部
介護過程演習

　第Ⅱ部では11件の事例を示し，各事例について①概要，②アセスメント，③ケアカンファレンス，④考察，ならびにサービス計画書を示す。

　介護サービスは，介護職などの独断や希望，思い込みによって提供されるものではない。介護過程は，「サービス計画書」として文書化されることではじめて具体化され，その内容に本人・家族が同意することで，利用者の意思・意向が尊重されることとなる。

　また，本人・家族を含めた関係専門職とのカンファレンスは，サービス計画や提供されるサービスの根拠，妥当性を担保するものでもある。

　介護に限らず，人を対象とする専門職種における利用者とのかかわり方や支援について「これが唯一正しい」といった"正解"があるわけではない。ここに示した事例についても多様な見解があるであろうが，介護過程の展開についてより具体的かつ実践的な理解をはかる契機となるよう意図した。

1 入所直後,環境の変化にとまどう認知症高齢者 への支援事例

1 事例の概要

　Aさんは認知症があり,介護保険サービス(デイサービス)を利用しながら,長女夫婦と同居していた。しかし,主介護者の長女が半年ほど入院することとなり,1か月前から介護老人保健施設を利用(入所)中である。

　Aさんの認知症の症状には,場所や人物に対する見当識障害,行為の順序がわからない実行機能障害があり,生活全般に見守りが必要な状況である。

　施設という,新しい生活環境への不安感やとまどいのあるAさんを支援し,今までの生活習慣や生活機能が維持できるような介護サービス計画が求められている。

2 アセスメント

1 プロフィール

氏名:Aさん　　**年齢**:84歳　　**性別**:女性　　**介護度**:要介護3

入所までの状況:5人兄弟の長女として生まれた。18歳の時に農家である分家に嫁いで,2人の子どもをもうける。夫を4年前に亡くし,それを機会に長女と同居する。デイサービスの利用は,医師の助言を受けて長女が勧めた。今回,長女ががんの手術を受けることになり,介護できない事情から,介護老人保健施設に入所となった。

家族状況:長女夫婦と三人暮らし。次女は遠方に居住。長女の子どもは独立。長女の夫Lさん(63歳)は会社勤め。長女(64歳)は週2回パート勤務。

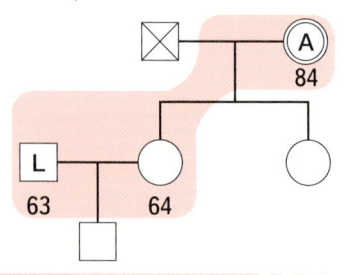

2 機能障害

身体機能の状況

・身体の運動機能に支障はなく,手引きがあれば安定して歩行できる。

精神機能の状況
- 認知症。職員を自分の弟と思うこと。トイレや部屋の場所がわからない。

言語機能の状態
- ことばは明瞭に発語できるが,「わかりません」と口癖のように言う。

感覚機能の状況
- 視覚,聴覚ともに生活上の支障はない。

3 生活支障

ADLの状況
- 移動：自力歩行。どの方向に進むのかが口頭ではわかりにくいので,手引き歩行をしている。
- 食事：食堂で配膳をしても,声をかけないと食べようとしない。声かけにより,お箸を使い,自力摂取。
- 排泄：排泄動作の順序がわからないため,見守りと声かけが必要。
- 入浴：一般浴槽使用で,声かけと見守りが必要。入浴準備は職員。
- 整容：歯ブラシを見てもらう,コップを渡す,顔を洗う動作を示すことで可能。
- 更衣：声かけと見守りが必要。どの服を選ぶかの選択はできない。

コミュニケーションの状態
- 食堂に行き,「どこに座りますか」「お部屋に帰りますか」など本人の意思を確認する質問や「ご飯を食べましたか」など,直前にあった出来事についての質問に対して,「わかりません」と答える。ことばは聞き取れているようで,すぐ「わかりません」と返答する。発語は明瞭。自宅でも「わかりません」と言うことが多くなっていたとのこと。

4 既往症・健康の状態

- 入院や治療が必要な大きな病気はなかった。認知症については,同居するようになって2年ぐらい経ったころから,もの忘れが多くなっていることに気づき,精神科を受診。認知症と診断され,投薬治療を受けている。医師から「薬だけでは認知症の進行を抑えられないので,人との交流が必要である」と助言され,半年ぐらい前からデイサービスを利用するようになった。

5 生活状況

- 介護老人保健施設の入所定員は100名で, 2階40名, 3階30名, 4階30名となっている。2階が認知症対応のフロアーになっており,Aさんも2階の入所となった。重度の認知症の人も入所している。
- 居室環境：4人部屋の窓側。部屋ごとに洗面台とトイレがついている。真四角ではな

く，ベッドに寝ていても隣の利用者と直接目が合わないように配慮された部屋の構造となっている。同室者間で話をしている様子はない。
・趣味・楽しみ：趣味はこれといってないとのこと。

❸ ケアカンファレンス

施設利用後1か月経過し，以下の2点をテーマにケアカンファレンスが開催された。
① Aさんが施設環境に慣れてきているのかどうか，入所から現在までの精神状況はどうか。
② 自宅やデイサービスで行われていた見守りや声かけが行われ，生活上の混乱はないか。

出席者	O：ケアマネジャー（介護支援専門員），W：2階主任介護職員，M：介護職員，T：看護職員，U：作業療法士，L：長女の夫

Oケアマネジャー：本日は，Lさんにもお越しいただいて，ケアプランの二つの課題について，上記のテーマで進めます。ご意見をお願いします。

W主任介護職員：入所後1か月ですので，慣れられるまでもう少し時間はかかるかと思いますが，大きな混乱はないようです。入所数日は，落ち着かれなかったのか，食事を数口しか食べられないようでしたので，職員がサービスステーションにお連れし，一緒に食べるようにすると半分ぐらいまで召し上がったようです。それを参考にして，食堂の中でも人の行き来が少ないコーナーに席を移動しました。その後は7〜8割は召し上がっています。

Oケアマネジャー：夜間はよく休まれていますか。また，精神状態はいかがですか。

T看護職員：今日まで5回夜間に起きられ，ベッドに座っておられたと記録がありました。お手洗いを済ませ，温かい飲み物をお持ちし，「まだ夜なので，お休みください」と声をかけると安心されたのか入眠されたとありました。この対応については，夜勤者によって対応が違っているようです。夜間帯に不安のためか，立ったり座ったりを繰り返され，入眠されないので，安全面もあり，サービスステーションでおしぼりタオルを巻くのを一緒に行ってもらったこともあったようです。

Oケアマネジャー：夜間に目覚められた時への対応までは，検討していませんでしたね。夜間によく眠れることは，精神状態の安定にも大きく影響しますので，排泄後温かい飲み物をすすめるというケアを追加するのはどうでしょうか。ADLに関する声かけや見守りの方法について，自宅との継続という点ではどうですか。今のところ大きな混乱はなく生活されていると介護スタッフは言っておりますが，Lさんはお気づきの

点はございませんか。
Lさん：いやあ，本当によくしてもらって。妻の手術のことで週1回ぐらい，短時間しか来れなくて，すみません。正直，私を見て妻の顔が見えないことに不安を感じているのではないかと心配しています。妻からは，「様子を見てきてね」と面会の度に釘をさされているのですが，どうしたらいいですかね。
Oケアマネジャー：そうですよね。先に奥様のことをお聞きしないといけませんでしたのに，手術後の経過は順調だとうかがっていますが，いかがですか。
Lさん：おかげ様で今週2泊外泊してみて，特に問題ないようなら退院できると言っておりました。外泊時に面会に来たいと言ってますが，無理をするなと止めたところです。
Oケアマネジャー：よかったですね。奥様が落ち着かれるまで，今ぐらいのペースで面会に来ていただくのでよいのではないでしょうか。ところで，Aさんの様子を表情や行動などでとらえて支援しているのはよく伝わってきたのですが，口癖のように言われる「わかりません」以外のことばのやりとりができた場面はありませんでしたか。
W主任介護職員：同僚のSさんが，Aさんと楽しく会話ができたと嬉しそうに報告してくれました。それによると，Aさんの「わかること」をたまたま見つけたら，そこから兄弟のお名前や職業などが次々に出てきたようです。
Oケアマネジャー：なるほどね。会話の中で，質問される度に「わからない」と答えられることで，ますます混乱されていたのかもしれませんね。昔のことなどで，「わかっている」ことが会話のヒントになりませんか。
U作業療法士：今度レクリエーションで，「布ぞうり」を作ることをしてみようかと思っているのですが，Aさんは，農家のご出身といわれていたので，「わらぞうり」を作った経験をおもちじゃないでしょうか。手を動かしながら，どう編むかをお聞きすることから，会話の糸口をみつけられるかもしれません。「布ぞうり」も「わらぞうり」も作り方は一緒なのですが，布ということで戸惑われるかもしれませんので，「わらぞうり」も準備しておきますが，いかがでしょうか。
Oケアマネジャー：よいアイデアですね。レクリエーションに参加されたいのかどうかや，手作業はお好きだったのかなど，もう少し情報を集めたいと思います。コミュニケーションについてのよいヒントも得られましたので，これから，Aさんの「わかること」を介護場面からみつけていくようにしましょう。Lさん，奥様に，Aさんが「わらぞうり」を作っておられた経験があるかどうかを聞いてみて，教えてくださると助かります。

　今までの検討から，比較的安定した生活を送られているようなので，施設サービス計画書に「夜間に目覚められた時の対応」を追加し，計画の一部修正をしたいと思います。ありがとうございました。

4 考 察

1 環境が及ぼす影響を予測する

　在宅から施設入所という環境の変化は，認知症高齢者でなくとも，誰しもが戸惑うものである。とりわけ認知症高齢者にとっては，記憶力や判断力の低下があるために環境の変化を受け止めにくい。そのため，環境の変化が生活機能全般に影響を及ぼすことを予測した計画を立案することが重要である。具体的には，入所前の生活の継続をできるだけ行うこと，介護職員も施設環境の一部であるとの自覚をもった対応が重要である。

2 意思確認が難しい利用者への対応

　利用者に，介護を行う前に，行為の説明をし同意を得ることは大切なことである。利用者の意思を確認する手段として，ことばが明瞭に話せない利用者へは，閉じられた質問で返答を得る場合もある。しかし，本事例のように，質問内容にかかわらず「わかりません」と答えたり，意思確認が難しいと判断される場合には，非言語的な表現に着目することが重要である。例えば，「夜間の覚醒は排泄のためではないか」，「落ち着かない雰囲気が食事を食べないことにつながっているのではないか」と，利用者の意向を知る手がかりをさまざまな生活の状況や前後関係から推測・推論し，利用者の立場になって検討することが重要である。

3 コミュニケーションは利用者の話したいという思いを大切にする

　利用者の言う「わかりません」には，いろいろな「わからない」ことが含まれる。ことばを誤認してわからない，何を言っているのかわからない，ことばと意味することがつながらない，どう言ってよいかわからない，前後の文脈がわからない，などが総体となって「わからない」となっているのであろう。

　「わからない」ことが嵩じることで，混乱が増し，より不安になってくる。しかしながら，言語的なコミュニケーションを諦めてしまうと，コミュニケーション能力はますます低下してしまう。利用者の「わかる」をどう見つけていくか，話したい気持ちをどう高めていくかが肝要である。話し手は，話を聴いてくれる存在を必要とするが，その前提には，こころに深く刻まれた体験がある。

　コミュニケーションは安心して話せる場を整えることと，利用者の思いを少しでも汲みたいと思う介護職員の姿勢を基本とする。それを土台に，話したいと思う，こころが動く体験を利用者とどのようにつくっていくのかが今後の課題である。

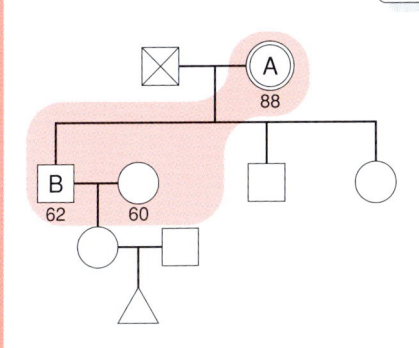

ジェノグラムの見方

ジェノグラム（genogram）とは，「世代関係図」「家族関係図」「家族家系図」などと訳される。家族およびその近親などを図式化することにより，利用者やその家族の情報を視覚的にとらえ，世代間の関係性を理解することができる。

基本的なルールは以下のとおりである。
・男性は□，女性は〇，性別不詳は△の図形で表記する。
・利用者（対象者）本人は二重で，死亡はその図形の中に×を入れることで表す。
・利用者より後の世代は下に，兄弟姉妹は年齢の高い順に左側から書き込む。
※本書の場合，図形の中に名前を入れ，同居関係を網掛けで表示し，老老介護のように年齢を明示することに意味がある場合は図形の外に記している。

例図は，以下の内容を記したものである。
「利用者Aさん（88歳，女性）は2男1女をもうけるが，夫と死別し，現在は長男Bさん夫婦と同居している。長男Bさん夫婦の一人娘は結婚し別に世帯をもっている。その子ども（Aさんにとっては曾孫）の性別は不明である。次男と長女は未婚であり，別々に暮らしている。」

施設サービス計画書(1)

第1表

施 設 サ ー ビ

| 利用者名 | **A** 殿 | 生年月日 **大正** ○ 年 ○ 月 ○ 日 |

施設サービス計画作成者氏名及び職種　**W　主任介護職員**

施設サービス計画作成介護保険施設名及び所在地　**○○介護老人保健施設**

施設サービス計画作成(変更)日　**平成** ○ 年 ○ 月 ○ 日　　初回施設サ

認定日　**平成** ○ 年 ○ 月 ○ 日　　認定の有効期間　**平成** ○ 年 ○ 月

要介護状態区分	要介護1 ・ 要介護2 ・ (要介護3) ・ 要介護4
利用者及び家族の介護に対する意向	家族……入所前の状態が維持できて，半年 本人……何を聞いても「わかりません」と
介護認定審査会の意見及びサービスの種類の指定	特になし。
総合的な支援の方針	(1) 環境の変化に対する利用者の戸惑い持できるように支援する。 (2) 本人の意向を介護場面からできるだ

作成年月日　平成○年　○月　○日

ス 計 画 書（1）　　(初回)・紹介・継続　　(認定済)・申請中

住所　○○府○○市

○○府○○市

ービス計画作成日　平成　○ 年　○ 月　○ 日

○ 日～　平成　○ 年　○ 月　○ 日

要介護5（その他：　　　　　　　　　　　　　）

後には，また母と暮らしていきたい。
の返答で，意向の確認が困難である。

をできるだけ少なくし，入所前の身体状況・精神状況が維

けとらえるようにする。

施設サービス計画書(2)

第2表

施 設 サ ー ビ

利用者名　　**A**　　殿

生活全般の解決すべき課題(ニーズ)	目標			
	長期目標	(期間)	短期目標	(期間)
施設環境に不慣れであることから,生活全般に戸惑いと混乱が生じないかとの不安がある。	安定した精神状況で施設での生活が送れ,入所前の精神状態が維持できたままで自宅に戻れる。	6か月	施設環境に慣れるまでの期間,生活面での戸惑いや混乱する頻度が少なくなる。	3か月
身体機能の維持に不安がある。	現在のADLの状況を維持できたままで自宅に戻れる。	6か月	自宅あるいはデイサービスの日課や生活習慣が継続できるように,施設のケアに配慮する。	1か月

作成年月日 **平成**〇年 〇月 〇日

ス 計 画 書（2）

支援内容			
サービス内容	担当者	頻度	期間
・初めての入所であることから，職員は介護場面では笑顔で接する。	介護職員，看護職員	毎日	1か月
・手引き歩行で誘導する時に，どこへ行くかの声をかける。その時，利用者の表情に注意し，少しでもためらいがみられたら，いったん誘導を待つなり様子をみる。	介護職員	毎日	
・他の利用者の状況などを含めて，本人が落ち着かない様子があれば，別の場所に移動を促す。	介護職員	毎日	
・混乱や戸惑いの表情がみられたら，そばに行き，落ち着いた声で話しかける。	介護職員，看護職員	毎日	
・長女と会えないことで不安定な様子がみられたら，どうしたらよいかを家族を含めて話し合っておく。	W主任介護職員	家族の面会時	1か月
・入所に際し，常時携帯しているものや大事にして身近に置いておきたいものを持参してもらう。	介護職員，家族	入所時	1週間
・自宅やデイケアで行っていた声かけや見守りの方法を継続する。	介護職員，ケアマネジャー	毎日	1か月
・日課の継続については，可能なものは調整するが，困難なものについては（入浴の時間帯など）家族の了解を得ておく。	W主任介護職員，家族	毎日	1週間
・「わかりません」が口癖のようであるが，そのことばの意味することは何か，いつもと同じ表現や態度なのかをとらえ，ことばのやりとりをできないか，随時介護場面で工夫する。	介護職員，看護職員	毎日	1か月

② 視覚障害と認知症状のある高齢者 への支援事例

❶ 事例の概要

　Bさんは，1か月前から特別養護老人ホームに入所している。70歳を過ぎてから網膜色素変性症が原因で全盲となった。長男家族と同居していたが，1年前ころから，家にいても「ここはどこですか。」と不安そうに言ったり，独語が多くなるなど，軽度の認知症状がみられるようになったため，家族は在宅での介護に限界を感じ，施設入所を選択した。

　膝関節症の痛みのため，移動には車いすを使用している。自分が施設にいること，どのような状況にいるのかということを理解できないようで，頻繁に「ここはどこ？」と問いを発する。また，頻繁に「トイレへ連れて行ってください。」と訴える。「今，トイレに行ったばかりですよ。」と職員が対応しないと，車いすから立ち上がってトイレに行こうとする動作がみられる。

　不安を軽減し，さらには施設での生活に意欲をもてるような介護サービス計画が求められる。

❷ アセスメント

1 プロフィール

氏名：Bさん　　**年齢**：85歳　　**性別**：女性　　**介護度**：要介護3

入所までの状況：3人兄弟の長女として，○○県で生まれた。結婚後2男1女に恵まれたが，子どもが幼いころに夫に先立たれ，デパートに勤めながら子どもを育てた。子どもが成人してからは一人暮らしをしていたが，7年前に全盲になり長男家族と同居した。全盲になっても体力が落ちないようにとルームランナーを使い足腰をきたえていたが，認知症の症状がみられるようになった。若いころはおしゃれであったが，目が見えなくなってからは身じたくを気にかけている様子はみられない。

家族状況：夫はすでに他界しており，子ども3人のうち，長女は幼いときに親戚に養女に出した。キーパーソンは長男であり，2週間に1度，孫の面会がある。

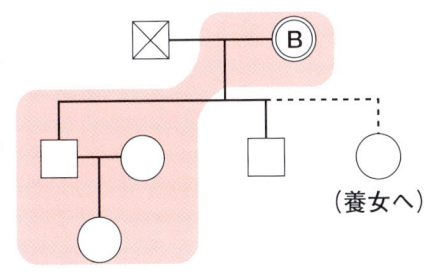

2 機能障害

身体機能の状況
- 膝関節症のため痛みがあり，歩行に支障がある。
- 車いすを使用するようになって，下肢の筋力低下がみられる。

精神機能の状況
- 「助けて」「救急車を呼んでください」「暗くて怖い」「ここはどこですか」などの独語があり，軽度の認知症の症状がみられる。
- 自分のいる場所，置かれている状況について理解できていない。

言語機能の状況
- 大きくはっきりとしている。

感覚機能の状況
- 全盲である。
- 老人性難聴があり，聞こえにくい。

3 生活支障

ADLの状況
- 移動：車いすを使用。全介助。移乗は一部介助（立位は可能）。
- 食事：ご飯はおむすび。献立や食器の位置などことばかけが必要。
- 排泄：昼間は居室にあるポータブルトイレ使用，半介助。夜間はおむつ使用。
- 入浴：機械浴，全介助。
- 整容：洗面は蒸しタオルを手渡し，整髪は櫛を手渡し，動作を促すことばかけを行う。
- 更衣：準備および着脱の一部介助を要する。

IADLの状況
- 居室整理：職員と共に行う。
- 電話：自分でかけることは困難。

コミュニケーションの状況
- 全盲，難聴があり，他の人に話しかけられているのか，自分に話しかけられているのかわからず，的外れな話をすることもあるが，他の利用者とも話をしている姿がみられる。
- 「ここはどこですか」との問いかけに，「老人ホームですよ」と答えるとその時は納得

するが，またすぐに「ここはどこですか」と言う。

4 既往症・健康の状態

・既往症：網膜色素変性症，右膝関節症

5 生活状況

・居室環境：4人部屋の廊下側のベッド。ベッドの横にポータブルトイレが置かれている。
・社会参加：していない。
・趣味：体操（からだを動かすことが好き），歌うこと。

6 経済の状況

・厚生年金。

3 ケアカンファレンス

　入所1か月を迎えたBさんは，全盲と軽度の認知症のため，自分の置かれている状況が理解できず，不安が強く，頻繁に尿意を訴えている。入所時のケアプラン（介護サービス計画）を見直すためのケアカンファレンスが行われた。

出席者	O：主任介護職員，T：介護職員，M：生活相談員，S：看護職員，K：理学療法士

M生活相談員：今日はBさんのケアプランの見直しについて話し合います。Bさんは入所後1か月経ちましたが，まだかなり不安が強いようです。様子はいかがですか。

O主任介護職員：いつも「ここはどこですか？」と言われています。「暗くて怖い」「助けて」「救急車を呼んでください」というような独語も聞かれます。また，頻繁に尿意を訴えられますが，ポータブルトイレに座っていただいても排泄がみられないときもあります。

M生活相談員：どのようなときに，尿意を訴えられることが多いですか。

T介護職員：車いすに座って，フロアでじっとしているときが多いですね。歌クラブで楽しく歌っているときには訴えは聞かれません。

O主任介護職員：全盲と難聴，軽度の認知症のために自分がどこにいるのかも把握できていないようです。しばらく，ボランティアの方やご家族にも協力をいただいて，徹底的にそばに付き添って不安を解消できないかとプランを立ててみました。いかがで

しょうか。

S看護職員：ここは常に自分のことを見守っていてくれる人がいる場所であるということがわかれば，精神的に安心をすることができ，尿意を訴える回数も減るかもしれませんね。

M生活相談員：次に右膝の関節症についてですが，痛みはどうでしょうか。

S看護職員：移動には車いすを使い，ほとんど歩いておられませんので，最近右膝の痛みの訴えはありません。

O主任介護職員：もともと健脚の方であったようですから，トイレだけでも歩いて行けないものかと考えていますがどうでしょうか。

K理学療法士：1か月間車いすを使っていたので，下肢の筋力がかなり低下していると思われます。一度医師の診断を受けて，リハビリテーションをしながら，下肢の筋力を強化するとともに，膝関節症が悪化しないように経過観察をする必要があると思います。

O主任介護職員：生活の中に取り込んで行えるようなリハビリテーションはありますか。

K理学療法士：ベッド上で行う下肢の運動メニューをつくりますので，1日に何回か実施してください。

T介護職員：からだを動かすことが好きだと言われていたので，楽しんで運動をしていただけると思います。また，常に見守りは続けますが，Bさんは目が見えませんので，転倒などの事故が起こらないように，環境整備などの配慮がかなり必要になると思います。

S看護職員：痛みや膝の腫れなどにも注意をしておきたいと思います。

M生活相談員：Bさんは日頃はどのように過ごされていますか。

T介護職員：ベッド上に横になっているか，車いすに乗ってフロアで過ごされています。

M生活相談員：フロアでは何をして過ごされているのですか。

T介護職員：ただじっと車いすに座られています。近くで話をする人の声に反応して応えたりされています。あまり頻繁に「トイレへ連れて行ってください」と言われているときは，他の利用者から「うるさい」と怒られることもあります。

M生活相談員：Bさんが楽しいと思われるような時間はあるのですか。

T介護職員：歌うことはお好きで，歌クラブには参加されています。また，お孫さんが来られるととてもうれしそうです。でも歌クラブもお孫さんの面会も2週間に1度程度です。

O主任介護職員：今はすべて受身の生活ですので，何か一つでもご自分でやっているというものがあれば自信につながり，生活への意欲も出てくるのではないでしょうか。まずは，夜間のおむつはずしとトイレへ歩行による手引き誘導ができないかと考えています。

S看護職員：たびたび尿意を訴えられ，トイレに座っても排泄がみられないこともありま

すが，尿意はあるようです。排泄状況をチェックして，トイレ誘導をしてみましょう。おむつは尿意を失わせてしまう危険性もありますから。
T介護職員：おむつはBさんの自信を失わせているかもしれません。頻繁な尿意の訴えに対し，Bさんの訴えによく耳を傾けることで安心感をもっていただき，頻尿の訴えも少なくなればおむつも外れると思います。
M生活相談員：施設での生活に安心感がもて，目が見えなくてもご自分でできることを一つずつ増やしていってもらいたいと思います。皆さんの意見を取り入れたケアプランの変更をお願いします。
O主任介護職員：ありがとうございました。さっそくケアプランを変更したいと思います。

4 考　　　察

　Bさんは70歳を過ぎて全盲となり，生活のほとんどの部分で支援を必要としている。また，認知症を発症し，自分が置かれている状況が理解できずに大きな不安を抱えている。施設入所後は右膝の痛みと転倒などの安全面を考慮し，車いす生活となっているが，車いす使用は下肢の筋力を低下させ，自分の意思で行動することはほとんどない状況にしてしまった。また，頻繁な尿意の訴えに対して，夜間のみであるがおむつを使用している。おむつの使用は，尿意を失わせることになることも考えられる。

　Bさんが安心して生活でき，自分でできることが一つでも増え，生活意欲をもてるような施設サービス計画書の作成に必要な視点について，以下考察する。

1 頻繁な尿意の訴えと不安感

　頻尿であることは本人も気にしているが，頻繁に尿意を訴える背景には，不安感があるように思われる。入所して1か月経つが，施設に入所していることもよく理解できないようであり，誰が何をしてくれるのかも理解できていないと思われる。目が見えないうえに，自宅とは違う知らないところで生活しているのであるから不安であって当然であろう。不安感から尿意を訴え，誰かが来てくれることで安心感をもつのかもしれない。

　まずは，施設生活に安心感をもってもらうことが一番であると考えられ，Bさんの訴えに耳を傾け，ここは必要なときにいつも誰かがいてくれる安心できる場所であることをわかってもらえるような対応が望ましい。例えば，職員だけでなくボランティアや家族の協力も得て，常に誰かがそばに付き添うことも提案できる。ケアカンファレンスの報告からも何かに集中しているときには訴えがなくなることから，頻繁に訴えられる尿意に対しても，その都度ていねいに対応しつつ，Bさんが気持ちを集中して楽しめることを見つけることも必要である。

2 生活機能を阻害する右膝の痛み

　もともと自宅では，全盲になって出歩けなくなってからも，筋力が低下してはいけないとルームランナーを使っていたという。右膝の痛みがなければ自力歩行が可能である。知らない場所で目が見えずどこへも行けないことや，右膝痛があったことで入所後は車いす使用となった。歩かないことで右膝の痛みはなくなったが，同時に下肢の筋力低下という課題が発生した。医師，理学療法士，看護職員と連携をとり，右膝関節症の様子をみながら，できるだけ早く運動機能向上に取り組み，歩行を再開することが望まれる。また，歩行に際しては，転倒などの事故の危険性も念頭におき，環境整備や，より一層の見守りが必要となる。

3 自立に向けた介護は生活の安定から

　自分がいる場所，置かれている状況が理解できていないことから，生活すべてにおいて介護を必要としている。しかし，施設での生活の中で，支援を受けながらも自立や自信がもてるような働きかけが必要である。例えば，自信や自尊心の回復のためにも，おむつの使用は可能な限り避けることが提案できる。

　また，Bさんの介護を行ううえでのキーワードは「安心感」かもしれない。「ここはどこですか」と聞かれるたびに「老人ホームですよ」と応えると「わかりました。ここは楽しいです」と言われるが，またすぐに「ここはどこですか」と聞かれる。認知症の中核症状であるもの忘れかもしれないが，安心感がもてれば，「怖い」「助けて」というような独語は減少するのではないだろうか。安心感をもつことで，頻尿の訴えが減れば，おむつはずしも可能になると考えられる。また，生活の中で，利用者同士で話をしたり一緒に楽しい時間などがもてれば，生活にも意欲的になれるのではないかと考える。

4 施設入所後の家族との協力

　もちろん施設職員のきめ細かい介護も安心感につながるが，一番は家族の存在ではないだろうか。不安なとき家族がそばにいてくれれば安心できるであろう。家族の事情なども考慮しつつ，施設入所後も家族の介護への参加を働きかけていくことも求められる。

施設サービス計画書（１）

第１表

施 設 サ ー ビ

| 利用者名 | **B** 殿 | 生年月日 | **大正** ○ 年 ○ 月 ○ 日 |

施設サービス計画作成者氏名及び職種　**O　主任介護職員**

施設サービス計画作成介護保険施設名及び所在地　○○**特別養護老人ホー**

施設サービス計画作成(変更)日　**平成** ○ 年 ○ 月 ○ 日　　初回施設サ

認定日　**平成** ○ 年 ○ 月 ○ 日　　認定の有効期間　**平成** ○ 年 ○ 月

| 要介護状態区分 | 要介護1　・　要介護2　・　(要介護3)　・　要介護4　・ |

利用者及び家族の介護に対する意向	家族……安全に気をつけてほしい。 本人……目が見えないので何もわからな
介護認定審査会の意見及びサービスの種類の指定	特になし。
総合的な支援の方針	（1）　いつでも自分の置かれている状況が （2）　膝の痛みの軽減をはかり，トイレに （3）　好きな歌や体操を生活の中に取り入

作成年月日　**平成**○年　○月○日

ス 計 画 書（1）

初回・紹介・⦿継続　　⦿認定済・申請中

住所　○○県○○市

ム　○○県○○市

ービス計画作成日　**平成**○年○月○日

○日〜　**平成**○年○月○日

要介護5（その他：　　　　　　　　　　　　　　　）

い。不安だ。

理解できるよう支援し，不安を取り除く。
歩いて行けるようにする。
れ，生活に意欲がもてるような支援を行う。

施設サービス計画書（2）

第2表

施 設 サ ー ビ

利用者名　　　**B**　　　殿

生活全般の解決すべき課題(ニーズ)	目　　標			
	長期目標	(期間)	短期目標	(期間)
不安のせいかトイレに頻繁に行く。	不安なく施設での生活を送ることができる。	6か月	日々の不安が軽減する。	3か月
			排泄の訴えが少なくなる。	
			夜間の排泄はポータブルトイレ使用とする。	1か月
右膝の痛みがあり、歩行に支障がある。	施設内は、歩いて移動できる。	6か月	トイレまで歩いて行けるようになる。	3か月
施設での生活に慣れ、生活の一部でも自分でできることをみつけたい。	生活意欲をもてるようになる。	6か月	友達ができる。	3か月

作成年月日　**平成**○年　○月　○日

ス 計 画 書（2）

支 援 内 容			
サービス内容	担当者	頻度	期間
・排泄状況の確認。	介護職員	毎日	1週間
・生活に慣れるまで常に誰かが寄り沿い不安の軽減をはかる。	介護職員，ボランティア，家族	毎日	1か月
・排泄の訴えがあったときは，すべてに対応する。	介護職員	毎日	
・自信が取り戻せるよう，夜間のおむつはやめ，ポータブルトイレ対応を行う。	介護職員	毎日	1か月
・膝の痛みの状況を確認する。	看護職員，介護職員	毎日	
・医師，理学療法士に相談し，ベッド上で下肢のリハビリテーションを行う。	医師，理学療法士，介護職員	毎日	
・痛みがなければ，トイレまでは手引き誘導する。	介護職員	毎日	1か月
・歌クラブの参加を通して仲間づくりを支援する。	介護職員	クラブ活動時	
・利用者同士の会話に入れるように支援する。	介護職員，ボランティア	毎日	1か月

3 健康管理や歩行訓練に消極的な高齢者への支援事例

1 事例の概要

　Cさんは2年前に脳梗塞により右片麻痺となった。半年前から特別養護老人ホームに入所している。

　もともと糖尿病であったCさんは、食事療法と運動療法で血糖のコントロールをしていたが、運動療法ができなくなってからはインシュリンの注射を受けるようになった。

　現在は歩行訓練を開始しているが、「もうこの歳だから、歩かなくてもいい。」と、あまり積極的ではない。また、甘い物が好きで、よく間食をしており「インシュリンを打っているから大丈夫。」「好きな物を我慢するぐらいなら死んだほうがまし。」と言って、食事制限を守ることができない。糖尿病が進行すると、いろいろな合併症を起こすことも考えられる。

　健康管理も含めて、生活への意欲がもてるような介護サービス計画が求められる。

2 アセスメント

1 プロフィール

氏名：Cさん　　**年齢**：77歳　　**性別**：男性　　**介護度**：要介護3

入所までの状況：2年前に脳梗塞を起こし、その後右片麻痺で車いす生活になった。妻は5年前に他界しており、一人息子も海外赴任中で、病院からリハビリ施設を経て特別養護老人ホームへ入所となった。

家族状況：妻は5年前にがんで他界した。一人息子は、仕事のため長期にわたり海外で妻と生活をしている。2人の孫は日本に住んでいて、1人は大学生で、月に1回ほど面会に来て、一緒にテレビで野球観戦をしていて、その時はCさんも楽しそうにしている。日ごろは口数が少ないのに、孫とはお互いの生活のことなどを話し合っている。

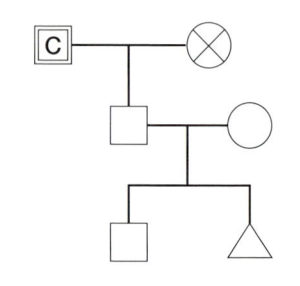

利用者・家族の意向：孫は、昔からCさんを慕っており、小学生のころはよくCさんと野球を見に行っていたようで、スタッフに「おじいちゃんと一緒にまた野球を見に行きた

い」と言っている。

2 機能障害

身体機能の状況
- 脳梗塞後遺症による右片麻痺。
- 歩行訓練中。ウォーカーケイン（杖の一種）を使えばゆっくり歩ける。

精神機能の状況
- 認知症はみられない。

感覚機能の状況
- 視覚：日常生活に支障はない。
- 聴覚：右の耳が難聴で右から声をかけると気がつかないこともある。

3 生活支障

ADLの状況
- 移動：車いすを自走することができる。車いすへの移動には立位が不安定なことから，介助が必要。
- 食事：左手でスプーンを使って，ゆっくりであるが自分で食べることができる。
- 排泄：日中はトイレで排泄。車いすからの移動に介助を要する。
- 入浴：全く自分で洗う意思がなく，いすに座ったまますべて洗ってもらっている。
- 整容：無精ひげをはやしていて，手伝わないとひげ剃りをしない。洗面，歯磨きは促せば洗面所にて自分で行う。
- 更衣：自分でしようとはしないが，暑いと上着は自分で脱いでいる。

IADLの状況
- 服薬管理：インシュリンの自己注射も促すが拒否し，看護職員が行っている。

4 既往歴・健康の状態

　55歳ぐらいから糖尿病で通院治療を続けていた。経口血糖降下薬と食事，運動療法で血糖のコントロールを行い，合併症を起こすことなく経過していた。脳梗塞で入院をした2年前からはインシュリンの注射をするようになったが，低血糖発作を起こし，意識障害を起こして入院となったことがある。

5 生活状況

- 居室環境：個室。室内には洗面所とトイレが完備。室内にテレビもある。
- 社会参加：特にない。
- 趣味・楽しみ：もともとプロ野球が大好きで，ひいきのチームを応援するために球場にもよく行っていた。自室のテレビでも野球をよく見ている。

3 ケアカンファレンス

　Cさんの生活が楽しく希望に満ちたものになるには，孫との関係性の継続と，本人が障害や病気を受容できるように支援していくことがまず必要である。そのために関係する職種のスタッフと共に，今後どのような連携で，Cさんを支援していくかを明確にするためのケアカンファレンスを行った。

| 出席者 | F：主任介護職員，H：介護職員，N：主任看護職員，W：管理栄養士，O：理学療法士 |

F主任介護職員：今日は，Cさんのケアプランについて検討します。Cさんは脳梗塞による右片麻痺という機能障害に加えて，それ以前から既往している糖尿病のため血糖のコントロールが必要です。介護職員，医療職員，栄養士，理学療法士の連携を密にとる必要があると考えていますので，活発な意見交換と今後の連携のあり方を考えていきたいと思います。まず，担当のHさんから，介護過程に沿って考えた介護目標を発表してください。

H介護職員：Cさんは，脳梗塞になる前までは，運動療法と食事療法で血糖のコントロールをしていました。しかし今は，脳梗塞の後遺症としての利き手側（右）が麻痺になり，思うように生活ができなくて，すべてのことに意欲がなくなっています。唯一，お孫さんがみえるとうれしそうで，一緒にテレビで野球を見ておられます。そこで，お孫さんとの関係性を維持し，お孫さんが望まれている野球観戦を目標に，自分の生活を見直し，ADLの拡大をはかっていく支援ができればと考えています。

N主任看護職員：現在，朝夕の食前のインシュリン注射で血糖のコントロールをしていますが，注射後に何も食べずに低血糖発作を起こされたことがとても問題だと考えています。糖尿病を既往されてから20年以上経過していますが，他界された奥様が食事の管理をされていて，ご本人は奥様のつくった物を食べて，奥様と毎日ウォーキングをしていただけと言われていて，糖尿病に対する正しい知識はあまりないようです。

W管理栄養士：甘い物が好きな方で，それを我慢することがストレスにもなっているようです。しかし，以前は食事療法ができていましたので，生きる意欲が生まれれば，食事に対する正しい認識をもっていただけると考えます。

O理学療法士：歩行訓練は継続中で，ウォーカーケインを使えば日常生活の中での歩行も可能になるはずです。でも今はその生活に目標がないことが，歩行に対する意欲を低下させていると考えます。

F主任介護職員：みなさんの意見をまとめると，やはりCさん自身が今の自分の状況を受

け止め，その中で自分自身の生活をつくっていくことが必要と思われます。
H介護職員：お孫さんが，今のCさんにとってこころを開く存在になっています。その関係性を維持して，具体的に球場での野球観戦という目標をあげて，それに必要な日常生活の自立をめざしたいと思います。具体的には車いすへの乗り降りが自分ででき，短い距離ならウォーカーケインで移動ができるようになることを目標とします。
W管理栄養士：おやつも全くだめではありません。摂取カロリーと消費カロリーを考慮して，献立を変化することでおやつを食べることも可能です。
H介護職員：Cさんは，今は日中のほとんどを自室で過ごされています。目標をもつことで活動量が増えれば，糖尿病にとっても良い働きができます。より良い生活をCさん自身で組み立てていける支援が必要です。
F主任介護職員：Cさんの気持ちがゆっくりでも変わっていけるように，チームで支援し，生活が安定するまでは，情報の共有や活動の変化に伴って随時評価が必要です。そこで今後も連携を密にする必要があります。必要に応じて，担当のHさんを中心にケアカンファレンスを催したいと思います。

4 考 察

　脳梗塞などで身体に機能障害を伴う高齢者が，それ以前から糖尿病などの生活習慣病を既往していることは少なくない。それまで病気をもちながらも，自分なりのライフスタイルを実現してきた人も，突然起こった身体のさらなる機能障害により，ライフスタイルを変えざるを得ないという状況が発生する。病院や施設など新しい環境になじむことができず，生活に不安をいだいたり，生きる意欲も失ってしまうことが考えられる。

1 重複する障害での悪循環を断ち切る

　Cさんはもともと糖尿病が持病であったが，運動療法と食事療法でコントロールしていた。しかし，妻が他界し，さらに脳梗塞による障害を受け，こころに受けた傷ははかり知れない。その結果，歩行訓練や食事制限に支障をきたしている。これは重複する障害が互いに悪影響を及ぼし，生活の質を下げてしまうという悪循環を形成している。

　単にリハビリテーションを続けることや食事制限の必要性を説明するだけでは，Cさんのこころには届かない。Cさん自身，長い間糖尿病をもちながらも生活を築いてきており，糖尿病に対する理解がないわけでは決してなく，現状を受け入れることが困難なために，「もうこの歳だから歩かなくてもよい」とか「好きな物を我慢するくらいなら死んだ方がまし」ということばや生活態度になっていると考えられる。

　この場合，Cさんのこころの状況を理解し，温かく見守りながら人間関係を形成していくことが何より大切であり，そこから利用者のどのような思いがあるのかを洞察していく

必要がある。

そして関係が形成されていく中で，孫の希望を伝えながらCさん自身の希望を引き出し，支援の方向性を見いだしていく。

2 チームで利用者を支援する体制をつくる

食は人間にとって生きるため以上に，楽しみになっていることが多い。食事制限により，その楽しみを奪われたようにCさんは感じてしまっている。

さらにリハビリテーションにおいても，歩く機能は失っていないが，意欲の低下から，消極的になっている。

糖尿病に関しては長い病歴であるが，ずっと妻に頼っていたこともあり，一人で病気に向き合うことができないでいる。さらに以前とは違い，インシュリンの注射という方法がとられていることも生活に影響を及ぼしている。

Cさんの場合，糖尿病，そして右片麻痺という健康状態や身体機能の障害が生活に大きな影響を与えているが，何よりCさん自身の病気や障害に対する認識を変えていくことが必要である。Cさんの生活を支援する専門職は介護職員だけでなく，医師や看護職員，理学療法士，栄養士と複数である。それぞれの専門職が専門性を発揮してCさんにかかわっても，Cさん自身の変容がない限り，効果は上がらない。また，一人の利用者に複数の専門職がかかわる際に，それぞれがばらばらにかかわるより，連携し協力しあう（協働）ことでより効果は上がる。さらに，協働者としては家族も重要な役割をもつ。

チームでCさんの生活を支援するということは，いいかえれば，すべての職種の職員が同じ方向性をもって，Cさんの生活を支援する体制を整える必要がある。そのためにはお互いの情報を共有し，意見交換の場を積極的につくっていく必要がある。

3 楽しみから生きる意欲を見いだす

Cさんにとって今現在こころのよりどころとなっているのは大学生の孫であり，もともと好きであった野球を孫と一緒にテレビ観戦することが楽しみである。孫は，Cさんと球場へ行き野球観戦ができればと考えている。Cさん自身にはまだそのことは伝えていないようであるが，このことがCさんの生活に変化をもたらす可能性はある。

さらに野球観戦を目標にすることで，Cさん自身の誤った認識から生じている生活のしづらさを変えていくことも可能であり，排泄の自立や整容など，ADLの拡大も期待される。

生活をしていくうえでの楽しみは，こころを満たすだけでなく，それに伴う生活のありようにまで変化を与える。

高齢者の場合，複数の病気を抱えていることは少なくない。生活を支援していくうえで，他職種との協働は不可欠となる。それぞれの専門性がぶつかることなく，さらに支援が深まるように体制を整え，ケアプランを立案するうえでも考慮しなければならない。

利用者本人の意思と支援方針の矛盾を調和する

　Cさんの場合，糖尿病の悪化を防ぐためには，食事療法や運動療法，そしてインシュリン注射が必要となる。しかし「甘い物が食べたい」という本人の欲求があり，この欲求は健康を阻害する（この場合血糖のコントロールを乱す）要因となる。

　このように，専門職として考える支援方針と利用者本人の意向が対立し，この二つの相反する事柄の間で介護職員自身が揺れ動くことは少なくない。介護職員として介護過程の展開の中で，利用者により良い生活をと考えた支援も，利用者にとっては苦痛でしかないこともある。

　専門職として「より健康に」という思いで身体面だけにとらわれると，そのことで利用者は我慢を強いられストレスを感じ，しだいにこころの健康が維持できなくなり，結果として利用者の健康を維持しているとは言い難くなる。そして，それがさらに生きる意欲の低下につながると，生活にも大きな影響を及ぼしてしまう。

　Cさんの場合は，摂取カロリーを調整することで甘い物を食べることも可能であり，「甘い物が食べたい」というCさんの意向に添うことができ，血糖のコントロールもでき，身体もこころも健康を維持していくことができる。さらにそのかかわりの中から，糖尿病に対する正しい知識をもってもらうことも可能となる。

　このように本人の気持ちを受け止め，その気持ちに少しでも添うかかわりの中で，徐々に本人の意識が変容していくことを支援できる関係作りが，生活を支援するうえでは重要となる。

施設サービス計画書（１）

第1表

施 設 サ ー ビ

| 利用者名 | C 殿 | 生年月日 **昭和**○年○月○日 |

施設サービス計画作成者氏名及び職種　**H　介護職員**

施設サービス計画作成介護保険施設名及び所在地　○○**特別養護老人**

施設サービス計画作成（変更）日　**平成**○年○月○日　　初回施設サ

認定日　**平成**○年○月○日　　認定の有効期間　**平成**○年○月

| 要介護状態区分 | 要介護1　・　要介護2　・　（要介護3）　・　要介護4　・ |

| 利用者及び家族の介護に対する意向 | 家族……長男は生まれ育った土地にある特
　　　　が，仕事で海外で生活をしていて
　　　　孫はまた一緒に野球観戦に球場へ
本人……リハビリテーションに対して消極 |

| 介護認定審査会の意見及びサービスの種類の指定 | 特になし。 |

| 総合的な支援の方針 | （1）　孫との関係を大切に，病気や障害を
　　　るような環境をつくる。
（2）　孫と野球観戦に行くことをめざして
（3）　糖尿病を理解し，正しい食生活をめ
（4）　糖尿病については医師，看護職員，
　　　ながら適切なケアを行う。 |

作成年月日　**平成** ○年　○月　○日

ス計画書（1）　　　初回・紹介・⦿継続　　⦿認定済・申請中

住所　○○市○○区

ホーム　○○市○○区

ービス計画作成日　**平成** ○ 年 ○ 月 ○ 日

○日～　**平成** ○ 年 ○ 月 ○ 日

要介護5　（その他：　　　　　　　　　　　　　　　）

別養護老人ホームで穏やかに生活してほしいと言っている
帰国の予定はない。
行きたいと考えている。
的で，糖尿病に対する食事制限も守ろうとしていない。

受容し，自分のライフスタイルを再構築する気持ちをもて

機能回復訓練を行う。
ざす。
栄養士，機能回復訓練に関しては理学療法士と連携をとり

施設サービス計画書（2）

第2表

施設サービ

利用者名　　　C　　　殿

生活全般の解決すべき課題(ニーズ)	目標			
	長期目標	（期間）	短期目標	（期間）
障害や糖尿病を受容した生活を見いだせていない。	障害や病気を受容し，自分の生活を再構築することができる。	6か月	生活の中で目標を見いだす。	3か月
食事制限が守られていない。	自ら積極的に血糖のコントロールができるようになる。	6か月	糖尿病についての正しい知識をもち，食事制限の方法が理解できる。	3か月
テレビ以外楽しみを見いだせない。	孫と野球を見に行くことを含め，日常生活における楽しみと自立をはかれる。	6か月	排泄動作が自立し，行動に自信がもてる。	3か月

作成年月日 **平成**○年 ○月 ○日

ス計画書（2）

支援内容			
サービス内容	担当者	頻度	期間
・健康の維持や増進について，医療関係者と話し合う機会をつくる。	介護職員，医師，看護職員		2週間
・孫との時間を大切にする。	介護職員	孫の面会時	
・本人とゆっくり話す時間をつくる。	介護職員	毎日	2週間
・本人の希望する生活様式を探る。	介護職員	毎日	1か月
・医療職と連携をとり，糖尿病の正しい知識をもってもらう。	介護職員，看護職員	毎日	1週間
・栄養士と連携して，食事制限の方法を利用者と共に話し合う。	介護職員，栄養士		1週間
・歩行訓練の継続。	医師，理学療法士		
・トイレへウォーカーケインを使って移動するのを見守る。	介護職員	毎日	1か月
・車いすへの移動の自立を見守る。	介護職員	毎日	1か月

4 食欲低下，閉じこもりのある高齢者 への支援事例

1 事例の概要

　Dさんは脳梗塞が原因で左片麻痺となり，在宅での介護が困難となって2年ほど前から特別養護老人ホームに入所している。

　幼児期の病気のため聴力はほとんどない。読み書きも困難である。相手の口の動きから意味を読み取ることで生活してきた。発語には大きな問題はない。

　当初は施設になじめず，帰宅願望が強かった。職員は特にコミュニケーションに配慮し，家族にも頻繁な面会をうながした。そのためか，帰宅願望は相変わらずだが，施設での生活に徐々になじんできていた。一方，家族の面会の足は遠のいている。

　1年ほど前から食欲が徐々に低下し，ときには食後に嘔吐するようになった。職員や他の入居者との接触を避けるようにもなり，また，からだのあちこちが痛いと訴えて居室にこもって横になることが多くなった。帰宅願望のことばもほとんど発しない。

　食欲低下の原因究明のために精密検査を病院に依頼したが，軽度の逆流性食道炎があるのみで，食欲低下をきたす疾患は見当たらないとのことであった。精神的な要因が大きいものと推察される。

　職員のかかわり方の見直しを含め，生きる意欲を回復できるような介護サービス計画が求められる。

2 アセスメント

1 プロフィール

氏名：Dさん　　**年齢**：75歳　　**性別**：女性　　**介護度**：要介護4
入所までの状況：平成19年春，意識障害，左片麻痺が出現。T病院へ入院し，右内頸動脈閉塞による脳梗塞として加療を受ける。引き続きリハビリテーションも行ったが，その効果は乏しく左片麻痺は残存した。在宅での介護が困難なため，平成19年秋特別養護老人ホームへ入所となった。

家族状況：37歳の時，後妻として嫁ぐ。先妻の子ども（男1人，女2人）を育てたが，夫はすでに死去。その後は次女Jさんと二人で生活していた。

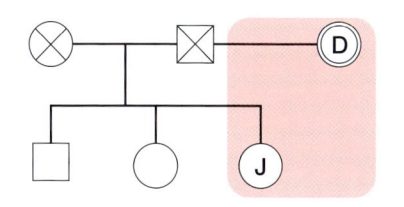

2 機能障害

身体機能の状況
- 脳梗塞後遺症による左片麻痺あり，起立・歩行は不能である。

精神機能の状況
- 軽度の認知症状を認める。

言語機能の状況
- 比較的明瞭なことばを話す。

感覚機能の状況
- 視覚：日常生活に支障はない。
- 聴覚：幼児期の疾病により両側の聴覚障害有り。相手の口の動きから意図を理解している。

3 生活支障

ADLの状況
- 移動：車いすを使用。移乗にも介助が必要である。
- 食事：自立しており好き嫌いは特にない。
- 排泄：ほぼ全介助。
- 入浴：特殊浴槽を利用。
- 整容：全介助
- 更衣：全介助。

IADLの状況
- 金銭管理：家族管理。
- 身辺管理：介護職員の管理。

コミュニケーションの状況
- 聴力障害のため意思の伝達が極めて難しい。手話はわからない。
- ひらがなはおおよそ読めるが漢字は読めない。書字も困難である。
- 話し手の口の動きやジェスチャーから意味を読み取っている。
- 発語は比較的しっかりしているが，認知症のためか脈絡に乏しい。

4 既往歴・健康の状態

・40歳から高血圧症の加療を受けている。
・60歳　左乳がんの手術。
・72歳　乳がんの多発性骨転移が判明。以来抗がん剤を内服中。

5 生活状況

・居室環境：個室。トイレはないが洗面所がついている。
・社会的活動：聴力障害があるためか少なかった。
・趣味・楽しみ：特にない。

3 ケアカンファレンス

　精神的要因から食欲低下と閉じこもりをきたしたDさんの，精神状態の把握と今後の支援内容を見直す目的でケアカンファレンスが開催された。

出席者	O：施設長，T：ケアマネジャー（介護支援専門員），S：主任介護職員，Y：生活相談員，K：看護職員，M：管理栄養士，D：本人，J：次女

Tケアマネジャー：それではDさんのケアカンファレンスを開催します。Y生活相談員からDさんの現在の状況についてお話し願います。

Y生活相談員：現在，Dさんについては，大きく二つの課題があります。一つは食欲不振が続いており，体力の低下が危惧されるという点です。入所当初も，摂食量に多少のムラはありましたが，平均すると6～7割食べていらっしゃいました。ところが，今年に入ってから徐々に食欲がなくなり，時には食べた物を嘔吐されたりします。もう一点は，周囲との接触を拒絶している点です。この根底には精神的要因があると考えます。

O施設長：食欲低下については，先日T病院で入院精査したところ，逆流性食道炎のみで消化器系には著患を認めなかったとのことです。逆流性食道炎も軽度なもので，食欲低下とか嘔吐をきたすほどではなかったようです。乳がんのほうも心配ないとのことでした。多発性骨転移に関しても変化なく，からだのあちこちを痛がる原因はよくわからないとのことでした。

Tケアマネジャー：脳梗塞発病前は，食欲に問題なかったのでしょうか。

Jさん：好き嫌いなく何でも食べました。幼いころの病気で聴力障害があり，手話や書字によるコミュニケーションも十分に取れませんでした。しかし長いこと一緒に生活し

ていましたので，私の口の動きとかジェスチャーで十分意思の疎通ははかれていました。全く問題ありませんでした。

O施設長：今回，Dさんは初めて施設入所を経験されているわけで，Dさんにとって大きな精神的負担だと思われますね。

S主任介護職員：Dさんは入所後，私たちと新しい関係の中で生活を送られるわけですから，この環境に慣れるまで戸惑いがあるのは当然だと思います。ですから職員は特にことばかけやその方の生活のリズムの把握に努め，なるべく早くここでの生活になじんでいただくよう努力しています。Dさんの場合，聴力障害があるうえに書字での意思の伝達も十分ではなく，私たちの口の動きとジェスチャーが主なコミュニケーション手段です。私たちもこころを尽くして介護にあたったつもりですが，相互の意思の疎通はやや不十分であった可能性があります。

O施設長：今までの話から，Dさんが自宅での生活から離れ，初めて施設での生活を余儀なくされたわけですが，当初は，職員の努力にもかかわらず，周囲の人の意向が十分理解できず，この施設を自分の居場所としてなかなか受け入れられなかったものと思われます。その後，職員の努力とご家族の面会も多かったこともあり，自分の居場所として落ち着いたかのように思えました。でも，本当に受け入れていたわけではなかったと考えるべきなのでしょうね。一見落ち着いてきたこともあって，ご家族も安心されて面会の足が遠くなってきた。それに伴って，その後，さまざまな症状が出てきたと考えてよいと思います。

Jさん：最初は，初めてのところで母が不安にならないようにと，かなり心配しましたが，2～3か月した時点で，だいぶ慣れてきたようでしたので，もう大丈夫という印象をもっていました。それで，足が遠のいてしまいました。施設生活に慣れたと理解したのは，少し早かったのかもしれません。

O施設長：コミュニケーション手段にハンデがあるDさんの場合，職員がご家族の代わりになるにはもう少し時間が必要だったのですね。

Y生活相談員：確かに，私たち職員の対応に配慮が足りなかったのかもしれません。職員が，精神的障害をもっている利用者に対する支援方法を工夫すべきだったと，反省しています。

Tケアマネジャー：それでは，Dさんにこの施設を新たな自分の住まいとして受け入れていただくには，どうしたらよろしいでしょうか。

S主任介護職員：私たちも今まで以上にDさんとのコミュニケーションの確保に努めたいと考えていますが，同時にご家族の力をお借りしなければならないと思います。

Tケアマネジャー：具体的にはどのような方法があるでしょうか。

Y生活相談員：入所当時に立ち返り，私たちとのしっかりとした信頼関係が構築されるまでの間，ご面倒でもご家族に時々面会に来ていただくという点が必要かと考えます。また，ときには，自宅での外泊や外出なども有効かなと考えます。

Tケアマネジャー：他にはいかがでしょうか。

全員：異議ありません。

Tケアマネジャー：それでは，第一はご本人の精神的安定と職員との信頼関係の構築のため密接にコミュニケーションをとること，第二はご家族の協力を得て温かい愛情に包まれているのだということを実感していただくことを中心にケアプランを作成することとします。また，状態が不安定な利用者なので，経過を観察し必要があればケアプランを再検討したいと考えています。1か月を目途にサービス担当者会議を開催する予定ですので，ご参加の程よろしくお願いいたします。本日は有難うございました。

4 考 察

　本事例は，聴覚障害のためコミュニケーションが極めてとりにくい75歳の女性が，施設入所後，一時は安定した生活を送っているように見えたが，時間を経るごとに精神的不安定を呈した事例である。今回のケアカンファレンスでは，この女性が精神的不安定になった要因とその支援方法について検討した。

　まず，時間の経過に沿って前期，中期，後期に区切り，入所後のDさんの経過を探っていきたい。

「前期」

　Dさんは，入所当初は施設での生活にとまどいの表情をし，しばしば帰宅の希望を話していた。しかし，1～2か月経過するうちに，帰宅願望もほとんどなくなり，職員は，Dさんが徐々に施設にうまく適応してきたと考えていた。また，家族も安心したためか，徐々に面会の頻度が減ってきていた。この時点でDさんは何らかのサインを出していたに違いないが，職員は，施設の生活に慣れ穏やかな生活を送っていると判断した。帰宅願望の減少は，言っても叶えられないというあきらめの心境に至っていたのだということが理解できなかった。職員が反省すべきことは，この時のDさんのこころの寂しさをキャッチできなかったことである。そして，この判断の誤りはDさんのこころを閉ざし，彼女を精神的不安定に導いてしまったのである。

「中期」

　Dさんの最初の変化の表れは食欲不振であった。Dさんは入所直後から摂食量にムラはあったものの，6～7割は摂取していた。ところが，徐々に食事量が減少してきた。さらに，時には食後に嘔吐してしまうという状況もみられるようになった。最終的には，部屋に閉じこもりベッドに横になったままで，職員のことばかけにも応えなくなってしまった。この時点で，食欲低下というよりも拒食ではないかとの印象も受けたが，がんの再発も考

えられたので，入院して検査することとなった。その結果，消化器系に異常はなく，術後の乳がんおよび骨転移も落ち着いており，食欲低下と閉じこもりの要因として精神的不安定が考えられた。

ケアカンファレンスでは，Dさんの精神的不安定状態をどのように改善させるかを中心に検討した。その結果，職員がDさんとのコミュニケーションの確保にさらに努力すること，および家族の協力に期待することとなった。

「後期」

その後，新たなケアプランのもとでコミュニケーションに重点をおいた介護を続けた。

職員は職種を問わず彼女との会話を楽しんだ。彼女の希望するところにはどこにでも出かけた。食事も彼女の希望通りのメニューに変更した。また，家族の協力も得られ，幸いDさんは約1か月後には食欲も回復し，呼びかけにも笑顔が見られるようになり順調な経過をたどった。音は聞こえないはずであるが，カラオケの日には他の入所者と共にカラオケの雰囲気を楽しんでいる。

さて，自宅を離れ，初めて施設に入るということは，どんな人であれ当惑する状況と思われる。10年，20年と長年慣れ親しんだ場所を離れ，新たな場所でまた新たな人間関係の中で生活しなければならないとしたら，本人にとっては極めて大変な出来事であり，とりわけ高齢者にとっては大きな精神的ストレスとなり得ることを，介護職員は再認識しなければならない。初めて施設に入るとき，おそらくすべての入所者は，表情には出さず堪えてはいるが，心の奥底では極めて不安な状態にあることを忘れてはならない。「部屋のつくりが自宅とは違うだけでなく，周囲の人間が見たことのない人ばかりである。みんなにこにこして愛想はいいが，この人たちは家族とも違うし近所の人とも違う。いったい誰なのだろう。何か今までと違う。見たところ危険はなさそうだが何か違う。早く家に帰らなくては」。最初に入所者を迎えるとき，こうした入所者の不安を介護職員は十分理解しながら接しているだろうか。とかく通り一遍の対応ですませていないだろうか。

しかも，新しい入所者が当初の戸惑いの時期を乗り越えたとしても，その状況を自然なものとして受け入れ，ここが自分の新しいすまいであると受け入れたと，安易に考えていないだろうか。介護職員は，高齢者が施設を自分の居場所として本当に納得できるまでには相当な時間が必要であることを認識しなければならない。

入所者の中には認知症の人でなくとも，入所後しばらくの間，徘徊などの症状がみられることが多いが，これも一生懸命自分の居場所を探している一つの表現なのではなかろうか。実際多くの場合，介護職員との信頼関係ができてくるにつれて，徘徊などの症状が消失していくことはしばしば経験されることである。

また，聴覚障害，視覚障害などのハンディキャップをもつ高齢者は，新しい場所，新しい人間関係への適応という点に関してより一層の困難を伴うものと思われる。例えば目が

不自由でも長年生活してきたわが家なら，テレビや台所の場所はからだで覚えているだろうし，視力がなくてもおそらく不自由しなかったであろう。しかし，施設ではすべてが今までと違うわけである。視覚的あるいは聴覚的情報が不十分な人が，新しい環境に適応するには相当な時間を要するのは当然である。つまり，コミュニケーション手段に障害のある人との信頼関係を構築するには，より根気強い努力が必要であるということである。

　本事例は，施設入所者のこころの安定に，いかにコミュニケーションが重要な役割を果たしているかを教えてくれた。コミュニケーションが彼女のこころの扉を開けたのである。まさに「介護はコミュニケーションに始まりコミュニケーションに終わる」ということばを痛感させられた事例である。

高齢者の閉じこもり

　日本の地域社会は時代とともに大きく変化した。少子高齢化が進み，核家族化が進行し，独居世帯，高齢者単独世帯が増加しつつある。以前のような地域ぐるみの付き合いも減り，住民同士の結びつきも疎遠になり，高齢者の『閉じこもり』の問題が浮上した。

　かつて1999年に総務庁がまとめた「高齢者世帯の意識調査」では，半数近くの高齢者が「日常生活に心配事がある」とし，2006年の警察庁の統計資料によれば，年間の自殺者の33.5％を60歳以上の高齢者が占めている結果が出た。

　高齢者の『自殺問題』をそのまま高齢者の『閉じこもり』に結びつけるのは単純すぎるのかもしれないが，高齢者の『閉じこもり』は若者の引きこもりと同様に大きな社会問題になっている。

　高齢になると，肉体的な変化だけでなく，精神的な変化が発生する。身体的な老化により外出するのも億劫になり，生活に張りがなくなってくる。社会とのつながりが希薄化し，意に反して『閉じこもる』結果になり，一層地域社会から孤立し，最終的には生きる目的さえ喪失しかねない。

　一般に「高齢者の普段の外出頻度は総合的な高齢者の健康指標である」といわれる。

　外出の機会が多く地域社会とのつながりをもつ高齢者ほど，身体・精神・社会的側面において健康であり，将来も健康で暮らしていけるという研究結果もある。

　今後は，高齢者が住み慣れた地域で安心して穏やかに暮らせるよう，社会福祉制度・政策のみならず，人と人とのつながり（近所づきあい）に軸足をおいた，『高齢者閉じこもり防止対策』を検討することが急務である。

施設サービス計画書（１）

第1表

施 設 サ ー ビ

| 利用者名 | **D** 殿 | 生年月日 **昭和 ○ 年 ○ 月 ○ 日** |

施設サービス計画作成者氏名及び職種　**T　介護支援専門員**

施設サービス計画作成介護保険施設名及び所在地　**特別養護老人ホーム**

施設サービス計画作成（変更）日　**平成 ○ 年 ○ 月 ○ 日**　　初回施設サ

認定日　**平成 ○ 年 ○ 月 ○ 日**　　認定の有効期間　**平成 ○ 年 ○ 月**

| 要介護状態区分 | 要介護1　・　要介護2　・　要介護3　・　(要介護4) |

利用者及び家族の介護に対する意向	家族……楽しく穏やかな生活を提供してほ 　　　　限り協力したい。 本人……食べることが好きなので，食事を 　　　　周りの利用者とも良好な関係をき 　　　　好きな時に自宅へ帰りたい。
介護認定審査会の意見及びサービスの種類の指定	特になし。
総合的な支援の方針	（1）　Dさんの辛さを理解し，コミュニ （2）　本人の「思い」を共感的に理解し， （3）　ご家族の理解を得て面会を多くし，

作成年月日　**平成**○年　○月　○日

ス 計 画 書（1）　　初回・紹介・⦅継続⦆　　⦅認定済⦆・申請中

住所　○○県○○市

○○　○○県○○市

ービス計画作成日　**平成**○年　○月　○日

○日～　**平成**○年　○月　○日

要介護5（その他：　　　　　　　　　　　　　　　　）

しい，自宅では介護が難しいので，面会に行くなどできる

おいしく食べたい。
ずきたい。友人をつくりたい。

ケーションを密にし精神的な安定に努める。
笑顔のある生活を送ることができるように支援する。
自宅への外出やご家族との外食を企画する。

● 4　食欲低下，閉じこもりのある高齢者 への支援事例

施設サービス計画書(2)

第2表

施 設 サ ー ビ

利用者名　　　D　　　殿

生活全般の解決すべき課題(ニーズ)	目標			
	長期目標	(期間)	短期目標	(期間)
食欲不振があり、食事を楽しめない。	楽しい雰囲気の中で毎日の食事をおいしく食べられる。	6か月	個別の献立を作成する。食べたい物があれば職員に伝えることができる。	3か月
家族との関係、施設での人間関係に支障がある。	職員・他の利用者と意思の疎通がはかれる。自分の居場所を確保し、落ち着いた生活を送れる。	6か月	こころを開き精神的に安定した生活が送れる。他の利用者・職員と楽しい時を過ごせる。自分の精神的居場所を確保する。	3か月
健康に不安がある。	乳がんや多発性骨転移が進行しないことを希望する。	6か月	苦痛のない安心した生活を送り、定期的健康診断を受ける。	3か月

作成年月日　**平成**○年　○月　○日

ス 計 画 書（2）

支 援 内 容				
サービス内容	担当者	頻　度	期　間
・好物を献立に取り入れ食事を楽しんでいただく。 ・必要があればご家族に持ってきていただき，一緒に食事を楽しんでもらう。 ・職員から積極的にことばかけをし，コミュニケーションの確保に努力し本人の意向を確認しながら楽しい雰囲気をつくる。	介護職員， 管理栄養士， 看護職員， 生活相談員， 職員全員， ご家族	常時 食事時	3か月
・ジェスチャーやいろいろな手段を用いてコミュニケーションをはかる。特に非言語的コミュニケーションに留意する。 ・ご家族には時々面会に来ていただき共に過ごす時間をもつ。 ・自宅での外泊・外出の機会を設け気分転換をはかる。 ・レクリエーション・外食などにも積極的に参加していただく。	介護職員， 看護職員， 生活相談員， 職員全員， ご家族	常時 レクリエーション時	3か月
・医療機関との連携に努め，随時病状を的確に評価していただく。 ・病状を確認しながら，確実な服薬に努める。	医師， 看護職員， 介護職員， 機能訓練指導員	体調に応じて随時	3か月

5 徘徊や入浴拒否がある認知症高齢者への支援事例

1 事例の概要

　Eさんは認知症による重度の記憶障害や見当識障害があり，施設に入所している。日ごろは穏やかな性格の人である。

　じっとしていることができず，毎日，施設内を歩き回っている。夜間何度も起きだして他の人の部屋に入ることもあるため，苦情が寄せられることもある。食事中もたびたび中断して廊下に出て歩きだしてしまう。自分からトイレに行くことはなく，尿取りパッドへの失禁が常時ある。入浴を嫌がり，ときには全く入ろうとしない。尿失禁の後の着替えも嫌がって受け入れないことがある。

　近所に住む長女Mさんが週2～3回は面会に訪れてくれ，孫の顔を見ると表情が和らぐが，長女Mさんの顔は介護職員に説明されてもわからないようである。

　清潔や安全を確保し，健康に暮らせる介護サービス計画が求められる。

2 アセスメント

1 プロフィール

氏名：Eさん　　**年齢**：82歳　　**性別**：女性　　**介護度**：要介護4

入所までの状況：亡くなった夫と長年農業をしながら，4人の子どもを育てた。3年前にアルツハイマー型認知症の診断を受け，しばらくは自宅で長男Yさん夫婦の介護を受け生活していたが，長男Yさん夫婦は共働きのため，日中は1人になるため，在宅での生活が困難になり，2年前に自宅近くの特別養護老人ホームに入所した。働き者で，発症前は孫の面倒や食事の支度などの役割をになっていた。

家族状況：3男1女がいるが，長年同居していた長男Yさんがキーパーソンである。次男，三男は他県に在住で面会は年に数回程度。近所に住んでいる長女Mさんや孫がよく面会に来る。

趣味：夫が亡くなった後，自宅の庭で花を

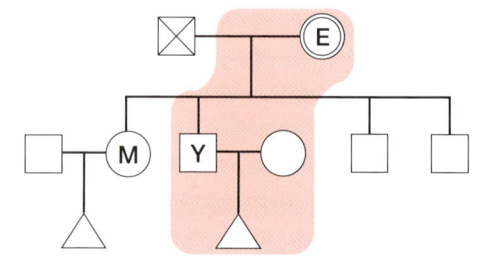

育てたり家庭菜園などをして楽しんでいた。

2 機 能 障 害

身体機能の状況
・加齢による軽度の下肢筋力低下があるが，自力での歩行は可能である。

精神機能の状況
・アルツハイマー型認知症：3年前に診断を受けている。2年間で進行し，家族の顔がわからない，食事をしたことを忘れるなどの記憶障害や，自分の部屋や日課がわからないなどの見当識障害が重度である。

言語機能の状況
・問題なし。

感覚機能の状況
・視覚・聴覚ともに日常生活上の支障はない。

3 生 活 支 障

ADLの状況
・移動：自力で可能であるが，両下肢筋力の低下があるため，夜間や外出時は見守り，付き添いが必要である。
・食事：摂食動作はできるが，食事の中断があるため，促しや見守りが必要である。
・排泄：自分からトイレに行くことはない。排泄に関する動作すべてに対して，介助が必要である（トイレまでの移動・着衣の上げ下げ・清拭など）。
・入浴：入りたがらないため，声かけや浴室までの誘導に工夫が必要である。入浴に関する行為（衣服の着脱・洗身・洗髪など）すべてに介助が必要である。
・整容：整髪，洗面，口腔ケアなど，すべてに介助が必要である。
・更衣：季節に合った服を選ぶことができず，肌着を上着の上に着るなど，着方がわからないため，すべてに介助が必要である。

IADLの状況
・金銭管理：本人は困難なため，施設が管理し，長女や長男が面会時に施設から報告を受けている。
・身辺管理：本人は困難なため，長女Mさんが来所時行う他，職員が行っている。

コミュニケーションの状況
・言語機能は問題ないが，認知症重度のため会話が噛み合わず，意思の疎通はなかなかできない。

4 既往症・健康の状態

・便秘症のため，内服薬を処方されている。

・アルツハイマー型認知症：3年前に診断を受ける。年々進行し重度の状態。内服薬の処方あり。

5 生活状況

・居室環境：特別養護老人ホームでユニットケアタイプの一人部屋に居住。
・社会参加：施設の行事への参加やボランティアの方々との交流があるが、短時間の参加となっている。
・家族来所時、お茶を飲んだり、施設の庭を散歩している。

3 ケアカンファレンス

　重度の認知症で入浴への拒否や夜間の徘徊などにより、日常生活のさまざまな場面で介護が必要なEさん。健康で快適な生活をするためにはどのようなかかわりが必要であるのか、Eさんへのケアプラン（介護サービス計画）の検討にあたって、家族を交えてケアカンファレンスが開かれた。

> **出席者**　S：主任介護職員，T：介護職員，A：生活相談員，K：看護職員，N：栄養士，M：長女，Y：長男

A生活相談員：Eさんは、入所当初より徐々に認知症が進んでいるという、かかりつけ医の診断ですが、ここ2〜3か月は、日常生活上の変化は少ないようです。では、Eさんの日常生活の状況について、Tさんより、報告していただきます。

T介護職員：はい、では、Eさんの近況についてお話いたします。特に病気もされず健康に過ごされていますが、夜間の徘徊や入浴の拒否は続いています。失禁もあるので入浴してほしいのですが……。食事の中断もほぼ毎日あります。また、全部食べきれずに残ってしまう場合があります。時間がかかり、せっかくの食事が冷めたり、味が落ちてしまうことも気になっています。お茶や牛乳などの水分も、すすめないとほとんど自分から飲むことがない状態です。

A生活相談員：わかりました。いくつか課題があるようですので、一つずつ、順を追って検討していきましょう。では、まず、夜間の徘徊の件ですが、このことについては複数の課題が含まれていますね。まず、①Eさんの睡眠時間が足りているかということ、②他の入所者の生活に影響が出てしまっているということ、③夜間1人で歩行するときに転倒の危険性があるということです。

S主任介護職員：そうですね。まず、心配なことは転倒の件です。夜間の介護職員の人数が少ないこと、照明が暗いこと、起き抜けで歩いていることなどから危険性が大きい

です。できるだけ，Eさんの様子を見に行く回数を増やしているのですが……。
T介護職員：いつ起きてくるのか予測がつかないので苦心しています。
Yさん：自宅にいたときも夜中に廊下を歩いたり，台所にいたりして心配しました。
K看護職員：昼間もよく歩かれているので，からだの動かし方は慣れていますが，やはり，加齢による両下肢筋力の低下があるので，注意が必要ですね。
T介護職員：何度も起きてくる場合には，ケアステーションで番茶を飲んでしばらく私たちと一緒にいていただいたりしています。眠くなったら居室にお連れして，しばらくベッドサイドにいて手を握っていたりします。状態を見計らって退室しています。
Mさん：本当にたいへんですが，そのようにしていただけると助かります。
K看護職員：睡眠時間はどうでしょうか。健康につながっているので大事です。
T介護職員：たまに昼間ロビーのソファーでうとうとしていることもありますが，しょっちゅうではありません。朝はゆっくり寝ていることが多いので，睡眠時間は足りているのではないでしょうか。
S主任介護職員：朝はTさんの言うように，他の入所者が食堂に集まってくるころ起床することが多いようです。以前から気にはなっているのですが，睡眠時間が気になっていて他の方と一緒に起こすことがためらわれて。
A生活相談員：Eさんの生活スタイルを尊重することは大事ですが，夜間の徘徊が他の利用者との関係性を悪くしているのであれば，検討が必要かもしれません。
Yさん：母の行動が他の方の睡眠を妨げることがあれば，家族としても気になってしまいます。
K看護職員：昼間歩いていることで運動はしていますし，朝早く起きることで夜眠くなり，多少，夜の睡眠が確保できるかもしれませんね。夜しっかり眠ることで生活のリズムもついてきます。
N栄養士：生活のリズムをつくることは，食事や排泄にも関係してくるので大事ですね。
A生活相談員：では，状況をみながら朝の離床時間を早めることで夜間の睡眠を確保し，徘徊を少なくできればと思います。次に入浴の件ですが，週2回の入浴日のすべてで拒否があるのですか？
T介護職員：ほとんどの場合，スムーズに入っていただくことができません。たまにですが，嫌がることなく入浴していただけることもありますが。
K看護職員：失禁もありますし，清潔を保つ必要がありますね。
S主任介護職員：感染症の心配もありますし，皮膚の状態の観察なども健康管理から必要です。いったん入ってしまうと，気持ちがいいのか，今度はなかなか出ていただけないこともあり，長湯が心配になることがあります。
N栄養士：認知症のために入浴することがよくわからないのではないかと思いますが，それ以外に，入っていただけない理由はあるのでしょうか？
S主任介護職員：特にこれが原因であると特定できることは，現在のところ思い当たりま

せんが。多分，入浴ということがイメージできないのか，または，その時の気分で入りたくないと思ってしまうのか，よくわかりません。

A生活相談員：入浴してしまえば，気分よく入っていただけるようですので，浴室までの誘導の声かけの工夫が大事なようですね。

T介護職員：そう思います。

Mさん：母の健康の面からもなんとか入ってもらいたいと思います。

S主任介護職員：清潔で快適な生活はEさんのためだけでなく，他の方とのかかわりに関しても大切なことだと思いますね。

A生活相談員：では，Eさんの気持ちを尊重しながら，入浴を促す声かけに工夫をして，できるだけ，スムーズに入浴していただけるように，スタッフ間で連携を取っていきたいと思います。それでは，最後に食事の件について話し合いましょう。現在，健康状態は心配ないとのことですが，食事の中断の他にも，食事が残ってしまう場合があるようですが。

T介護職員：ほとんどの場合は時間がかかっても食べていただけるのですが，たまに残ってしまうことがあります。それよりも気になるのは，水分の量です。毎回促していますが，なかなか飲んでいただけないことが多いのです。

N栄養士：むせや飲み込みにくさなどはあるのでしょうか？

K看護職員：麻痺もなく，その他の嚥下機能の障害は特にないようです。喉の渇きを感じにくくなっていることはあると思います。脱水傾向になる心配がありますから，食事の時だけでなく，こまめに声をかけて水分を摂っていただくことが必要です。

S主任介護職員：おやつのときや談話室にいるときなどに声をかけ，飲んでいただけるように促しや見守りが必要な場合もあります。また，食事に対する関心も薄れているのではないでしょうか？

N栄養士：献立の好みはどうでしょうか？

S主任介護職員：ご飯はお好きなようです。お米が好きなのだと思います。おかずよりも，ご飯をよく召し上がっています。おかずのほうが残っている場合があります。繊維質の多いものはやや食べにくさがあるようで，いったん口に入れてから食器の中に戻すことがありますね。

Yさん：母は長年お米をつくってきたので，お米への思いがあるのではないでしょうか。

N栄養士：栄養価を考えるとバランスよく食べて欲しいですね。また，野菜の調理の工夫が必要かもしれません。

Yさん：自宅にいたときは，よく野菜の煮物を好んでつくっていました。佃煮も好きでしたね。

T介護職員：たいていの場合，配膳したものは食べていただいていますが，時間がかかるので冷めたり，味が悪くなってしまう心配があります。

N栄養士：できるだけ美味しい状態のものを食べていただきたいですね。

A生活相談員：それが理想的ですが，現状ではまず健康の面を考えてできるだけ残さず食べていただけるように見守りや促しをし，立ち上がったり，席を離れることのないよう，気持ちよく食卓に向かっていただけるようなかかわりが大事ではないでしょうか。

K看護職員：私も同じ意見です。脱水や体重の減少，体力の低下につながらないよう，まずは，食べていただけるようにかかわっていきたいと思います。

A生活相談員：では，食事に関しては食べていただけるためのかかわりと，調理の工夫，こまめな水分の摂取への介助が必要であるということがわかりました。関連職種間で連携して，適切な支援をしたいと思います。今日はいろいろと有意義な意見が出ましたが，ご家族のご意見はいかがでしょうか？

Yさん：今日の話し合いの内容に沿った介護をお願いしたいと思います。

Mさん：今後も今まで通り，面会に来たいと思っています。母が私の顔を忘れてしまっていても，私たちにとってはかけがえのない大切な母であることに変わりはありません。よろしくお願いします。

A生活相談員：わかりました。ご家族の気持ちに添って，できる限りEさんには健康で気持ちよく生活していただけるように支援していきたいと思います。今日のケアカンファレンスの結果を施設サービス計画書にまとめたいと思います。

4 考　　察

1 認知症の人への生活支援の基本姿勢

　認知症の人は，身体の運動機能は保たれているのに，毎日の生活に必要な生活行為ができなくなってしまう場合が多い。そのために，常に介護者が身近にいて，必要な生活動作への声かけや見守り，危険の回避や健康面での気遣いなどの介護が必要である。また，記憶障害や見当識障害のために他者とのスムーズなコミュニケーションができず，トラブルになったり，孤立しがちになる。介護職員は認知症への正しい知識と生活のしづらさを理解し，認知症の人の人権を損なうことなく日々の支援を行うことが求められる。

　人は日々の暮らしの積み重ねによってさまざまな体験をし，生活に必要な行為を身につけてきている。また，多くの学びからの経験などによって，自分の人生を形作り，より良い暮らしのありようを探し求めながら生きている。このことはその人らしさを生み出し，自分らしい生活のスタイルをつくり上げているのである。

　食事，入浴，排泄，睡眠など，人の生活の行為は日々の暮らしの中で培われてきたものである。一度獲得した，これらの生活に必要な行為が，認知症という病気によって困難になってしまう。その人らしい生活への支援のために，どのようなかかわりが必要かを環境因子や個人因子などを考慮し，支援していきたい。

2 認知症の人の気持ちに添った支援

　認知症の人は記憶障害や見当識障害のために，うまく生活ができない状況になる。今，自分はどうしてここにいるのか，今日は何日なのか，これから何をすればよいのか，わからないことへの不安やいらだちなどがある状態である。もし，あなたが，喉が渇いていて水が飲みたいと思っても，目の前の水道の蛇口をどのように回したら水が出るのかわからないとしたら，イライラするのではないだろうか。また，自分が座っているテーブルの食事が自分のものだと思って食べたら，隣の人に「ひとのものを食べるな」と，どなられたらどのような気持ちになるだろうか。このように，認知症の人は生活の状況がつかめないために，いつも精神的なストレスを抱えがちな状況にある。そのことをまずよく理解して，認知症の人の人格を尊重しながら支援しよう。

3 関連職種間の連携の必要性

　認知症には，いわゆる問題行動というさまざまな周辺症状が現れる。この問題行動は，認知症の人にとって，病気から起こる生活への不適応状態であり，また，その人にとっては，何らかの意味のある行動であることもある。しかし，介護職員にはどうしてそのような行動をするのかがわからない場合も多いので，介護職員から見て問題と映っているのであるが，日々のかかわりや，寄り添い，観察する中で，その行動を理解できるようになることもある。いずれにしても，その行動が認知症の人にとって，健康を害することや命の危険にかかわる場合は，介護職員が速やかに回避するようなかかわりをすることが必要である。認知症の人が安心して生活できるように，介護職員だけでなく関連職種間が連携して支援していくことが重要である。

高齢者の見守りサービス・見守りネットワーク

　高齢化や社会状況の変化から，一人暮らしの高齢者が増えている。遠方で暮らす老親の安否を気遣い，さまざまなサービスやネットワークを活用して，安否の確認をする場合もある。特に認知症高齢者が地域で安全に暮らすための見守りネットワークは，社会福祉協議会や自治体が主体となって地域のさまざまな組織を活用し，システム作りをしている。また，地域に暮らす住民や近隣の方々にも参加していただけるよう，フォーラムを開いたり，交流会や研修会を積み重ね，お互いの情報の交換をはかり，より確かなネットワーク作りを進めている地域もある。一人暮らしでなくても，家族と共に，地域で安全に暮らせるよう，家族からの申請を自治体が受け付け，外出して戻れなくなった場合の，安否確認のための登録制度を実施している地域もある。また，認知症高齢者自身に携帯してもらい，外出時の居所が探知できる器具も開発されている。この徘徊探知機の購入や貸し出しの助成制度を作っている自治体もある。これらのセーフティーネットワークの組織として，社会福祉協議会，民生委員，新聞配達員，郵便局，消防署，地域の福祉施設，病院，交通機関，商工会，警察，デパートなど，多くの組織体がかかわっている。また，システムのキーステーションとして，自治体，社会福祉協議会，地域の福祉施設などが，システム内の組織がうまく機能するようリーダー役をにない，協力組織への連絡などの連携を果たしている。

施設サービス計画書（１）

第1表

施 設 サ ー ビ

| 利用者名 | E 殿 | 生年月日 | 昭和○年○月○日 |

施設サービス計画作成者氏名　**T　介護職員**

施設サービス計画作成介護保険施設名及び所在地　**特別養護老人ホーム**

施設サービス計画作成（変更）日　**平成** ○ 年 ○ 月 ○ 日　　初回施設サ

認定日　**平成** ○ 年 ○ 月 ○ 日　　認定の有効期間　**平成** ○ 年 ○ 月

| 要介護状態区分 | 要介護1　・　要介護2　・　要介護3　・　（要介護4） |

| 利用者及び家族の介護に対する意向 | 家族……○○苑で落ち着いて安全に生活を
本人……認知症のため，自分の意思表現が |

| 介護認定審査会の意見及びサービスの種類の指定 | 特になし |

| 総合的な支援の方針 | （1）生活の基本となる食事，入浴，排泄
（2）徘徊時はEさんの思いに添えるよう
　　るようにする。
（3）夜間徘徊による生活リズムの変調や |

作成年月日　**平成** ○年　○月○日

ス計画書（1）

初回・紹介・⦿継続　　⦿認定済・申請中

住所　○○県○○市

○○苑　○○県○○市

ービス計画作成日　**平成** ○年　○月　○日

○日〜　**平成** ○年　○月○日

要介護5（その他：　　　　　　　　　　　　　　　）

してほしいと思っている。
うまくできない。

などの介護を提供し，健康で安全に暮していただく。
支援し，転倒の危険の回避や他者との関係性を良好に保て

睡眠時間の減少を少なくできるようにかかわる。

施設サービス計画書（2）

第2表

施設サービ

利用者名　　　　**E**　　　　殿

生活全般の解決すべき課題(ニーズ)	目標			
	長期目標	（期間）	短期目標	（期間）
夜間の徘徊による転倒の危険性がある。	転倒せず安全に過ごせる。	6か月	夜間，転倒がないよう安全に過ごせる。	3か月
夜間の徘徊時に他の利用者より苦情がある。	他の利用者との関係がよくなる。	6か月	夜間，他の利用者の居室に入らないように注意する。	3か月
夜間の徘徊で睡眠時間が足りない心配がある。	良質な睡眠で健康に過ごせる。	6か月	生活のリズムを整え，夜間の睡眠時間を確保する。	3か月
入浴の拒否があり清潔が保てない。	清潔を保ち，健康で快適に過ごせる。	6か月	気持ちよく入浴日に入浴し，清潔の保持をはかる。	3か月
落ち着いて食事ができず，食事が十分摂れない場合がある。	バランスのよい食事の摂取で健康を維持できる。	6か月	落ち着いて食事をすることができる。	3か月
促さないと水分を摂取せず，脱水が心配される。	水分を十分に摂る。	6か月	食事やおやつをとおして水分を摂れるようになる。	3か月

作成年月日 **平成**○年 ○月 ○日

ス 計 画 書（2）

支 援 内 容			
サービス内容	担当者	頻　度	期　間
・夜間，見守りや巡視を増やし，徘徊があったときは，付き添って歩く。 ・声かけをし，ケアステーションなどでしばらく休んでいただき，落ち着いたら居室で休んでもらうようにする。	介護職員	毎日	1か月
・夜間，見守りや巡視を増やし，他の利用者が就寝している部屋へ入らないような声かけやかかわりをする。 ・他の利用者の居室に入ってしまった場合や苦情があった場合は，関係性が悪くならないように介入し，Eさんを自室にお連れする。	介護職員	毎日	1か月
・朝の離床時間を早め，夜間眠れるようにする（施設の日課表に準じる）。 ・昼間はクラブ活動や散歩などで，活動的に過ごす。 ・できるだけ昼寝をせず，夜間眠れるようにする。	介護職員， ボランティア	毎日	1か月
・Eさんが安心して入浴できるような声かけや浴室への誘導を工夫する。 ・拒否があった場合は場やかかわる介護職員を変えるなどして，様子を見ながら入浴ができるようにかかわる。	介護職員	入浴日	1か月
・食事の中断や離席があった場合は声かけし，続けて食べるよう促す。 ・ご飯のみに偏って食べないよう，献立の説明をし，おかずをすすめるなどする。 ・食事の摂取量が少なくならないよう，声かけして摂取をすすめる。	介護職員	毎日	1か月
・自ら水分摂取をしないため，食事・おやつ・入浴後などの水分の摂取が十分にできるように介助する。 ・状態に応じ，1日の水分量のチェックをして脱水を防ぐ（複数の介護者間での情報の交換をする）。	介護職員， 栄養士， 看護師	毎日	1週間

6 意思疎通が難しい認知症高齢者への支援事例

1 事例の概要

　Fさんは特別養護老人ホームに入所している。以前は次女と同居していた。入所の約3年前よりADLが低下するとともに，徐々に認知症の症状が現れてきた。2年前の急性上気道炎による入院加療を機に全介助状態となった。

　食事摂取量の低下によって発症した褥瘡（じょくそう）の手当てや，弄便（ろうべん）の後始末などは次女が行っていたが，手当てや世話を受け入れないなど，もともと病弱である次女の介護負担が大きくなり，施設入所を選択した。

　施設で生活する現在も介護を受け入れない。特に，移乗介助の際に柵や手すりなどをつかんで放さず，その際に裂傷を負うこと，また，おむつ交換時に介護職員の手をつかむなどの行動が問題であった。初回の介護サービス計画は，以下の二つの目標からを立案した。

　①　本人に負担を感じさせることなくFさんの望む暮らしを支える。
　②　介護技術上の問題を整理し，円滑な介護を行って施設生活になじめるよう支援する。

　介護を受け入れない背景には，恐怖心があるとの推測に基づき，在宅時に次女との間で交わされていたサイン（アセスメントの項目を参照）を取り入れたことなどで，現在，課題は解消されつつある。

　今回の介護サービス計画の見直しにあたっては，介護を受け入れない行動を"問題"としてではなく，"意思表示できる力"としてとらえる発想の転換のもと，支援の新たな可能性を探ることとなった。

2 アセスメント

1 プロフィール

氏名：Fさん　　**年齢**：95歳　　**性別**：女性　　**介護度**：要介護5

入所までの状況：○○県にて出生，東京の会社社長宅へ見習い奉公に出る。その後，結婚し△△県に住み，1男2女をもうけ家事と育児に専念。子どもがそれぞれ独立した後は夫と二人暮らしとなるが，夫が死亡したため，長女と二人で生活していた。しかし，その長女にも先立たれる。その後は□□県にいた長男と同居していたが，6年前に突然，

長男宅から次女宅に連れてこられ，次女宅に身を寄せることとなる。仕事の関係で同居が困難になったらしいが，長男はＦさんや次女に対して一切詳しい説明や話し合いをすることなく立ち去っている。

次女宅に来たころは，まだ辛うじてADLは自立していたが，約3年前より徐々に歩行が困難となり，2年前の急性上気道炎による入院を機に全介助状態となる。退院後も食事摂取量の低下により褥瘡発症，その処置や弄便の後始末時に介護抵抗がある。訪問介護を利用するも次女が虚弱であることから在宅介護の継続が困難となり，今年，特別養護老人ホームに入所となる。

家族状況：長女は死亡。長男は□□県在住であるが音信不通，入所後も一度も面会なし。同居の次女（67歳）は虚弱であるが，車の運転ができないため，自転車で30分程かけて月に1〜2回程度面会に来ている。

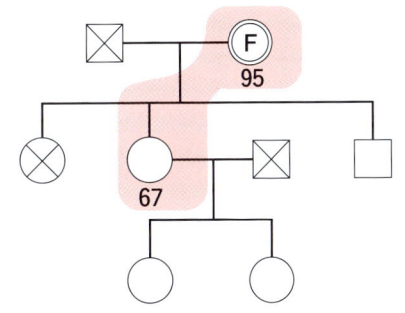

2 機能障害

身体機能の状況

- 歩行不可。特に麻痺はないが廃用性の機能低下が顕著であり，両膝関節が「くの字」に拘縮し，伸展不可。
- 上肢筋力や握力は比較的保たれている。介護時にベッド柵等を強く握ったまま，なかなか離そうとしない。
- 約1年前より徐々に左上肢，左手指関節にも拘縮がみられるようになっている。

精神機能の状況

- 認知症あり。

言語機能の状況

- まれに単語程度の発語あり。

感覚機能の状況

- 視覚：日常生活に支障なし。
- 聴覚：やや難聴，大きめの声で話せば通じる。

3 生活支障

ADLの状況

- 移動：車いす全介助。
- 食事：
  〔食事形態〕 主食……ミキサー粥，副食……ミキサー食，栄養補助食品……高カロリー

　　　　　　　ゼリー，高カロリージュース

　　　〔摂取状況〕　主食……0～1割，副食……4～5割程度。一部または全介助。
　　　　　　　　　　好みの副食は自力で摂取するも，主食や嫌いな副食は介助しても口を開
　　　　　　　　　　けようとしない。チョコレート，饅頭，ケーキ，ゼリーなどのおやつは好
　　　　　　　　　　んで食べる。
- 排泄：おむつ内排泄。尿・便意なし。
- 入浴：特殊浴槽にて全介助。
- 整容：全介助。
- 更衣：全介助。

コミュニケーションの状況
- イエス・ノーの意思表示はうなずきや首を振ることである程度可。
- 意思の疎通は日常的な簡単な内容であれば可。
- 移乗介助時には，手の甲をトントンと叩いて合図を送ると，ベッド柵から手を離し介護職員の首に手を回してくれる（在宅介護時の次女のやり方を継続）。

4　既往症・健康の状態

- アルツハイマー型認知症
- 尿路感染症

5　生活状況

- 居室環境：個室。
- 社会参加：施設外行事として，お花見など，次女と一緒に参加。
- 趣味・楽しみ：テレビ観賞が好きで画面にじっと見入る様子あり。音楽療法で鈴や鳴子を握って，音楽に合わせて楽しそうに鳴らす様子あり。小さい子どもが好きで，保育園児のお遊戯や太鼓演奏などは車いすから身を乗り出して見ていることがあった。

3　ケアカンファレンス

| 出席者 | Y：ケアマネジャー（介護支援専門員），T：介護職員，K：介護職員，S：生活相談員，D：看護師，M：管理栄養士 |

Yケアマネジャー：前回のケアプランについての支援経過とモニタリングに基づき，今回のケアプランにあがっている課題について検討します。まず，Fさんの意思表示につ

いてはいかがですか。

K介護職員：発語こそ稀にはなってきているものの，自分の好き・嫌いは，うなずきや首を横に振ることでしっかりと意思表示ができるということは，現在のFさんにとっての自己表現であると思います。もっと良い刺激を多く与えることができるような環境設定や，ことば（思い）を引き出していくことが大切ではないでしょうか。

T介護職員：これまでにあった発語の場面を振り返ると，職員との会話の流れでの発語のほかに，突然Fさんがことばを発する場面も見受けられることから，五感を通じてFさんが心地良いと感じられるような，こころが動くことにより自然にことばが出るような場面設定が必要だと思います。例えば，テーブルに季節の花を飾るといったことでも，必ず自ら花瓶を手元に引き寄せて楽しそうに眺め，「綺麗ね」と発語があることもあり，こういったこころづかいがとても大切なのではないでしょうか。

K介護職員：ことば（思い）を引き出すような声かけとして，毎日の挨拶や，おやつや飲物の種類をいくつか用意して好みのものを選んでいただいています。

S生活相談員：ことばとしての訴えはなくても，Fさんの表情から思いを推察し，Fさんの思いに添えるように考えられることを実際に行ってみるようにしてはどうでしょうか。また，何か言いたそうなFさんの表情を見逃すことなく，根気よく発語を待つというゆとりも必要だと思います。

Yケアマネジャー：次に，食事摂取について検討します。入所以前より，食事摂取量にムラがあり，好き嫌いが激しく好みの物しか食さない傾向にはあったものの，捕助食品でカロリーや栄養を補うことで，目立った体重の増減もなく（平成〇年度平均体重27.9kg　BMI13〜14），健康状態も比較的良好に保たれていたという経緯から，これまでは特にケアプランにあげてきませんでした。

M管理栄養士：嚥下状態を考慮して主食は全粥またはミキサー粥（その時の状態に応じる），副食はミキサー食を提供してきましたが，Fさんの好物であったお寿司の献立のときに，実際にお寿司とお粥を見てもらいFさんに選んでもらったところ，お寿司を望まれ，職員の見守りのもと三分の一程度摂取されました。また，隣のテーブル席の利用者のパンに手を伸ばし食べようとされたことがあったため，思い切って三食とも主食をパンで提供したところ，パンのみ摂取し，副食には全く手をつけないという問題が出てきました。栄養のバランスと安全性を考慮し，今後は職員の見守りのきく昼食時のみパンを提供してはどうでしょうか。

T介護職員：Fさんの好物のお寿司などの献立のときは十分な見守りのもと，少しでも食べる楽しみを味わってもらいたいと思います。

Yケアマネジャー：嘱託医も，高齢であることから，好きな物を食べられる量だけ食べればよいという考えであり，娘さんの意向でもあるため，新たに今回のケアプランに取りあげることとしましょう。尿路感染症のほうは，どうでしょうか。

D看護師：入所後に尿路感染症を起こしたことがあり，以降ケアプランとしてあげてきま

したが，プランの実行により予防できていたと思います。ただ，6月に再度尿路感染症による発熱があったことから，引き続きプランにあげておいたほうがよいと思います。これまでも尿路感染症による発熱のため，摂取量が極端に減少してしまったという経緯もあります。

Yケアマネジャー：今後も尿路感染症予防のためのプラン実行を徹底するようにしましょう。

4 考　　察

　本事例は，心身機能が著しく低下し，日常生活の大半に介護を要する状態となり，在宅での生活が困難となって，特別養護老人ホームに入所したFさんへの支援事例である。Fさんは要介護5であったが，身体機能の維持をはかるだけでなく，心理的側面にも意図的に働きかけて，Fさんらしく生きるための自立支援とQOLの向上をめざした実践が行われている。以下，その具体的な取り組みの視点を考察する。

1 意思疎通が困難な要介護高齢者のニーズ把握とその対応

　施設においては利用者の重度化が進む中，意思疎通が困難な人の割合が多くなってきている。このような利用者の意向をいかに把握し，支援を行っていくかが施設における大きな課題の一つである。

　一般に意思疎通が困難な状況とは，どのような場合であろうか。まず，利用者側の要因として，①感覚機能の障害や認知症などによりコミュニケーションが困難となっている場合，②意思は表明できるが遠慮やあきらめなど，心理的な抑圧があり，表に出せないでいる場合などがある。いっぽう，介護職側の要因として③利用者の言語的，非言語的メッセージを受け取るための注意力やアセスメント力が不十分な場合，④両者の関係性に問題があり，意思疎通に支障をきたしている場合などがある。

　Fさんの場合には，日常的な簡単な内容であれば意思疎通は可能とのことであるが，①および②の要因により十分な意思の表明が行われなくなっていると推測できる。このような場合には介護職側が意識的なかかわりをもっていかなければ，状況はますます悪化していくであろう。本事例では，まず居宅において家族がとっていた意思疎通の方法を取り入れ③と④の要因を一部改善することにより，介護時の拒否反応などの課題は解消されるようになってきた。今回のケアプランでは，さらに一歩進めて，よい刺激を多く与え「自らの思いを表出できる」ことを目標に意思疎通の問題を解決すべき最優先に掲げ，Fさんに向き合う基本姿勢を打ち出している。これらの意思疎通に関するケアプランの内容は以下のように整理できよう。

　①　「はい」「いいえ」などによる意思確認の機会を，基本的動作に限らず他の生活の場

面においても増やしていく（おやつの種類を選んでもらうなど）。
② 意思確認の機会を増やすだけでなく、感情の表出や、自らことばを発したくなるような環境設定や場面作りを行う（対人交流や散策、花、植物に触れる機会など）。
③ 言語的なコミュニケーションだけでなく非言語的なコミュニケーションにも目を配り、意向を把握していく。

　Ｆさんのように重度化している利用者の場合には、ややもすれば、最初から意思疎通が難しいと思い込んでしまい、身体的なケアに終始してしまいがちである。

　そこで、コミュニケーションのとり方についても、意識的に行っていくことが重要になってくるが、ただ漠然と「声かけを行う」だけでは、十分な効果は期待できない。本事例のように、どのような状況のときに、どのような声かけをするのかを計画化していくことが大切である。また、日ごろの介護の中で利用者が示す言語的、非言語的なメッセージ、例えば「花瓶を手元に引き寄せて楽しそうに眺め、『きれいね』と発語がある」を見逃さず、さらにチームで意識的にかかわっていくための具体的な計画内容が必要である。

2　自立支援の考え方

　自立とは、医学モデルでいう身体的機能の自立だけをさすものではない。自立をそのような意味に限定するならば、寝たきり高齢者にとっての自立は多くの場合、非現実的な目標となってしまう。自立とは、たとえ介護が必要になっても、残されている力を最大限活用し、できる限り自分の意思のままに、自分らしく主体的に生きることである。そのような意味で、Ｆさんの場合には、あくまで生活の中での機能維持をめざしつつ、Ｆさんらしく生活するための場面づくりが模索されている。例えば、すでに述べたようなニーズの一番目への対応にみられる介護者とのコミュニケーションなどの場面や、ニーズの二番目にあげられている食事支援の場面である。後者については、もともと好き嫌いがあり、食事摂取量が課題となっていたが、補助食品でカロリーや栄養を補い、健康を保持してきた。そのうえで、栄養を確保するばかりでなく、楽しみとしての食事支援という観点から、注意深く見守りながら、Ｆさんの好物である行事食の提供を行っている点をあげることができる。

　今後は、Ｆさんの感情や思いの表出ができる場面を、さらに広げていくことが期待される。

施設サービス計画書（１）

第1表

施 設 サ ー ビ

| 利用者名 | **F** 殿 | 生年月日 | **大正**○年 ○月 ○日 |

施設サービス計画作成者氏名及び職種　　**Ｙケアマネジャー**

施設サービス計画作成介護保険施設名及び所在地　　**特別養護老人**

施設サービス計画作成（変更）日　**平成** ○ 年 ○ 月 ○ 日　　初回施設サ

認定日　**平成** ○ 年 ○ 月 ○ 日　　認定の有効期間　**平成** ○ 年 ○ 月

| 要介護状態区分 | 要介護1 ・ 要介護2 ・ 要介護3 ・ 要介護4 |

利用者及び家族の介護に対する意向	家族……家で介護していたらこんなに長生らと願っている。好きな物を食べてあげたい。
介護認定審査会の意見及びサービスの種類の指定	特になし。
総合的な支援の方針	（1）Ｆさんの残存能力を活かした取り組きかけを行い，Ｆさんの意思に添っ （2）安全な環境のもと，できるだけＦさだけるよう支援する。 （3）尿路感染症を繰り返さず安定した生

作成年月日　平成 ○年 ○月 ○日

ス計画書（1）　　　初回・紹介・⓵継続　　⓵認定済・申請中

住所　○○県○○市

ホーム　○○苑　　○○県○○市
ービス計画作成日　平成 ○年 ○月 ○日
○日～　平成 ○年 ○月 ○日

⓵要介護5（その他：　　　　　　　　　　　　　）

きはできなかった。このまま母が安心して過ごしてくれた
ようとする意欲があるので，食べたいと思う物を食べさせ

みや，自らの意思を少しでも表出することができるよう働
た支援に努める。
んの好きな食べ物を提供し，食べる楽しさを味わっていた

活ができるよう支援する。

施設サービス計画書（2）

第2表

施 設 サ ー ビ

利用者名　　　　**F**　　　　殿

生活全般の解決すべき課題（ニーズ）	目　　標			
	長期目標	（期間）	短期目標	（期間）
十分な意思表現ができない。	精神的に安定して自分の思いを表現できる場をつくる。	6か月	豊かな環境のもとで，ことばかけ，自由な意思表現ができる。	3か月
好き嫌いが多く食事が楽しめない。	楽しんで食事をする。	6か月	見守りのもと，安全に食事を摂る。	3か月
摂取水分量が少なく尿路感染症を起こしやすい。	尿路感染症を予防し，安定した生活を送ることができる。	6か月	好みに応じた水分を摂る。	3か月
			陰部の清潔を保つ。	3か月

作成年月日　**平成** ○ 年 ○ 月 ○ 日

ス 計 画 書（2）

援 助 内 容			
サービス内容	担 当 者	頻　度	期　間
・他の利用者または職員と共にお茶の時間や会話の中で過ごしてもらう。 ・天気の良い日は施設内を散歩する中で，その季節に応じた花・草・実・風景など実際に見て触れてもらう。 ・食堂のテーブルに花を飾るなどの環境を整える。 ・毎日の生活の中で，日常的な挨拶など引き出す。 ・日常会話の中から，思いや訴えを読み取り，その意思に添えるよう対応する。 ・レクリエーションや行事への参加の有無，日常生活での水分や菓子の種類など自ら選択してもらう（現物やイラストによる）。 ・絵本，アルバムなどでことばを引き出せるようにする。 ・やや難聴のため，意思疎通が取りにくいときは，筆談をする（専用ノートを活用）。	介護職員	随時	3か月
・行事食は，見守りにより摂取してもらう。 ・昼食は，好みのパン食を提供する（パサパサした生地の時は牛乳を少量ふりかける）。	介護職員，看護師，管理栄養士	随時	3か月
・毎食時，清涼飲料水を提供する。 ・水分補給時，好みの飲み物を提供する。	介護職員	毎食時 水分補給時	3か月
・おむつ交換時，洗浄液の入ったぬるま湯で十分に洗浄し清拭を行う。	介護職員	おむつ交換時	

7 自立への意欲を欠く身体障害の男性 への支援事例

1 事例の概要

　Gさんは重度障害者センター（以下，センターと表記）に入所している。
　交通事故によって脊髄に損傷（頸髄5番損傷）を受け，四肢体幹麻痺ほかの障害を負って，病院で10か月にわたる治療と機能回復訓練を受けた。
　現在は，社会復帰をめざした機能訓練，生活訓練，職業訓練などの総合的リハビリテーションを受けている。しかし，訓練への意欲を積極的に示すことがなく，また，家庭に戻ることができるか不安を抱いているようである。
　障害の受容ができず，これからの生活設計に希望がもてないでいるようだが，現在の状況を克服したいという潜在的ニーズはあるものと推測される。
　生活自立へ向け，心身を活性化して社会復帰に向けた意欲を呼び起こす介護サービス計画が求められる。

2 アセスメント

1 プロフィール

氏名：Gさん　　**年齢**：46歳　　**性別**：男性

受傷の経緯：Gさんの住所は○○県である。機械工学の専門職である。オートバイで出勤の途上，後ろから来た車に追突され川に転落した。幸い一命を取りとめたが，脊髄損傷により四肢体幹麻痺の重度の障害をになっている。病院で約10か月間健康維持・回復の医療と機能訓練とを受けたのち，センターを利用することとなった。

家族の状況：家族は，妻と高校生の息子と中学生の娘の2人の子どもがいる。妻は受験期の子どもを抱えて働いている。東海地方の△△県に所在するセンターと北陸の○○県は遠いので，なかなか面会に来られない。Gさんはもっと会いに来てほしいと言う。妻は疲れていて生活も大変だし，そう面会にも来られないと言う。ある夜Gさんが担当の生活支援員のDさんに，「妻との気持ちがずれて，いつの間にか家族がだんだん遠くなっていくような気がして，たまらなくさびしい，訓練をする気にもな

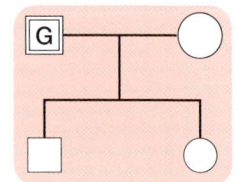

れない」と話をして涙ぐんだ。

2 機能障害

身体機能の状況
- 運動障害：脊髄損傷（頸髄5番損傷）による四肢体幹麻痺の障害がある。
- 自律神経障害：血圧，発汗，体温調節などの異常がみられる。
- 膀胱・直腸障害がある。
- 脊髄損傷による麻痺部分の感覚障害がある。

3 心理社会面

- 障害の受容が課題となっている。
- 将来への不安がある。
- ワーカビリティ*が十分ではない。
- 生活（心身）の活性化が課題となる。

> **memo**
> **ワーカビリティ**
> 利用者がもつ問題解決に取り組む力のこと。利用者の，支援を活用する意欲と，支援者の働きかけに応じられる知的・身体的・情緒的能力，機会の諸要素を個別的にとらえて，サービスの目標・計画を検討していくことが重要である。

4 生活支障

ADL：日常生活動作
- 食事：できる（自助具使用）。
- 排泄：一部できる（座敷トイレを使用することで自立度が高まった）。
- 入浴：一部できる（手すりといすを利用することで自立度が高まった）。
- 衣服の着脱：できる（自助具使用と衣服のリフォームで自立できる）。
- 移動：車いす走行…ゆっくりできる。トランスファー…できない。

APDL：生活関連動作（Activities Parallel to Daily Living）
- 調理：できない。
- 洗濯：一部できる。特に干すことができない。
- 通信：パソコン使用…できる。筆記…できる。（共に自助具使用）

5 健康状態・健康管理

- 褥瘡：治癒の痕跡がある。
- 尿路感染症：特に異常なし。
- 診療，処置
- 定期健康診断
- 服薬等の医学的指導
- 栄養指導

3 ケアカンファレンス

> **出席者**　A：指導課長，B：主任生活支援員，C：生活支援員，D：生活支援員，
> E：看護職員，F：管理栄養士，H：理学療法士，I：作業療法士

A指導課長：本日はGさんの個別支援計画について協議を行います。前回のケアカンファレンスでは，センター利用後2週間の評価期間を得て，Gさんに対して機能訓練にかかわる評価，健康管理について，医師および理学療法士・作業療法士から，そして介護について生活支援員からの説明をし，ご了解のうえに実施いたしております。その後2か月を経過して新たに協議したいことがありますので，臨時の会議を開催したわけです。

〈議題〉
①　Gさんの訓練への動機づけについて
②　Gさんの心身の活性化について
③　Gさんの生活支援計画（案）について

C生活支援員：まず，Gさんの訓練への動機づけについておうかがいします。Gさんは訓練をする気持ちになれないと言っておられます。しかし訓練担当者は訓練計画を立てておりますが，そのことの調整はよろしいのでしょうか。アセスメントからは訓練について，どのような対応が求められるのでしょうか。

H理学療法士：そうですが，センターの利用目的は，機能訓練をして社会復帰をめざすとなっています。Gさんの情緒は複雑です。障害の受容が不十分といっても，それは訓練の過程でしだいに将来への見通しをもってくることから，障害の受容が生じてくるのだと思っています。つまりここから訓練の意欲が生じたとする線が引けないと思います。訓練という環境的要因からの影響で，前向きの方向性が見いだせればと願っています。もちろんご了解をいただいた範囲から始めております。

E看護職員：たしかに訓練を拒まれているわけではありませんから，その方針でよいかと思います。ところで今のお話に関連して，障害の受容と生活自立との関係は，どのような関係にあるのでしょうか。自立はセンターの目的でもありますので……。

B主任生活支援員：これは私の方から説明させてください。Gさんの生活自立の課題達成には，現在の機能訓練を継続して行う。自助具を使った生活環境の工夫などについて，Gさんと話し合っています。そして，そのための動機づけが必要となります。動機づけというのは，一般論として自己の障害と向き合い，受けとめて，これからの生活設計の志向性があって訓練などが自己のものとなります。Gさんはどうでしょう，明日

への燭光が見えているのでしょうか。

F管理栄養士：わかりました。それで明日への目標というのは，どのようにして形成されるのでしょうか。家族とすぐに共に暮らす状況にもないようですし……。

D生活支援員：私は介護を担当していますが，Gさんと家族の関係が大切だと思っています。具体的なことはわかりませんが，お互いに家族の絆を大切にし，励ましあっている。そのことは，今遠くにいても変わりがないわけです。そのことを確かめ合う関係を支援していきたいと思います。今は介護を通じて信頼関係を形成し，生活自立のための訓練の実施と将来の方向性についての話し合いをこころがけています。

A指導課長：そうですね。そこからさらに適切な生活自立訓練をすすめるための心身の活性化についてですが，センターでは，障害者スポーツが盛んです。そして多くのクラブ活動をもっていますね。Dさん，Gさんから何かご希望を聞いておられますか。

D生活支援員：よくわかりませんが，ただ談話室で，Gさんが笑顔で利用者の方々とお話し合っている場面をよく見ております。

I作業療法士：そういえば囲碁が好きで，よく職場では昼休みに碁を打っていたそうです。

B主任生活支援員：私たちは，ピアカウンセリングといわれている，障害者同士の話し合いで，障害者一人ひとりが多くの励ましと生きる勇気を得て，情報を交換している姿を見てきています。これは，生活世界に生きている人間共通の関係性です。センターもこの環境づくりに留意しましょう。

A指導課長：次に社会復帰計画について，これはB主任の方から説明してください。

B主任生活支援員：Gさんのセンター利用時の希望は，生活自立と在宅復帰でした。現在の生活支援計画（案）は別添の通りです。これについて担当者が迷ったのは，どこまでをセンターの生活支援計画に含めるのかでした。

① Gさんの動機づけ，障害の受容などは，担当者の推測・解釈が入っております。つまりGさんの置かれた状況，経験則，Gさんのことばや態度から総合して判断いたしました。

② 在宅復帰の計画ですが，現在センターの自立訓練計画と在宅復帰の可能性がどの程度整合性があるのかはわかりません。Gさんと家族の意思がどのようなものかは，明確になっていません。

A指導課長：生活支援にあたって担当者の計画（案）に沿って，Gさんと家族の理解と納得のもとに実践していきましょう。それはGさんが，障害を受容してセンターの機能を活用して目的を達成できるよう信頼していくことです。本日の議論を踏まえてGさんと話し合い，生活支援計画を決定していきましょう。

4 考察

　事例の考察の前に、Gさんの障害の種類、程度および生活支障（困難）の状況と、Gさんの人間的な将来への不安、見通しのないいら立ち、不自由さから介護を受けるストレスなどを全人的に理解する必要がある。まず、疾病・外傷による機能損傷、生活能力低下をADL、APDL等の視点から理解する。それは分析的、客観的な理解である。Gさんの外傷に起因する障害の種類、程度、生活支障の状況を知ることは重要であり、Gさんの心理社会的な状況を理解することにつながる。それが障害に起因するとしても、そのこと自体に問題があるのではない。Gさんが障害をになって生きていくうえで、さまざまな生活支障に直面するからである。事例におけるGさんの心理社会的状況は、職業人として活動の場を失うこと、家庭的には父として夫としての役割喪失感、自己実現への絶望感であり、これは個々の問題ではなく、全人格的な喪失感である。つまり、生活モデルの人間観、ICFにいう「活動」「参加」のコンセプトである（第3章参照）。Gさんの生活支援計画のポイントを項目別に考察する。

1 障害の受容について

　Gさんは、センター利用に際し、機能訓練を受けて生活自立をはかり、在宅復帰をめざしたいということを利用目的にあげている。しかし、そうはいっても、なかなか障害と向き合って新たな生活へ踏み出すまでに時間がかかる。その時間性の中でGさんは、環境とのかかわりの中でどのようなプロセスで障害を受容していくのであろうか。

　この問題は二つの視点からみることができる。一つは、Gさんと環境との相互関係の重視、特に環境の質の問題である。まず環境とはGさんの周囲の人的、物的なかかわり、そしてセンターという施設環境をいう。そして環境の質とは、家族やセンターの職員は何を語り合うのかということである。家族がGさんの障害を受けとめて、共感的・受容的に話し合うことを考えてみる。例えば、"家族はいつもお父さんを愛して大切に思っています。そして障害を受けてもがんばっている姿を尊敬しています"との気持ちを何かで伝え合うのである。二つ目は、施設環境において、ピアカウンセリング（peer counseling）といわれる障害者同士の話し合いがある。共に障害をにない、訓練に励む仲間としての関係である。これはカウンセリングの技法である、同じ経験をしている者同士の無条件の肯定的態度であり、利害打算のない純粋性がある。"私は孤独ではない、わかってくれる人がいる"との情緒から障害を受容できる道筋が形成される。このような状況下における人間関係性は、介護職の介護の場面における人間関係の形成においても当てはまる。

2 生活自立について

　生活自立はまず精神的自律を基盤とする。人間は本来自己の主体性に基づいて生活を営むものである。そして，利用者の活動は，自由かつ活発な意思の躍動によるものであるといえる。かりに生活の支障によって，自由な意思活動が妨げられていたとすれば，精神的自律から自立への道は遠いものとなる。Ｇさんの事例は，センターの利用が機能訓練等によるADLおよびAPDLの拡大のうえに，在宅復帰をめざすものであった。しかし重い障害をになっての生活に不安があり，家族の受け入れも確かなものとなっていない現状から，Ｇさんへの生活自律から自立への支援のありようが問われてくる。介護職は，Ｇさんの不安やストレスの状況を理解して，適切な関係性のもとに介護を行う必要がある。

① 　まず機能訓練の場におけるＧさんの努力する姿に対して敬意をもって接し，また機能訓練や自助具を使用してのADLの改善がみられれば，わかりやすい根拠をもって適切に評価する。人は誰でも，より良い方向性へと志向し，評価されることでこころの躍動感が生まれる。

　　生活自立の方向性は，今後生きていくうえに必要な条件であり，どこに住むか，計画の基礎的な課題として示されるのである。

② 　家族の関係は大切である。しかし，家族の調整は慎重を要するのである。Ｇさんの家族はさまざまな生活の労苦をしている。介護職は，家族にとって今どのような支援が必要とされているかは，一概に判断することはできないかもしれない。しかし，介護職は家族ともよく話し合い，必要とされるＧさんの情報を伝えて，家族自身が考え行動することを支援していくのである。

3 生活の活性化について

　生活支援における心身の活性化を取り上げるにあたり，理由について認識しておく必要がある。生活支援を必要とする人々は，生活支障の中で絶望，不安，ストレスの状況下にあって閉ざされたこころの状態にあるかもしれない。しかし心身の活性化にかかわる対応によって，こころの躍動感が得られ，見通しをもった計画が示される，あるいはその可能性が生まれることで，現在から明日へ向かう動機づけが形成される。Ｇさんが十分な介護サービスを利用することにより生活の安心・安定がはかられ，また，医療保健サービスで健康の維持・増進の基盤が得られることにより心身の活性化の計画が具体的なものとなる。この生活支援計画は，Ｇさんの意思に添った人間的・環境的なかかわりにおける「活動」「参加」「役割」の新たな展望をもつものである。

個別支援計画書

個 別 支 援

利用者氏名	性別	生年月日 (年齢)	利用契約期間	所　属
G	男	昭和○年○月○日 (46歳)	18か月	重度障害者センター

利用者の意向 (具体的なニーズ)	① リハビリテーションによる生活自立をめざす。 ② 在宅生活が送れるようになりたい。 ③ 職業の可能性を探る。	
目　標	**内　　容**	
短期目標 (優先度の高い目標)	① 日常生活(食事，排泄，入浴など)の自立に向けて訓練実施。 ② 障害を受容して，生活設計を立てる。	第1期 3か月 第2期 6か月 第3期 9か月～ 達成期間　18か月
到達目標 (到達可能な目標)	① 健康の維持・管理を身につけたライフスタイルの形成。 ② 生活自立の範囲の拡大。 ③ 社会参加・役割の回復。	達成期間　18か月
長期目標 (将来的な目標)	① 在宅復帰。 ② 生きがいのもてる生活設計。 ③ 在宅でできる職業を探る。	
総合的な支援方針	精神的，身体的，社会的な領域を総合した生活支援。	

［書式出典］「平成18年度サービス管理責任者研修（指導者研修，地域生活（身体）分野（厚

計 画 書

支援目標	サービス内容	サービス実施者	サービス期間
機能訓練	理学療法士，作業療法士を中心とした身体機能訓練。	医師，理学療法士，作業療法士	18か月
障害の受容	生活支援員を中心とした関係性，ピアカウンセリングなどによる支援。	生活支援員	18か月
心身の活性化	① 生活の安定・安心 ② スポーツ訓練 ③ 趣味活動 ④ 外出，社会との接点	生活支援員，スポーツ指導員	18か月
日常生活の自立	① 自助具を使用しての生活動作の拡大 ② パソコン訓練 ③ 生活管理の技術	作業療法士，看護師，生活支援員，管理栄養士	18か月
家族関係の調整	① 家族と共感，受容的態度での話し合い。 ② 生活支援計画を中心とした話し合い。	生活支援員	18か月

説明日：**平成 ○年 ○月 ○日**

利用者氏名： G 印

サービス担当者氏名： D 印

サービス管理責任者氏名： A 印

生労働省）配布資料）」

8 在宅復帰へ向けた高齢者への支援事例

1 事例の概要

　Hさんは1年前に脳梗塞を発症し，その後遺症によって左半身麻痺を負った。現在は，自宅近くの介護老人保健施設に入所している。

　数十年間，自宅でピアノの教師をしていた。生徒は幼児から高齢者にまでおよび，各世代の生徒との交流も楽しみであった。同居の次女Tさん夫婦は住居に隣接したコンビニエンスストアを営んでいて多忙なため，ピアノを教えながら家事や孫の育児の一部にもなってきていた。

　3か月間の入院中，Hさんは麻痺した左手をさすりながら，ピアノの教師としての生きがいを失い，また，今後は家族に迷惑をかけてしまうのかという悲しみもあり，涙の日々であった。リハビリテーションを拒む場面もみられた。退院後，在宅復帰に向けて現在の施設に入所した。

　施設にはピアノ教室の生徒の面会もあった。入所当初，Hさんは，車いすで生活する自分の姿をピアノ教室の生徒に見られるつらさを感じていたが，しだいに，意欲や前向きに生きる力を取り戻している。在宅復帰に向けた介護サービス計画が求められる。

2 アセスメント

1 プロフィール

氏名：Hさん　　**年齢**：75歳　　**性別**：女性　　**介護度**：要介護3

家族状況：次女Tさん夫婦，孫2人（高校生と大学生）との5人暮らし。長女家族は外国で暮らしている。夫は，子どもたちが幼いころに死亡している。

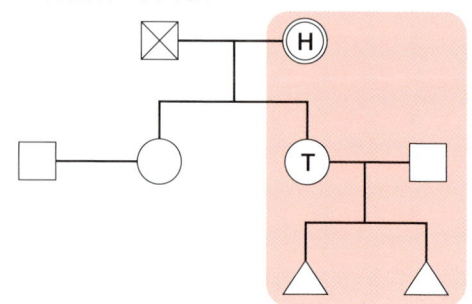

2 機能障害

身体機能の状況
- 左半身麻痺。

精神機能の状態
- 感情のコントロールが困難な場合があり，涙ぐむことが3日に1回位みられる。

言語機能の状態
- 日常会話において特に支障はない。

感覚機能の状況
- 日常生活において特に支障はない。

3 生活支障

ADLの状況
- 移動：室内は右上下肢を活用して車いす自走。屋外は車いす要介助。10秒間位の立位は可能。短下肢装具を着用すれば，4点杖で5m位の移動は可能。
- 食事：自立。粗い刻み食。スプーンと，すくいやすい皿を使用。多少食べこぼしがみられるがエプロン使用は拒まれるため，膝にタオルを置いている。
- 排泄：紙パンツを使用。日中はトイレを利用し，夜間はポータブルトイレを使用している。片づけは介護職員が行っている。1日1回は間に合わずに失禁がみられる。衣類は一部介助で交換している。
- 入浴：自宅復帰に向けて，施設内の家庭浴槽を使用している。シャワーチェア，バスボード，滑り止めマット，腰ベルト，浴槽用のいすなどを利用している。洗える部分は自力で洗身している。
- 整容：歯磨き等は自立である。毎日口紅をつけている。
- 更衣：着脱の時間はかなり必要とするが，上衣は自立である。娘が着脱のしやすい衣類にリフォームをしたり，少し大きめのサイズに変更するなどの工夫をしている。

IADLの状況
- 服薬：食後に配られる。自立で服用ができる。
- 家事：下膳時，小さな食器は膝に乗せて自立で片づけている。
- 金銭管理：外出時の買い物は硬貨での支払いに時間を要するため，お札を出してお釣りをもらうようにしている。

4 既往症・健康の状態

- 高血圧症

5 社会資源など

・住宅の改修，入浴と排泄に関する福祉用具の購入，電動ベッドの貸与を予定している。

6 経済の状況

・年金，貯金。

7 住居の状況

・2階建ての店舗兼住宅である。1階に店舗とピアノ教室，居間，台所，浴室，トイレがあり，2階が家族の居住部分である。住宅改修は，ピアノ教室と居間をHさんの生活空間とする予定である。

3 ケアカンファレンス

介護老人保健施設の退院が，2か月後に決定した。在宅復帰のための住宅改修について，本人，次女，介護長，介護支援専門員，看護職員，理学療法士，工務店のメンバーが集合し，退院後の住宅改修についての2回目のケアカンファレンスが開かれた。

出席者	Y：介護長，S：ケアマネジャー（介護支援専門員），K：看護職員，W：理学療法士，F：工務店，H：本人，T：次女

Sケアマネジャー：皆さんお忙しいところ，お集まりいただきましてありがとうございます。今日は1か月前に実施しましたケアカンファレンスの内容を具体化し，早々に改修工事に入りたいと思っています。Hさんのお宅には，W理学療法士さんとF工務店さんに訪問してもらいました。先程Y介護長から，自宅の改修が決定したころからHさんのリハビリへの意欲が出てきて，お一人でできることが多くなったとお聞きしました。Y介護長，お話しください。

Y介護長：こちらを利用されて4か月になりますが，1か月程前までは笑顔もなく「もう私は生きていても意味がない」と話されるばかりでした。特にボランティアによる歌の時間は参加されず，ピアノの音が聞こえないような場所で過ごしていました。一時はピアノが弾けなくなった絶望感から，死も考えたと話されておりましたが，ここ1か月のHさんのがんばりは他の利用者の方々に勇気を与えてくれています。ポータブルトイレでの排泄も自立でできるようになりました。娘さんのサポートの力も大きいですね。

K看護職員：私もそのように感じています。食欲も出てきましたし，前向きにリハビリに

励むその姿勢が，血圧の安定にも影響していると思います。

Tさん：前回の会議の時は，1階を母の寝室に改造し，車いす用のトイレや浴室の手すりの設置，玄関の2段の段差を解消してスロープに改修ということで，母も納得して決定していたのです。母はこれまで私たち家族を助けながら一生懸命働いてきたのですから，今度は私が家事をがんばろうと台所などの改修は全く考えていませんでした。しかし，前回の会議が終わってから母が「帰ったら家事もできるだけしたいので，台所などの改修も一緒に考えて。自分でできることは，訓練をしていくので助けてね」と言うのです。真剣な表情に私も驚きました。今は台所の改修や，脱ぎ着がしやすい洋服を，一緒に工夫しているところです。

W理学療法士：毎日のリハビリでも同じことが言えます。それまでは，介護職員に車いすを介助されてリハビリ室に来ていました。Hさんは，訓練の目的や生きる意味が見えていなかったのだと思います。病気の前までは仕事と家事を両立していた方でしたので，私は当初から，リハビリをがんばればかなりのレベルまで自立が可能な方だと思っていました。現在のリハビリは，着実に前進しています。自宅も拝見しましたので，Hさんの状態をアセスメントしながら，Hさんの希望と調和をさせたいと思います。

Sケアマネジャー：Hさん，今の気持ちを差し支えなければお話していただけますか。

Hさん：住宅改修のお話の時も，家族に迷惑をかけるばかりで申し訳ない，これからは静かに暮らしていこうと，自分の希望など考えもしませんでした。実はお見舞いに来てくださる生徒さん達にも，車いすの姿を見られるのさえ辛かったのです。会議の数日後，音楽家をめざしている孫が「またおいしいお料理を作って」と言って1枚のCDを置いていったのです。そのCDは，私と同じ左側が麻痺をしたピアニストが右手だけで弾いているピアノ曲でした。初めは，私とは力量が全く違うのだからとCDケースを眺めていたのですが，聴いていくうちに涙が止まらなくなりました。私は失った苦しさばかりを嘆き，残った力を思いやるゆとりがなかったことに気づきました。これからピアノは教えられなくなっても，私なりにがんばって生きている姿を家族や生徒さんに示していきたいと思ったのです。それからです。4点杖歩行や立位訓練もがんばっています。ですから，自宅の1階は段差をなくして手すりをつけてください。台所や洗濯場も工夫をしてください。遊びに来た生徒さんに，おもてなしができるようにしてください。でも，このようにお話をしていても，先のことを考えると不安で涙が出てしまうときもあるのです。

Sケアマネジャー：ありがとうございました。Hさんのお気持ちが十分に伝わってきました。住環境コーディネーター2級の資格もお持ちのFさん，いかがでしょうか。

F工務店：前回のお話とは状況が変わりましたが，嬉しいことです。何件もリフォームをしていますので，今のお話を聞きながらイメージがわいてきました。第一はHさんが自分の生活部分のプライバシーを守りながら，家事に参加し，生徒さんやご近所との交流ももちたいということですね。

Y介護長：できれば，トイレはHさん専用に寝室につくりたいですね。排泄の自立とトイレの設置は，排泄介助の時に何度もHさんが希望されている内容ですから。

Hさん：家族は自宅にいないことが多いので，自宅に帰ることを思うと，それはいつも願っていることです。ベッドにも近い専用のトイレがあれば，夜間のポータブルトイレの後始末も家族に心配をかけませんから。

F工務店：改修中は何度か自宅に帰って来てもらって，手すりの位置や素材なども選んでもらいましょう。電磁調理台や食器洗い乾燥機なども提案します。Hさんが安全・安楽に家事ができる環境づくりになります。

Tさん：それらは，私も考えていました。母のためというよりも，家事負担の軽減からです。母が使いやすいものは，誰にとっても優しいものだと思います。

Sケアマネジャー：Hさんの自立生活のための住宅改修だけではなく，ご家族の誰もが暮らしやすい家が望まれますね。本日はありがとうございました。

4 考　　察

　加齢や疾病により，それまでの自立した生活が困難になる場合は多い。生活のしづらさの場面をアセスメントし，住宅改修や福祉用具の活用によって不自由な生活部分の環境を整える方法が考えられる。一方，介護が必要となった自分に絶望し，生きる意欲を失っている利用者には，段差の解消や手すりの設置，介護ベッドなどの住宅環境の改善を働きかけても，現状を受け止めて自立に向けた意欲が湧きあがらなくては，その人にとって意味をもった環境改善とならないのではないだろうか。生きる意味が見いだされたときに，初めて環境の改善が自立への道しるべとなるのではないだろうか。

　Hさんは孫との関係において自立への動機づけが明確化し，片麻痺という後遺症をもった自身の現実の姿に揺れ動きながらも，環境の改善によって新たな自分と向き合いながら，ライフスタイルの変容を考えていると考えられる。

　Hさんの施設サービス計画書の作成を通して，以下の3点を考察する。

1 安全・安楽・安心の介護

　排泄や入浴などの日々の生活上の困難と同時に，生きることの不安ももっているHさんにとっては，心身が安定した生活は基本的な欲求である。そのため，介護職員は①毎日の安全・安楽な介護を提供し，コミュニケーションを通して安心な生活の維持・継続を支援する。②主体的なリハビリテーション参加を促し明日に希望がもてる支援をこころがける。Hさんを取り巻く環境改善による自立生活の実現は，①と②の基本的な生活支援が充足することで現実のものとなっていく。

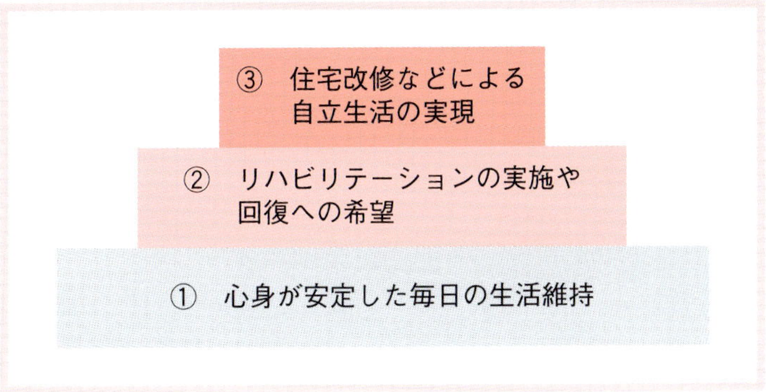

```
③ 住宅改修などによる
   自立生活の実現
② リハビリテーションの実施や
   回復への希望
① 心身が安定した毎日の生活維持
```

図8-1　生活ニーズの階層性

2 他職種との連携を促進するケアカンファレンス

　ケアカンファレンスは，多くの専門職が連携しながらHさんの自立に向けた支援方法を確認する場である。看護職員は，疾病の再発などを危惧しながらデータなどに基づき，健康管理をしている。理学療法士は，客観的に状態を観察しながらHさんの意向を尊重した自主的なリハビリテーションを見守っている。住宅改修を実施する施工業者は，住宅改修の主体者を明確にし，これまでの施工実績も参考にしながらアドバイスをしている。そして日々の生活支援において最もHさんと身近に関係している介護職員は，細やかな観察やコミュニケーションによって得た情報を提供している。それらの情報は，時にはHさんの想いを代弁する場合もある。このようにケアカンファレンスは，Hさんや次女Tさんの意向を尊重しながら，常に専門職間で課題や目標を共有して在宅復帰後の自立生活をめざしている。

3 住宅改修の意義

　介護を必要とするHさんにとって，住宅環境の改善は自立生活に向けて大きな意味がある。一方，環境の改善には，Hさん家族一人ひとりの意向を確認する必要がある。改修によって，家族の生活スペースが縮小する場合もある。必ずしもHさんのニーズが家族の意向につながるとは限らない。これまでの良好な家族関係の継続が自立生活の礎となることからも，家族間の意思の統一とHさんの意向の理解に向けて調和をとりながら調整をすることが重要である。

　Hさんの「環境の改善による自立」でいう環境とは，単なる空間としての環境だけではない。環境は人間関係維持の範囲なども含めて，情緒的，知的，精神的な生活にも影響を与える。Hさんの自立の動機づけも，孫をはじめとする家族関係，介護職員など施設関係者や地域の方々との社会関係も影響している。Hさんの変化は，片麻痺のピアニストの姿を現実の自分の姿に重ね合わせたときに，ピアノ教師であったHさんだけにしか理解できないであろうそのピアニストの努力に共感し感動したからではないだろうか。このように人間関係の織り成す彩りは，人と環境との相互作用を形成し，ケアプランにより実践されていく。

施設サービス計画書（1）

第1表

施 設 サ ー ビ

| 利用者名 | **H** 殿 | 生年月日 | **昭和**○ 年 ○ 月 ○ 日 |

施設サービス計画作成者氏名及び職種　**Sケアマネジャー**

施設サービス計画作成介護保険施設名及び所在地　　○ ○ **介護老人**

施設サービス計画作成（変更）日　**平成** ○ 年 ○ 月 ○ 日　　初回施設サ

認定日　**平成** ○ 年 ○ 月 ○ 日　　認定の有効期間　**平成** ○ 年 ○ 月

要介護状態区分	要介護1 ・ 要介護2 ・ ㊀要介護3㊀ ・ 要介護4 ・
利用者及び家族の介護に対する意向	家族……これまでピアノ教師をしながら家と好きな音楽を聴きながら過ごし住宅改修によってこれまでの生活い。 本人……家族にはできるだけ負担をかけ
介護認定審査会の意見及びサービスの種類の指定	特になし。
総合的な支援の方針	（1）　在宅の復帰に向けて，ご家族や他職 （2）　自立に向けた意欲を引き出しながら

作成年月日　**平成**○年　○月　○日

ス 計 画 書（1）　　初回・紹介・⦿継続　　⦿認定済・申請中

住所　○○県○○市

保健施設　○○県○○市

ービス計画作成日　**平成**○年　○月　○日

○日〜　**平成**○年　○月　○日

要介護5　（その他：　　　　　　　　　　　　　　　　　）

事や孫育てにがんばってくれたので，これからはゆっくりて欲しい。
スタイルを継続したいという，母の希望を応援していきた

ず，自分のことは自分で工夫して暮らしていきたい。

種と連携をはかりながら，心身の安定を支援する。
安全な生活を支援する。

施設サービス計画書（2）

第2表

施 設 サ ー ビ

利用者名　　　**H**　　　殿

生活全般の解決すべき課題（ニーズ）	目　　標			
	長期目標	（期間）	短期目標	（期間）
在宅復帰の生活に向けて，住まいや生活への不安がある。	施設生活を安心して過ごすことができる。	2か月	血圧の安定を維持しながらリハビリテーションを続ける。	1か月
日常動作に不安がある。	排泄や入浴が自立できる。	2か月	自立で排泄ができるようになる。入浴時の福祉用具が使えるようになる。	1か月
在宅生活に向けて家族と意思の疎通をはかりながら，良好な関係性を維持する必要がある。	家族の面会時に落ち着いて話ができる。	2か月	家族と話す時間を多くもつ。	1か月

注）在宅復帰に向けての計画

身体状態や意向に添った住宅の改修の必要がある。	自宅での安全な生活を維持する。	2か月	自宅への一時帰宅を支援する。	1か月

作成年月日 **平成**〇年 〇月 〇日

ス 計 画 書（2）

支 援 内 容			
サービス内容	担当者	頻 度	期 間
・細やかに意思の疎通をはかりながら思いを受け止め，気持ちに寄り添う。 ・主体的なリハビリテーション参加を側面から支える。	介護職員, 看護職員, 理学療法士	毎日	2か月
・理学療法士と連携をして，毎日の排泄場面で自立を見守る。	理学療法士, 介護職員	毎日	2か月
・入浴では，福祉用具の活用を指導しながら安全な入浴を介助する。	理学療法士, 介護職員	週3回	2か月
・共感的，受容的な姿勢で介護する。	介護職員	毎日	2か月
・本人と家族が話し合う機会を多くつくる。	介護職員	面会時	2か月

・一時帰宅の際の外出環境を整える。	介護職員, 看護職員	外出時	

9 通所介護を利用している高齢者への支援事例

1 事例の概要

　Ｉさんは2年前に夫が亡くなった後，住み慣れた自宅で趣味の編み物などをしながら一人で暮らし続け，毎週末訪れる息子・娘や孫との交流を楽しみにしていた。しかし，子ども・孫たちが訪問するたびに，鍋の焦がしや冷蔵庫の中の腐りかけた食材が目立つようになってきた。

　Ｉさんを交えて息子・娘たちが集まり，訪問介護の利用などについて話し合ったが，Ｉさんが他人が自宅に入ることを強く拒んだため，隣県に住む長男Ｓさん夫婦と同居することになった。

　長男Ｓさん夫婦は共働きのため，日中は一人で過ごしている。ある日，一人で外出したが，慣れない土地のために帰宅ができなくなり，警察に保護された。それ以来，一人で外出しなくなり，編み物や縫い物への意欲も低下してきた。

　同居をはじめて3か月が経過をした。長男Ｓさん夫婦はＩさんの心身機能の低下を心配し，通所介護の利用を検討した。2か所の施設を見学し，Ｉさん本人が希望した通所介護事業所「デイサービスセンター○○苑」の週2回の利用が始まった。

　生活習慣や生活機能を維持し，生活を活性化する介護サービス計画が求められる。

2 アセスメント

1 プロフィール

氏名：Ｉさん　　**年齢**：82歳　　**性別**：女性　　**介護度**：要介護1
家族状況：長男Ｓさん夫妻との3人暮らし。次男，
　　　　　　長女は近県に住んでいる。

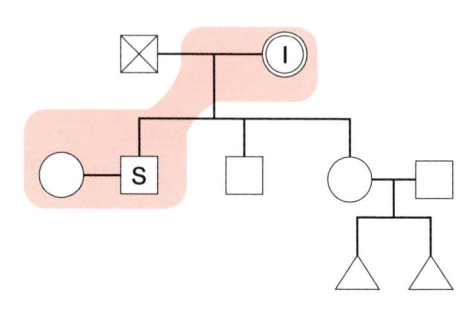

2 機能障害

身体機能の状況
- 膝の痛みが時々あるため正座ができない。
- 歩行時のふらつきがみられ，転倒の危険がある。

精神機能の状態
- 一日に何度も同じ質問を繰り返すなど，もの忘れの症状がみられる。特に月日や曜日の認識が困難である。

言語機能の状態
- 日常生活において特に支障はない。

感覚機能の状況
- 老人性難聴のため，耳元での会話が必要な場合がある。

3 生活支障

ADLの状況
- 移動：自立。両下肢の筋力の低下からふらつきがみられるため，ゆっくりとバランスをとりながら歩行している。
- 食事：自立。常食，常菜。食材によっては刻みが必要となる。毎食，全量摂取している。
- 排泄：自立。1週間に1回位の失禁がみられる。自力で衣類の交換をしている。頻尿傾向である。
- 入浴：自立。洗髪は通所介護で行っている。
- 整容：歯磨きや義歯の洗浄は自立で行う。
- 更衣：着脱行為は自立。声かけをしないと同じ衣類を着ている。季節に合わせた衣類の選択が困難な時がみられる。

IADLの状況
- 服薬：毎食後，服薬がある。1週間分の薬を家族がケースに分別して渡しているが，忘れる時があるため確認が必要である。
- 家事：鍋の焦がしがあるため，1人でガスは使用していない。
- 金銭管理：2万円程度は自己管理している。買い物時の支払いはできる。

4 既往歴・健康の状態

- 高血圧症。1か月に2回家族の付き添いで受診し，降圧剤と脳の血流や働きを良くする薬を服用している。

5 社会資源など

- 通所介護を1週間に2日利用している。

6 経済の状況

・年金，貯金。

7 住居の状況

・2階建ての1階8畳和室が居室である。トイレは廊下を隔てた真向かいにある。道路から玄関までは5段の階段がある。

3 ケアカンファレンス

Iさんの通所介護の利用から3か月が経過した。Iさんへのより良き支援と家族との連携を深めるため，長男も同席してサービス計画の見直しのケアカンファレンスが通所施設内の相談室で行われた。

出席者　O：主任介護職員，P：介護職員，T：生活相談員，K：看護職員，S：長男

T生活相談員：Iさんが通所介護を利用されて3か月になりました。今日は長男のSさんにもご参加をいただいて，介護計画の見直しをしたいと思います。よろしくお願いいたします。初めに，介護職員のPさんから，これまでのご利用の状態を報告してください。

P介護職員：利用をされて1か月程は，私たちが声をかければお話をされましたが，それ以外は表情も硬く趣味活動も見学のみでした。1か月が経ったころ，同郷のNさんと話が合い一緒に過ごされることが多くなりました。それ以後は，手先が器用なIさんですので，Nさんと共に制作活動にも参加されて笑顔も多くなりました。

Sさん：ありがとうございます。昔は家で和裁の仕事をしていましたので，外に出るよりも1人で過ごす方を好んでいましたから，こちらの利用については母も随分迷っていました。利用初めのころは「今日は休もうかしら」と言った時もありました。そういう時は，母がデイサービスでがんばっていることなどが書いてある連絡帳を読みました。母が忘れている内容もあるのですが，それがとても嬉しいようでした。今は友達もできて楽しいと言っています。

　2年間父の看病のため毎日病院に通いがんばっていましたので，父が亡くなった後は生活の目標がなくなってしまったのかもしれません。そのうえ，転居による環境の変化からかもの忘れが多くなってきました。私たち夫婦は仕事で出かけるため，1人で家にいる時は，昼の食事や薬のことなどがわかるように書いておいても「知らなかった」ということがあります。料理は味付けもできず，編み物など手先の楽しみもでき

なくなりました。

O主任介護職員：こちらでは，おやつづくりでは率先して味見をしてくれますし，手作業では時間になっても作品が完成するまで1人でがんばられていることもあります。Iさんは何事にもていねいですので，時間がかかっても見守られてはいかがでしょうか。服薬については，自己管理ができていると思っていたのですが，これからはさりげなく服薬の確認をいたします。

Sさん：連絡帳に書いてある内容を見ながら，もっと母のできることを考えていきます。2週間前ごろにこちらで編んだアクリルたわしは，仕上がりがすばらしく驚きました。1枚は家で使い，1枚は遊びに来た妹にあげて喜ばれました。妹から，お友達にあげたいのでたくさんつくってと言われて，母も満足そうでした。ところで，1か月ほど前，風邪で1週間寝たり起きたりの生活が続いたころから，歩き方が危なくなり時々転ばないか心配になります。

P介護職員：そうですね。立ち上がりの際のふらつきや，散歩などでは十分に足が上がらないためにつまずきそうな場面も多く，時々手を添えることがあります。朝夕の送迎の時，ご自宅の玄関から道路に出るまでの階段も手すりがないので不安になる時があります。先日利用者の皆様方の会話で杖の話も出たのですが，Iさんはまだ使いたくないと話されていました。

K看護職員：先日臀部の湿疹について連絡帳に記入しましたところ，すぐ受診をしてくださりありがとうございました。悪化する前でよかったですね。ところで先週の木曜日の入浴の際，下着を5枚着ていらっしゃりかなりの発汗がみられました。Iさんご自身は，そんなに着ていたなんて知らなかった，と話されていましたが。

Sさん：家では1人で入浴しています。心配なので妻が声をかけるのですが裸を見られるのを嫌がるため，からだの様子や洗えているのかさえわかりません。こちらで洗ってもらい，からだの状態も見てくださるので助かります。下着については初めて知りました。着るものについては母に任せてあります。いろいろ聞くと嫌がるものですから。

K看護職員：今日ご家族にお会いできるとわかっておりましたので，下着のことはIさんが気になさるのではないかと思い連絡帳には書きませんでした。こちらでも引き続き，皮膚の様子や衣類などを観察していきます。利用日に着替えの下着を持ってきていただくと，着替えの確認と清潔の保持にもつながります。最近昼食後に横になられると起きるのが辛そうなときがみられるのですが，ご自宅ではいかがですか。

Sさん：風邪が治ってから外出の機会が少なくなり，夜間の睡眠が浅いように思います。これまで以上に，夜のトイレの回数が増えているように感じます。

T生活相談員：Iさんもお辛いですね。Pさん，サービス利用中の排泄の様子はどうですか。

P介護職員：こちらでの失禁はみられません。午前の活動が少ないときは昼寝も浅くトイレに何度も行きますが，活動量が多い時はトイレにも行かれずに短時間熟睡されてい

ます。
T生活相談員：外出の機会の減少が日中の活動量の低下につながり，それが歩行時のふらつきや夜間の睡眠を妨げる要因にもなっていると思われます。できるだけ日中を活動的に過ごせるような計画も，Ｉさんとお話をしながら考えていきます。
Ｓさん：今後も連絡帳や電話などでいろいろと知らせてください。今日の話から，普段の生活では特別に危険を感じてはいませんでしたが，玄関アプローチの階段に手すりをつけることも必要かと思いました。また私たちが休みの時はこれまで以上に意識的に散歩などの機会をつくり，生活のリズムを整えていきたいと思います。通所介護の利用日は，夜間も熟睡している時間が長く，朝の目覚めもよいのですが，利用しない日は日中１人でいる時間が多く気がかりです。
T生活相談員：Ｉさんの体調や希望などを聞かれながら，現在の週２回から３回の利用増や，訪問介護サービスなどもご家族で話し合われるのはいかがでしょうか。今日はお忙しいところありがとうございました。Ｉさんやご家族の意向もおうかがいしましたので，ケアプランに反映させていきます。

4 考　　　察

　通所介護の利用には三つの意義が考えられる。一つは自分の存在を確かめることである。通所介護は利用者にとって日常生活の一部に組み込まれている。例えば，社会的活動から離れてテレビを見ていることが多い生活だとする。しかし利用日は，衣服を整えて髪をとかしバスに乗って出かける。通所介護に着くと「おはようございます。今日もお元気ですね」と，人との会話がある。多くの人達と語らいながらの食事がある。それは生活の活気であり，心の刺激であり，精神の躍動を感じる時ではないだろうか。二つ目は活動プログラムを通して楽しみの領域を広げ，自分の可能性を発見する場である。通所介護では，利用者の楽しみや趣味の分野を把握しながらも楽しみの幅を広げていく。そして介護職員の温かな支援によって，利用者は自身の価値と生きる力や張り合いを再認識していくのではないだろうか。三つ目は家族介護の負担軽減である。健康チェック，昼食，入浴などのサービスを通して安心して利用者を委ねることができる。同時に介護をしている家族は介護から解放されることで，新たな気持ちで利用者と向き合うための心身のリフレッシュの時間となる。
　本事例は高齢夫婦の人生において，長年連れ添った夫を看取った後の妻の喪失感，一人暮らしとなった妻の孤独感，子どもとの同居による生活環境の変化，家族の就労による日中独居，通所介護利用による新しい環境への適応など，高齢社会が抱えている多くの課題を提示している。Ｉさんは人生の後半に押し寄せる環境の変化や，心身機能の低下を自覚しながらも，通所介護の利用や新たな人間関係を通して一生懸命乗り越えようとしている。

Ｉさんの施設サービス計画書の作成を通して，以下の３点を考察する。

１ 自己決定の尊重

　人は人生のさまざまな節目において，自分の生き方の選択をしなくてはならない時がある。自立した生活を営んでいた時は，意識をしなくても多くの情報の中から自身の生きる志向性を選択し，それが生活の張り合いや生きがいにもつながっていた。いっぽう，介護が必要な状況においては，自らの意思とは関係なく生活の変化を余儀なくさせられる。

　Ｉさんは長年連れ添い，喜びを共有し辛さを共に乗り越えてきた夫の死によって，喪失感と同時に自分の生き方を自分自身で決定しなくてはならない状況に置かれた。通所介護の利用にあたって２か所の見学を通して，Ｉさん自身が自己決定したことは小さな選択ではない。新たな環境においてＩさんが不安や戸惑いに揺れ動きながらも，現在の人間関係を獲得した一因であると思われる。通所介護では，Ｉさんがこれまでの生活で大切にしてきたことを尊重しながら，小さな自己決定の場面を積み重ねながら支援している。疾病や心身機能の低下によって介護が必要な状態となっても，生活の営みはＩさんが日々主体的につくり出していくことによって，明日の希望へとつながっていく。

２ 残存能力に応じた生活支援

　人は加齢や疾病による生活のしづらさから，さまざまな心理的変化が生じてくる。Ｉさんは歩行時のふらつきがみられるため，現在の状態が維持されるようにとケアカンファレンスでは三つの視点で考察している。一つは身体的側面からの支援である。歩行機能低下の状態をアセスメントし，残された能力を活かすかかわりである。Ｉさんはこころ待ちにしながら利用している通所介護での体操や散歩などによって，無意識のうちに機能の活用をしている。そこには介護職員の意図的なかかわりがある。二つ目は精神的側面からの支援である。趣味を活かした生きがい活動や，これまでの生活場面で培った，調理・配膳などのかかわりである。自作の作品や行為が評価されたり感謝のことばを受けることは，こころの躍動感や満足感を感じる時である。三つ目は環境的側面である。人的環境面では，Ｉさんの価値観を尊重した介護職員の支援と，相互に連携を取り合っている長男夫婦との関係性である。物的環境面では，Ｉさんの残存能力に応じて手すりの設置や杖の活用などのアセスメントが重要となる。Ｉさんの残存機能の維持と活用へのかかわりは，ADLやQOLなどの客観的評価を通して支援している介護職員の存在が重要といえる。

３ 家族との連携と協働

　通所介護は，現在生活を共にして介護をしている家族との連携と協働によって実践されなければならない。それは家族と専門職との関係性と，システムとしてのつながりという二つの関係が考えられる。一つは，通所介護は各専門職との連携によって利用者や家族とかかわっている。入浴では，保健・医療職によるバイタルチェックや身体の観察によって

得られた皮膚疾患などの情報を，家族に提供することで悪化を予防することができた。また介護場面では，着脱時のかかわりを通して時節に合った衣類の選択と着用も，交換衣類を持参することで健康な生活の維持につなげることができた。二つ目はケアカンファレンスや連絡帳等のシステムとしてのかかわりである。ケアカンファレンスによって，高血圧症のIさんには適切な薬の服用という生活課題がより明確化してきた。そして連絡帳も大きな役割をもっている。それは利用者の様子を家族に伝えて，在宅生活との一貫した介護を模索する中で，一つの情報源となっている。また，Iさんのように通所介護での楽しみを思い出せない時も，連絡帳を通して喜びを再確認し家族とも共有することができる。そのためには，通所介護の向かうべき方向性が常にIさんや家族と同方向にあり，それが連携や協働によって日々の生活支援に集約されなければならない。

生活を豊かにするアクティビティケア

　Lさん（82歳・女性・要介護2）は夫と二人で野菜を作り，草花を育てて暮らしを楽しんでいたが，8年前に夫が亡くなり一人暮らしとなった。6年前にLさんも体調を崩して外出の機会が減少したため，毎週3回デイサービスを利用することとなった。デイサービスで散歩に行くと，季節の野菜や草花が見られて夫との生活が思い出された。3年前の春，Lさんからデイサービスの相談員に梅干し作りをしたいとの要望があった。日ごろのコミュニケーションでは，Lさんから介護職員に要望を伝えることが少なかったため相談員が理由を尋ねたところ「元気なころは毎年夫と梅干しやラッキョウなどの漬物をつけて，遠くに住む子どもや親類に贈って喜ばれていたのです。デイサービスの隣は梅林なので，梅を見ると梅干し作りをしたいと思っていました」とのことであった。相談員が他の利用者にも声をかけたところ，6名の利用者から「私も昔は作っていたので参加をしたい」と希望があった。早速，Lさんと漬物作りが好きな介護職員がリーダーになり，梅林の協力を得て10kgの梅干しをつけた。Lさんをはじめ7名の利用者は梅の容器をのぞくのが利用日の日課となり，笑顔で会話が弾んでいた。1年目の梅干しは全利用者と職員で味わい，Lさんにも「とてもおいしい梅」とのお礼のことばが多く寄せられた。今年は30kgの梅干し作りをしている。Lさんは梅干し作りが自分の生きる力になっただけではなく，今はデイサービスが自分にとってもう一つの安らぎの場になっていると感じている。

施設サービス計画書（1）

第1表

施 設 サ ー ビ

| 利用者名 | I 殿 | 生年月日 **昭和**○年○月○日 |

施設サービス計画作成者氏名及び職種　**T　生活相談員**

施設サービス計画作成介護保険施設名及び所在地　**デイサービスセンター**

施設サービス計画作成(変更)日　**平成**○年○月○日　　初回施設サ

認定日　**平成**○年○月○日　　認定の有効期間　**平成**○年○月

要介護状態区分	ⓘ要介護1・要介護2・要介護3・要介護4・
利用者及び家族の介護に対する意向	家族……デイサービスセンターを利用する 本人……デイサービスは楽しいので，休ま
介護認定審査会の意見及びサービスの種類の指定	特になし。
総合的な支援の方針	（1）安全な環境をつくり，歩行の安定を （2）家族と連携をとりながら，健康状態 （3）興味のもてる趣味活動を増やし，活

作成年月日　**平成**〇年　〇月　〇日

ス 計 画 書（1）　　　初回・紹介・⦅継続⦆　　⦅認定済⦆・申請中

住所　〇〇県〇〇市

〇〇苑　〇〇県〇〇市

ービス計画作成日　**平成**〇年　〇月　〇日

〇日〜　**平成**〇年　〇月　〇日

要介護5（その他：　　　　　　　　　　　　　）

ことにより，健康の維持や清潔をはかりたい。
ないで通い続けたい。

見守りながら，転倒を予防していく。
が維持できるように支援をする。
動的に過ごせる支援を行う。

施設サービス計画書（2）

第2表

施設サービ

利用者名　　　　*I*　　　　殿

生活全般の解決すべき課題(ニーズ)	目標			
	長期目標	(期間)	短期目標	(期間)
歩行時にふらつきがあるので転倒の危険がある。	家族との連携により，無理のない状態で歩行を維持する。	6か月	転倒の危険に配慮しながら，現在の歩行状態が維持できる。	3か月
自分では健康管理と清潔の保持ができない。	家族との連携により，健康状態を維持する。	6か月	施設のサービスを利用した諸活動によって健康状態が維持できる。	3か月
日中の活動量が少ない。	張り合いのある生活が送れるようになる。	6か月	興味や関心のあることを見いだすことができる。	3か月

作成年月日 **平成**〇年 〇月 〇日

ス 計 画 書（2）

支援内容			
サービス内容	担当者	頻度	期間
・家族と情報交換をしながら連携をとり，安全な環境づくりについて随時評価を行う。	介護職員	週2回	1か月
・外出時は特に見守りをしながら，必要時には介助ができる体制をつくる。	介護職員	週2回	
・入浴時の身体観察により，疾病の早期発見・治療につなげる。	看護職員，介護職員	週2回	1か月
・着替えの衣類持参により，季節に合わせた被服の着用と清潔に配慮する。	介護職員	週2回	1か月
・好きなことや関心のあることを見いだしながら，張りのある時間をつくる。	介護職員，ボランティア	週2回	1か月
・下膳やおやつづくりに参加をすることで，役割をになってもらう。	介護職員	週2回	1か月
・日中の活動量を増やして夜間の安眠につなげる。	介護職員	週2回	1か月

10 一人暮らしを続ける高齢者のケアマネジメント

1 事例の概要

　Jさんは，マンションの3階で一人暮らしである。息子Tさんが8歳のころ，子どもたちをおいて10年ほど家を出ていたことがある。家庭や家族にとらわれることなく自由奔放に生きてきた。

　足腰が弱り外出がままならなくなってからは，知人Eさんに電話して必要なものを買ってきてもらっている。身体機能が衰えてきたことともの忘れが出てきたため，介護認定を受け，1年ほど前からホームヘルパーが週3日訪問している。

　ホームヘルパーの訪問がない日には息子Tさん夫婦が訪れ，できるだけ世話をしてきた。食事は，知人Eさんに買ってきてもらった弁当などを食べたり，ホームヘルパーが調理したりする。息子Tさん夫婦も食事を持参するが，いつ食べているかわからない。

　最近は，昼夜の時間感覚がなくなってきており，ホームヘルパーや息子Tさん夫婦が訪問すると，寝ていることも多く，規則正しい生活ができなくなっている。入浴をしている様子もなく，排泄についてはあと始末ができていない。支援がないと，部屋も本人も衛生状態が非常に悪くなってしまう。

　息子Tさんが心配して，何度も同居を勧めるが，頑として受け入れない。言われるのが嫌なのか，息子Tさん夫婦が家に来ることを拒否するようになってきた。また，ホームヘルパーが訪問すると応答せず，部屋に入ることを拒否することもある。

　息子Tさん夫婦は同居を申し出ているが，主に介護をになうことになる妻Hさんは腰痛をかかえており，十分に対応できるか懸念している。

2 アセスメント

1 プロフィール

氏名：Jさん　　年齢：75歳　　性別：女性
介護度：要介護2
障害高齢者の日常生活自立度：A2
認知症高齢者の日常生活自立度：Ⅱa

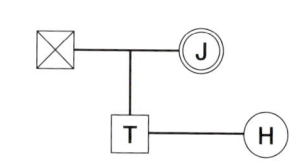

家族状況：息子Tさん（55歳）（近所に別居），息子Tさんの妻Hさん（53歳）

2 機能障害

身体機能の状況
- 骨粗鬆症がある。

精神機能の状況
- 認知症によるもの忘れが目立ってきている。その場の会話は成り立つが，日課や時間についての感覚がなくなってきている。

言語機能の状況
- 言語障害はない。機嫌がよいときは自分から積極的に話をする。

感覚機能の状況
- 視覚は日常生活に支障はないが，左の眼が見えにくくなっている。聴覚は大きな声であれば聞こえる。

3 生活支障

ADLの状況
- 移動：筋力低下もあり，歩行は不安定である。家の中では動きまわることは可能であるが，外出を一人で行うことは難しい。
- 食事：食事を作ることはしない。食べるということについては自立しているが，朝食や昼食といった食事の時間感覚がなくなってきている。
- 排泄：尿意・便意がある。ときどきトイレに間に合わず失禁することがある。また，排泄のあと始末がきちんとできない。
- 入浴：一度風呂場で転んで怪我をしたことがあり，入浴をすることを極端に嫌がる。自宅に風呂があるが使っている気配がない。入浴については，一部介助が必要である。
- 整容：洗面は，ほぼ自立で行う。
- 更衣：時間がかかるが行うことができる。自分から着替えることをしないので，同じ服を着ていることが多い。

IADLの状況
- 金銭管理：金融機関へ一人では行けないため，息子Tさん夫婦が管理している。生活に必要なお金は，状況を見て必要な額を息子Tさん夫婦に届けてもらっている。

コミュニケーションの状況
- 会話をしているときは気丈で，話の受け答えはしっかりとしているように見受けられるが，理解できているか疑わしいときがある。

4 既往歴・健康の状態

・変形性膝関節症で，5年前に左膝人工関節の手術をしている。

5 社会資源など

・居宅介護支援事業所，訪問介護，配食サービス，病院，息子夫婦，その他。

6 生活状況

・5階建てのマンションの3階で生活している。部屋は2LDK，トイレは洋式で手すりがついている。風呂場には手すりがついていない。

3 ケアカンファレンス

利用者Jさんの訪問面接後，Aケアマネジャーは，生活支障がでてきているJさんの支援についてのケアカンファレンスを事業所で行った。

出席者	A：ケアマネジャー（介護支援専門員）， B：ホームヘルパー（訪問介護事業所責任者），C：配食サービス事業所責任者， T：息子

Aケアマネジャー：Jさんは，生活に必要なものを知人であるEさんに買ってきてもらったり，週3日訪問介護を受けながら，息子のTさん夫婦も訪問して，これまでどうにか自宅で生活をしてきました。最近，新たな生活支障が生じてきており，ケアプランの変更が必要になっています。今日は，配食サービスについても必要と考え，C配食サービス事業所責任者の方にも来ていただいています。

C配食サービス事業所責任者：よろしくお願いいたします。私どもの事業所は，高齢者にあった食事を月曜日から金曜日まで昼食と夕食を配食しています。

Aケアマネジャー：Jさんのケアプラン作成にあたっては，対応を考えなければならないことが六つあると考えています。一つは，排泄のあと始末ができていないことです。二つ目は，排泄のあと始末のことにも関連しますが，入浴などをしていないことにより，身体衛生が十分な状態でなくなってきているということです。三つ目は，息子さん夫婦が訪問をすることに対しての拒否や，ヘルパーの訪問とサービスを受け入れないときがあることです。四つ目は，このままでは心身機能が落ちていく可能性が大きいこと。五つ目は，一日じゅう一人で過ごすことが多く，生活が単調でメリハリがなく不規則になってきていることです。六つ目は，もの忘れが目立ってきており認知症

が進んできていることや，左の眼が見えにくくなってきていること，骨粗鬆症もあり，医療機関にかかることが必要ではないかということです。

Tさん：母は昔からプライドが高く，なかなか言い出したら人の言うことを聞かないところがあります。心配して，同居することを申し出ているのですが，一人で生活すると言って話を聞いてくれません。昼食と夕食を分けておいても，いっときに全部食べているような感じがします。ヘルパーさんが来ていないと，部屋は散らかっていますし，トイレでの始末ができていないのか尿や便の匂いもします。風呂は，以前，転倒して怪我をしたことがあり，好きではありません。妻が一緒のときは，妻につきそってもらってシャワーを浴びるように話をしますが，なかなか聞いてもらえません。

Bホームヘルパー：気丈でしっかりしている面もみられるのですが，以前に比べると，もの忘れも随分あります。訪問したおりに次回の訪問を伝えるのですが，覚えていないことや，前回来たときのことを忘れておられます。食事については，用意をしておくと，きれいになくなっていますので食べていると判断しています。ご本人の性格もあるのでしょうが，日々，気ままに過ごされておられます。

C配食サービス事業所責任者：食事については，作ってから食べるまでの時間が空くと食中毒の心配がでてきます。食べ物の管理については，夏場は特に注意しなければなりません。一人暮らしの高齢者に配食する場合は，量が多いと一部残しておいて次の日に食べたりしますので注意をしています。また，必ずご本人に手渡すことにしています。したがって，不在の場合は食事を持ち帰ります。再度，お届けをする場合に電話などで連絡をいたしますが，一定の時間を過ぎてのお渡しはしません。

Aケアマネジャー：知人のEさんにも連絡を取り，事情を説明してJさんについてお話をうかがいました。生活に必要なものがあれば電話をしてくるとのことですが，最近では，1～2日前に頼まれたものと同じものを頼まれることもあるとのことです。また，夜の遅い時間帯や朝の早い時間帯に連絡があるので困っておられるとのことでした。

Tさん：私どもには，生活に必要なものを頼みません。何か困っていることがないか聞きますが，いつも困っていることはないとの返事です。

Bホームヘルパー：私どもの事業所にも電話をいただくことがあります。今日はまだヘルパーが来ていないといった内容です。担当の者が，今日はヘルパーがおうかがいさせていただく日ではない旨を伝えると，「そうでしたね」と返事をして電話を切られます。また，ヘルパーのうかがう日でしたら，その旨伝えますと安心したように「待っています」と返事をされます。

Tさん：やはり，もの忘れがかなり進んでいますね。本人の息子の世話にはなりたくない，住み慣れた家で生活したいという気持ちはわかるのですが，訪問すると，できていないことばかり目につき，同居するよう話をしているのです。

Aケアマネジャー：同居をしたほうが，よいであろうことはわかるのですが，奥様の腰痛のことを考えると，これからもっと支援が必要になったときに対応をすることができ

るでしょうか。もちろん，訪問介護などのサービスを利用してということも考えておられるのでしょうが，奥様の負担が大きくなっていきます。また，今はご本人も子どもの世話にはなりたくないという気持ちを強くあらわしています。困っていることはないと息子さんに生活に必要なものを頼まないのもそのあらわれです。家族でケアする場合は，介護者のこころとからだのバランスが取れていないと，長く続けることができません。Jさんは，自立ということでは何かと課題がでてきていますが，できるだけご自宅で生活をしていただけるように考えていくことが大切かと考えます。無理に同居しても，ご本人も不本意，主たる介護者もからだやこころを患うといったことになれば，それぞれの生活が望ましいものにはなりません。

Tさん：わかりました。最近は，同居のことを言うからなのでしょうか，家に入れてもらえないときがあります。母のことを考えていたのですが，言わないようにします。

Aケアマネジャー：それでは，排泄のあと始末ができていないことについてですが，部屋に入ると尿や便の匂いもしています。入浴をしないこととも関連しますが，身体衛生上の問題とそのことに関連して皮膚の疾患などの心配もあります。以前，風呂で転倒したこともあり，入浴することに対して恐怖心があるため入浴をしません。風呂に手すりをつけることや床を滑らないようにして，ヘルパーの介助のもと，安全にシャワーを浴びることや入浴できることを理解してもらう必要があります。また，入浴をしない場合でも清拭や下着を着替えるといったことをしていただければ，少しでも快適に生活していただけるのではないかと思うのですがいかがでしょうか。

Bホームヘルパー：訪問時，からだが汚れておられ，匂いもしますので，からだを拭くことをお伝えします。ご自分で拭けるところはしていただき，下着を替えていただきました。その折，風呂で転倒して，それ以来入浴はしていないとの話をされました。その後，何度か清拭することを申し出たことがありますが，そのときの気分で受け入れたり受け入れなかったりで，最近は受け入れていただけないことが多いです。

Tさん：母はプライドも高く，信頼できると思う人とはかかわりをもちますが，人と交流することが嫌いでデイサービスセンターに行くとは考えられません。

Aケアマネジャー：Tさん夫婦の訪問を拒否することやヘルパーを拒否することについては，こちらが良いと思っていてもご本人が望まないことがあるので，そのことに対するご本人の意思表示ではないかと考えられますがいかがでしょうか。

Bホームヘルパー：確かに思い当たる節があります。着替えや清拭などについてお誘いをしますが，そのときの気分で拒否されたりします。お誘いするときのことばかけの仕方を工夫すれば，もっと着替えや清拭をさせていただけるのではないかと思います。

Aケアマネジャー：周囲が解決しなければと思っていることも，ご本人にとって特に必要と思っていなければ，いろいろ言われても納得せず拒否すると考えられます。そのことは，結果として，ご本人に無理強いしていることになります。生きがいとか生活するうえでの目標をもっていただくことで，そのことの必要性を理解していただけるよ

うにすることが大切だと考えます。また，このままの状態であれば，心身機能が落ちていく可能性がありますが，いかがでしょうか。

Bホームヘルパー：ご自宅にずっといますので，ヘルパーとしても気にしています。できるだけ，食事を作るときなど，ご自分でできることはやっていただくよう努めています。また，テレビばかり見ているようなので，活動中は，こちらからいろいろな話題を提供して，ことばのキャッチボールをするようにしています。

Aケアマネジャー：ありがとうございます。継続的に取り組んでいただければ，少しでも心身機能が落ちていくことを防ぐことにつながるのではないかと考えます。

Bホームヘルパー：意識して継続的に取り組むようにいたします。

Aケアマネジャー：生活が単調でメリハリがなく不規則になっていることについては，Jさんが一日どのように過ごしておられるかを理解することが必要かと思います。

Tさん：若いころはいろいろなところに出かけていましたが，今は特に何かに興味をもっているとか趣味があるわけでもありません。

Bホームヘルパー：訪問時，若いころのお話をよくされます。同じ話を何度もされますが，できるだけ初めて聞かせていただくようなふうにしています。

Aケアマネジャー：認知症や左の眼が見えにくくなっていることですが，医療機関に受診していただく必要があるかと思います。

Tさん：一度，医療機関に連れて行きます。受診した結果にもよりますが，恒常的に受診する必要があるならば，ヘルパーさんの助けが必要になるかもしれません。

Aケアマネジャー：Jさんの活動や社会参加を意識した支援を考える必要があります。人間の行動を考えるとき「こころが動けばからだが動く」とよく言われます。「身体的機能の活動」や「精神的機能の活動」を考えるときには，その志向性である「動機づけ」に着眼してケアプランを検討していかなければなりません。Jさんの活動における個人因子および環境因子，それぞれの阻害因子と促進因子とをアセスメントして進めていきたいと考えています。目標となるものがなく，ただ単に身体衛生が十分でないから入浴や清拭をすすめることや生活の不規則さを指摘しても，Jさんの生活課題は本質的なところで解決しないと考えられます。例えば，Jさんはもの忘れが目立ってきて，その生活内容は傍から見ていると十分ではないといえますが，子どもの世話にはなりたくない，住み慣れた自分の家で生活したいという強い希望をもっています。また，知人のEさんにも電話で連絡を取ったりしています。これらは，個人因子における促進因子と考えられます。現在の家族とのかかわりやヘルパーのご本人の納得のいかない声かけは，環境因子としての阻害因子と考えられます。Jさんの場合，個人因子である促進因子を意味あるものととらえ，環境要因である阻害因子を促進因子に変えていくことで現在の生活課題を改善できるのではないかと考えます。今日は，配食サービスの方にも来ていただきました。今日のお話をふまえて，ケアプランの立案をしたいと考えています。皆さんのご協力をよろしくお願いいたします。

4 考　察

　アセスメントは，常に生活課題を解決したいという方向性をもって行われる。ここでは，Jさんの心身の機能の低下だけでなく，喜びや悲しみ，希望などを総合的にとらえるといった，その人が生きるうえでの全人的な支援をしていくことの理解が必要である。ICFを取り入れたアセスメントでは，心身の機能低下ということだけでなく生活課題の解決において「活動」「参加」という目標概念をより明確に意識して行うことにその意味がある。生きる希望とその実現のための具体的な方法をケアプランとして組み込んだ支援をしなければ，介護は単なる行為にしかすぎなくなってしまう。Jさんが，生活の主体者として個人の思いをかたちにすることをめざさなければならない。Aケアマネジャーが「こころが動けばからだが動く」と言ったように，Jさんが何によってこころを動かすかを考えなければならない。また，アセスメントは，その時点において限定的であり固定的なものであるから，Jさんのそのときの状態や置かれている現状が変わっていけば，その内容も変わっていくことになる。

　Jさんの生活課題は，心身機能や健康状態，家族やヘルパー，生活空間などの環境条件（環境因子）との相互関係から生じたものであるといえる。生活課題の解決には，Jさんを取り巻く生活環境を変えることである。JさんとJさんを取り巻く環境は相互に影響を受けながら変容していくことで，Jさんの生活課題が解決されることになる。具体的にいうならば，ホームヘルパーは支援を通じてJさんとの信頼関係を形成する。家族は，Jさんの思いを理解しながらこころの支えとしてかかわる。健康状態の維持・改善については医療職が検討する。バランスのとれた食事や規則正しい食事については，配食サービス機関が役割を果たす。風呂場については住宅の改善を行う。それぞれのかかわりや住環境の変化などにより，Jさんの生活上の安心や安定が確保される。それらを基盤として「活動」「参加」への志向性（動機づけ）を支援していくのである。その志向性（動機づけ）は，アセスメントにおける実施後の結果の予測や，支援が具体化されていく過程でのモニタリングや評価による結果との比較により実証される。

1　Jさんのケアプラン作成について

　Aケアマネジャーは，Jさん，息子Tさん，知人のEさん，Bホームヘルパーなどからの情報から，第一次アセスメントの生活課題として，①排泄のあと始末ができていないこと，②排泄のあと始末のこととも関連して入浴などをしていないことによる身体衛生が十分な状態でないこと，③息子Tさん夫婦が訪問することを拒否することやBホームヘルパーの訪問とサービスを受け入れないときがあること，④このままでは心身機能が落ちていく可能性があること，⑤一日じゅう一人で過ごすことが多く生活が単調でメリハリがなく不規

則になってきていること，⑥もの忘れが目立ってきており認知症が進んできていることや左の眼が見えにくくなってきていること，骨粗鬆症もあり，医療機関にかかることが必要であることなどの6点をあげている。ケアカンファレンスにおいて，Aケアマネジャーを中心に，Jさんにかかわっている人たちが生活場面での具体的エピソードをだし，生活課題を明確にするだけでなく，相互の共通認識と役割，連携の必要性について認識をもつようにしている。また，二次アセスメントとして，Jさんの機能障害や生活障害などについて，保健・医療・介護などからの専門的知見やデータにより客観的アセスメントを行い，ケアプランを作成している。具体的には，「居宅サービス計画書(2)」に示している分析的理解である。

次に，Jさんの精神的な安定や生きがいなどといった全人的理解の視点である。この場合，二つ考えることができる。一つは，息子Tさん夫婦の訪問を拒否することや，Bホームヘルパーの訪問とサービスを受け入れないときがあること。これは，Jさんにとって望まないことの意思表示である。これらは，息子TさんやBホームヘルパーのかかわりかたによって，精神的な安定や生きがいなどの志向性（動機づけ）に影響する。ケアカンファレンスの中で，息子TさんもBホームヘルパーも理解し，ことばかけなど配慮することで改善していくことの認識が行われている。二つ目は，一人で過ごすことが多く生活が単調で不規則でメリハリがないことである。Jさんの個人因子である志向性（動機づけ）の形成と環境の調整が必要である。人間は，希望や安心，満足感などさまざまな感情をもっている。Jさんは，何かに関心をもち生きる力を増すことでJさんらしい生活ができるのである。現状の生活は，Jさんらしい生活とは考えられない。Jさんを取り巻く人たちとのかかわりの中で，しだいに生活の志向性（動機づけ）が形成されていかなければならない。

2 Jさんの「活動」「参加」について

Jさんの「活動」「参加」については，Jさん自身の希望と息子Tさんの話として表現されている。例えば，Jさんの「息子の世話にはなりたくない」「住み慣れたこの家で過ごしたい」，息子Tさんの「若いころはいろいろなところに出かけていた」というようなことばである。また，Aケアマネジャーは，Jさんのことばと家族の対応からJさんの行動を解釈・推測・判断し，息子TさんがJさんのできていないことを取り上げ同居するように言うことが，息子Tさんの訪問を拒否する原因ではないかと判断している。そのことに関連してBホームヘルパーの訪問やサービスについても拒否があることから，サービスの中で同様のことがあることを明らかにしている。そのことにより，家族もBホームヘルパーもJさんにどのようにかかわったらいいのか共通認識をもつことができている。また，Jさんの場合は，サービスを受ける目標が本人にとって十分理解できていないので強要されていると受け取ることがある。Jさんの日々のことばや行動の一つひとつを意味あるものとしてとらえることが大切である。

個人因子である本人の情緒や動機は，生活の中で日々変容する可能性をもっている。こ

れらは，個人因子の際立った特性の一つで，利用者本人にとっては促進因子にも阻害因子にもなる。

3 Jさんの生活課題について

（1）排泄のあと始末が十分でない

　Jさんは心身機能低下により日常生活動作能力が低下しており，そのために自立した行動が難しくなっている。例えば，調理，入浴，排泄など管理がうまくできなくなっている。排泄のあと始末ができないことは，日常生活動作能力の低下だけでなく認知症も重なっていることによる。心理面に配慮し，Jさんの排泄のパターンを把握し，適時にトイレ誘導して積極的にかかわることが重要である。また，排泄のあと始末ができていないことが原因で，病原菌に感染し重篤な病気にならないとも限らない。尿や便の匂い，下着がぬれている，皮膚の状態など注意深く見て，必要に応じて対応をしていくことが大切である。

（2）身体衛生が十分でない

　排泄のあと始末にも関係するが身体衛生を保つ必要がある。入浴やシャワー浴などができればよいが，難しい場合，こまめに下着を替えるとか清拭などにより身体の清潔を保つことである。特に入浴に対する恐怖心があるので，不安を取り除くことが重要である。風呂場に手すりや滑り止めマットを敷くなどの改善を行い，安心して風呂場の活用ができる環境を整備する。また，安心で安楽，安全に風呂場を活用できるようヘルパーなどがつき添うことや声かけの工夫によりJさんが不快に思わないような配慮も必要である。

（3）心身機能が低下する

　Jさんは，一日じゅう家の中に閉じこもっていて外に出ない。動く範囲は家の中で，過ごし方としてはテレビを見ているか外を眺めているといった状況にある。心身機能の低下を防ぐには，「自分のことはできるだけ自分で行う」といった，心身機能の維持をはかる支援をJさんの生活において意識的に行わなければならない。具体的には，食事を作るなどの家事を一緒に行うといったことである。

　認知症については，周囲が認知症に対して正しい理解をして，温かくサポートしていくことが大切である。支援にあたっては，その人らしい生活をしてもらうために，身体的・精神的・社会的な側面など，多方面から総合的にとらえていく必要がある。認知症の人は，困っていることを自分から伝えることが困難な場合が多いので，生活を支援するには，見えない部分に何があるのかを知ることが重要である。また，その対応にあたっては，否定的な対応をしないことである。

（4）医療機関にかかる

　もの忘れが目立ってきており認知症が進んできていることや，左の眼が見えにくくなっ

てきている。また，骨粗鬆症もある。どのような健康状態か不明であり，一度受診して，必要であれば治療をしなければならない。左目の視力低下は，自宅での生活に支障をきたす可能性もある。また，転倒といった事故にもつながる。骨粗鬆症の程度を知っておくことや定期的に健康チェックを行うことも必要である。

(5) 生活が単調でメリハリがなく不規則である

高齢になると生活環境は，心理的にも物理的にも狭くなりがちである。Jさんにおいても，左眼の視力低下や耳も大きな声を出さなければ聞こえないということから，ものごとがとらえにくい状態にある。また，心身機能の低下や認知症により気力や意欲などが低下している。時間感覚もなくなってきている。今の状態が続けば，心身機能の低下や認知症もさらに進み，一人での生活は困難になる。Jさんを取り巻く環境を変化させなければならない。必ず誰かが日に何度かかかわり，意識的に生活をメリハリがあるかたちにしていくことである。具体的には，ヘルパーは車いすなどを活用して，散歩に行くことや，近くのスーパーに買い物に行くなどにより気分転換をはかる。配食サービスを利用することで，食事の作り置きをしないことや，配食時に少し時間をとってコミュニケーションをはかってもらう。Bホームヘルパーも配食サービスの担当者も，Jさんとの人間関係をつくっていくことが必要である。もちろん，家族のかかわりや知人Eさんも重要な意味をもつ。

(6) 家族への支援

息子Tさんは，母親が心配で同居することを望んでいる。家族の思いとして十分理解することができる。主たる介護者となる妻であるHさんには腰痛がある。Jさんについて，しっかりアセスメントを行い，必要な社会資源を活用することで，しばらくは一人暮らしができることを息子Tさんに理解してもらう。早晩，Jさんが，さらに介護が必要となり，一人での自立した生活が難しくなるであろうことは予測される。同居をすると，妻であるHさんには肉体的にも精神的にも非常に大きな負担がかかる。同居によりどのようなリスクが生じるのか考えなければならない。時として，家族はその思いが強く客観的に現実を見ることができず，介護するほうもされるほうも不幸になることがある。介護をする家族のアセスメントも必要である。Jさんが子どもの世話になりたくないと強く思っている現実と家族の介護環境から，今後，心身機能の低下と認知症が進んだ場合，同居にこだわらず施設も含めて，Jさんにとって適した生活の場を考えておく必要がある。

居宅サービス計画書（１）

第1表

居宅サービ

| 利用者名 | J 殿 | 生年月日 | **昭和**○ 年 ○ 月 ○ 日 |

居宅サービス計画作成者氏名及び職種　**Aケアマネジャー**

居宅サービス計画作成介護保険施設名及び所在地　**○○居宅介護支援事業**

居宅サービス計画作成(変更)日　**平成** ○ 年 ○ 月 ○ 日　　初回施設サ

認定日　**平成** ○ 年 ○ 月 ○ 日　　認定の有効期間　**平成** ○ 年 ○ 月

| 要介護状態区分 | 要介護1 ・ (要介護2) ・ 要介護3 ・ 要介護4 ・ |

| 利用者及び家族の介護に対する意向 | 家族……心配なので同居したい。
　　　　このままの状態では心身機能の低
　　　　規則正しい生活と食事をしてほし
　　　　生活環境や身体衛生をできるだけ
本人……子どもの世話には絶対になりたく
　　　　できるだけ自宅で生活をしたい。 |

| 介護認定審査会の意見及びサービスの種類の指定 | 特になし。 |

| 総合的な支援の方針 | （1）生活の目標をもつ。
（2）身体衛生を保つ。
（3）メリハリのある規則正しい生活をす
（4）できることは自分ですることで、心
（5）生活環境の改善をはかり、良い状態 |

| 生活支援中心型の算定理由 | (1．一人暮らし)　　2．家族等が障害，疾病等 |

作成年月日　**平成** ○年　○月　○日

ス 計 画 書（1）　初回・紹介・㊙継続　　㊙認定済・申請中

住所　**東京都○○区**

所　**東京都○○区**

ービス計画作成日　**平成** ○ 年 ○ 月 ○ 日

○ 日～　**平成** ○ 年 ○ 月 ○ 日

要介護5（その他： 　　　　　　　　　　　　　）

下につながる。できるだけそうならないようにしてほしい。
い。
改善してほしい。
ない。

る。
身機能が現状より低下しないようにする。
を維持していく。

3．その他（ 　　　　　　　　　　　　　　　）

居宅サービス計画書（2）

第2表

居宅サービ

利用者名　　　**J**　　　殿

生活全般の解決すべき課題(ニーズ)	目標			
	長期目標	（期間）	短期目標	（期間）
排泄のあと始末が十分できない。	介助のもと排泄のあと始末ができる。	6か月	介助のもとできるだけ排泄のあと始末ができるようになる。	3か月
身体衛生が十分でない。	安全で安楽な入浴やシャワー浴ができる。	6か月	入浴に対する恐怖心をなくす。身体の清潔を保つ。	3か月
			風呂場に手すりなどをつけて安全性を確保する。	1か月
心身機能が低下する。	心身機能の現状維持。	6か月	心身機能を現状以下に落ちないようにする。	3か月
一人で過ごすことが多く、生活が単調でメリハリがなく不規則である。	心身機能の低下や認知症による気力の低下を防ぐ。	6か月	興味や関心のあることを見いだす。	3か月
			自分でできることはやってみる。	3か月
			外出できるようになる。	3か月
			生活のメリハリをつける。	3か月
認知症の進行と左の眼が見えにくくなってきている。骨粗鬆症もある。	病院などに受診し、健康管理ができる。	3か月	病院などに受診し、病気があれば直す。	1か月

※1 「保険給付の対象となるかどうかの区分」について，保険給付対象内サービスについ
※2 「当該サービス提供を行う事業所」について記入する。

作成年月日　**平成**○年　○月　○日

ス 計 画 書（2）

サービス内容	※1	サービス種別	※2	頻度	期間
・排泄のパターンを確認する。 ・排泄のパターンに従いトイレ誘導する。 ・排泄の確認とあと始末の誘導を行う。	○ ○ ○	訪問介護 訪問介護 訪問介護, 家族	○○訪問介護事業所	毎日	3か月
・こまめに下着を着替え、清拭などにより身体の清潔を保つ。 ・入浴に対する恐怖心を取り除く。	○	訪問介護, 家族		毎日	3か月
・風呂場に手すりなどをつけ風呂場が使える環境をつくる。	○	住宅改善	○○工務店	1回	1か月
・生活場面の中で、できるだけからだを動かしてもらう。 ・食事を作るなどの家事を一緒に行う。	○ ○	訪問介護, 家族 訪問介護, 家族		毎日	3か月
・散歩や近くのスーパーへの買い物など、本人の体調のいいときには車いすで出かける。コミュニケーションをはかり、関心のあることや何に興味をもっているか理解する。	○	訪問介護, 家族		（随時）	6か月
・規則正しい生活と健康の維持をはかる。		配食サービス		毎日	3か月
・家族が受診に付き添うことができない場合は、病院まで付き添う。		家族, 訪問介護		随時	3か月

ては○印を付す。

10　一人暮らしを続ける高齢者 のケアマネジメント

11 認知症高齢者の在宅生活を支える ケアマネジメント

1 事例の概要

　Kさんのもの忘れは2年ほど前から始まった。1年ほど前からは一切の家事が不可能になった。夫Iさんも高齢でKさんの面倒をみることはできず，ホームヘルパーが夫婦宅を週4回訪問し家事支援を行っている。

　身体は健康で，自分で食事を摂ることやトイレへ行くこともできていたのだが，最近になって，ときどき玄関付近で排尿するようになった。

　隣市に住む娘Hさんは，週末に来て家事や父親Iさんの通院に付き添うなどの世話をしてきたが，排泄にかかわる心配やあと始末も加わって訪問回数も増え，精神的・肉体的な負担，疲労が大きくなった。

　娘Hさんは，訪問介護事業所の職員に「母はおむつを使用すると違和感があるようで，自分ではずしてしまいます。目が離せません。」「子どもの世話や家庭もあるので，これ以上，母の世話はできない。」と話し，訪問回数を増やしてほしいと依頼した。

　夫Iさんも，「妻の介護は何もできず，娘にもこれ以上の負担をかけたくない。毎日ホームヘルパーに来てほしい。」と言っている。

　認知症状の進行に対処し，併せて家族の負担を軽減する介護サービス計画が求められる。

2 アセスメント

1 プロフィール

氏名：Kさん　　**年齢**：75歳　　**性別**：女性　　**介護度**：要介護2
障害高齢者の日常生活自立度：A2
認知症高齢者の日常生活自立度：Ⅲa
家族状況：夫Iさん（77歳）と夫婦2人暮らし。娘Hさん家族は隣市に住んでいる。

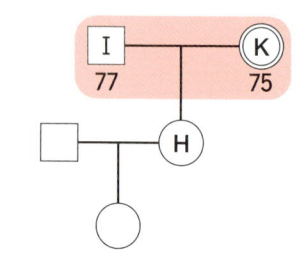

2　機能障害

身体機能の状況

・ほとんど外出せず家でもじっとしていることが多いので，身体機能の低下はみられるが移動に支障はない。

精神機能の状況

・アルツハイマー型認知症：見当識障害がみられる。

言語機能の状況

・言語障害はないが自分から話すことは少ない。

感覚機能の状況

・視覚，聴覚ともに生活に支障はない。

3　生活支障

ADLの状況

・移動：自立・身体機能の低下に伴い動作はゆっくりである。
・食事：普通の食事をゆっくり食べている。
・排泄：便・尿意はあるが，見当識障害のためトイレの場所がわからず，誘導しないと玄関付近で排尿してしまう。おむつを使用すると自分ではずしてしまう。
・入浴：全介助。
・整容：全介助。

IADLの状態

・すべての介助が必要である。

4　既往歴・健康の状態

・便秘症のため下剤服用にて1回／2日の排便あり。

5　社会資源など

・訪問介護事業所

6　生活状況

・社会参加：2年ほど前から近所付き合いはない。
・趣味・楽しみ：音楽を聴くこと，温泉旅行であるが現在はしていない。

7　経済の状況

・夫と本人の年金。

8 住居の状況

・一戸建て2階家(持ち家),居室1階。トイレは1階であるが,居室から離れている。

3 ケアカンファレンス

　Kさんの訪問面接後,Jケアマネジャーは,Kさんの認知症の進行に対応する支援方法や家族支援についてのケアカンファレンスを居宅介護支援事業所内で行った。

| 出席者 | S:所長,J:ケアマネジャー(介護支援専門員),
F:ホームヘルパー(訪問介護事業所責任者) |

Jケアマネジャー:Kさんは,家族のサポートもあり,これまで週4日の訪問介護を受けながらなんとかご自宅で生活していました。最近新たな生活支障が生じ,ケアプランの変更が必要になりました。今日はKさんのケアプラン作成にあたり,一つは玄関という不適切な場所での排尿について,二つめは,気力や体力の低下についての適切な対応をどのように考えたらよいのか,ご意見をお願いします。また,ご家族の疲労もピークではないかと推察されます。

S所長:玄関での排尿は,認知症からくる見当識障害ととらえていいのか,あるいは,何らかの疾患が原因で尿失禁という形で現れているのか,一度,かかりつけの医師に診てもらったらいかがでしょうか。また,安易なおむつ使用は避けたほうがいいのではないでしょうか。

Fホームヘルパー:娘のHさんの話では,玄関に排尿するようになった直後に病院受診したところ,特に身体的な疾病ではなく,見当識障害からくるものではないかと説明を受けたとのことでした。Hさんは,玄関の掃除や洗濯に追われ,最近は毎日のように自宅と実家を行ったり来たりと疲労を感じており,ホームヘルパーの訪問回数の増加を夫のIさんと共に希望しています。

S所長:Kさんはいかがでしょうか。

Jケアマネジャー:Kさんとホームヘルパーとの関係はよくとれているので,ホームヘルパーの訪問回数増加についての異論はないと思います。

Fホームヘルパー:私もそのように思います。

S所長:Kさん家族は,今後もKさんが在宅で生活されることを望んでいますので,可能な限り訪問介護を行いながら,社会資源を活用するなどの支援を行いたいと思いますがいかがでしょうか。できるだけ,家族の意向に添うように話し合っていけたらいいと思います。

Ｊケアマネジャー：それでは最初に，排泄についての生活課題ですが，見当識障害に対するケアプランとＫさんの思いや症状への理解を踏まえた対応について留意できたらと思います。もちろん，夫のＩさんや娘のＨさんと相談しながら，Ｋさんにとってより良いケアプランを立案したいと思います。ご家族の疲労も軽減できたらと考えています。

Ｆホームヘルパー：実際の支援については，介護職がＫさんの促進因子となるように，Ｋさんの思いを洞察しながら，良い関係性の中でかかわっていきたいと思います。

Ｊケアマネジャー：よろしくお願いします。次にＫさんは家の中でじっとしていることが多く，以前よりも表情が暗いようだと娘のＨさんが話していました。気力や体力が低下しているようで，自ら動こうという意欲はないようです。食事は準備をすると食べてはくれますが。

Ｓ所長：Ｋさんの活動や社会への参加を意識した支援が必要ですね。この場合のＫさんの活動はどう考えたらいいでしょうか。人間の活動を考えてみると「身体機能の活動」と「精神機能の活動」があげられます。活動は一般的に何かを認識し，志向（対象に意識がむかうこと）するときに起こるため，最初に「精神的な躍動感」が求められ，「動機づけ」として表現されるといわれています。介護職の役割は，「動機づけ」をどのように高め持続していくかということですので，Ｋさんの活動を考えると，夫や娘さん，ホームヘルパーとの促進的なかかわりがＫさんにとっての「活動」の大きな動機づけとなるでしょう。したがって，Ｋさんの活動における阻害因子と促進因子をアセスメントしてはいかがでしょう。具体的には，Ｋさんの活動を阻害する，あるいは促進する環境因子と個人因子のアセスメントです。例えば，家族とのかかわりや散歩などは環境の促進因子でしょうし，Ｋさんが家でじっとしているということはＫさん自身が生活に興味や関心をもてずにいるというＫさん個人の阻害因子として考えることができるでしょう。しかし，介護職や家族の促進的かかわりは，阻害因子をＫさんの動機づけという促進因子に変容することができると思います。

Ｊケアマネジャー：よくわかりました。ICFの趣旨を考えながらケアプランを立案してみたいと思います。ありがとうございました。

❹ 考　　察

　Ｋさんの生活課題は，心身機能や健康状態，家族やホームヘルパー等介護職員の環境条件（環境因子）との相互関係から生じたものであるといえる。したがって，生活課題の解決は，Ｋさんを取り巻く生活環境を変えることである。Ｋさんは，環境によって影響を受けながら，なおかつＫさんを取り巻く環境を変容させていくのである。具体的にいうならば，ホームヘルパーは，居宅での介護を行う中で，Ｋさんや家族との信頼関係を形成する。

また，医療職員等は，Kさんの健康状態の維持・改善について検討する。このようなかかわりを通じて，Kさんの生活の安心・安定を基盤として「活動」「参加」への動機づけを支援していく。そのことは，Kさんと環境との相互関係によって，新たなライフスタイル創造への動機づけが期待され，それは，アセスメントおよび評価によって実証される。

1 Kさんのケアプラン作成について

　Jケアマネジャーは，KさんやKさん家族との面接やFホームヘルパーなどの話から，第一次アセスメント（概括的アセスメント）を行い，生活課題として①場所の認識が的確にできず不適切な場所で排尿してしまう，②家でじっとしていることが多く体力・気力が低下しているの2点をあげた。生活課題をあげるにあたり，KさんとKさん家族の主訴や要望・思いを十分傾聴し，Kさんの生活支障を排尿に関することと体力・気力の低下とした。次に，設定した生活課題をさらに明確なものにするために，二次アセスメントを行った。具体的には，Kさんの心身機能・認知症の状況・栄養状態・泌尿器系の疾患の有無などについて，保健・医療・介護等からの専門的知見によるデータをもとにケアプランを作成する。これは，主として分析的な方法によりデータを得ることになるが，生活課題設定におけるエビデンス（根拠）ととらえることができる。

　次に，Kさんの体力・気力についての課題である。これは主として全人的理解の視点である。この場合には，2点について考えることができる。

　一つは，Kさんにとって，温かく不安のない人間関係を基盤とする生理的・健康のニーズが充足されるという点である。例えば，ホームヘルパーや家族との人間関係の形成，Kさんの心身の状況に対応した生活支援技術の適切な実践が計画される。

　二つ目は，Kさんの志向性：動機づけ（個人因子）の形成と環境（環境因子）の調整である。人間の本質的課題は，こころの躍動感である。Kさんにとって，何かに関心をもち，家族と共に生活し，自分の行動が他の人々から関心をもたれているという感覚・自覚は，Kさんがどのように生きようかと考えることにかかわるものである。このことは，日常生活の時間の流れの中でしだいに形成されていくものである。

　Kさんのケアプラン（介護サービス計画）の立案には，このように多様なアプローチが求められることになる。

2 Kさんの「活動」「参加」について

　Kさんの「活動」「参加」については，KさんとKさん家族の主訴や希望として表現されることが多い。例えば，家族の「少し外で散歩でもと思っているんですよ」とか，「トイレの場所がわからないようで困ります」というように生活のことばとして表現される。Jケアマネジャーが，「Kさんは，見当識障害からくる種々の生活支障に戸惑っているかもしれない。家でじっとしていることは体力・気力の低下につながるが，今の生活に生きる目標を見いだせないでいるのではないか」というように，そのことばの意味するところ

を解釈・推測・判断し，ことばの内容は実際にはどのような状況を示しているのか，その状況にどのように対応することが適切かという課題認識をもつことになる。そういう意味では「活動」「参加」の出発は，相談・面接場面から始まる。そして，その課題認識は，Kさん，Kさん家族と共通の認識としてとらえられ，「生活課題」としてケアプランに取り上げられることになる。したがって，Kさん，Kさん家族，Jケアマネジャー，Fホームヘルパーは，共通の認識のもとにケアプランに参加することが求められる。このように利用者と関係者が共通認識に立ち，常にKさんとKさん家族の精神的な安定感，KさんとKさん家族の将来的な見通しの二つの視点に留意することが重要である。また，「活動」「参加」の概念は，今後の改善の方向性を伴うものであり，その方向性はケアプランの目標として具体的に取り上げることになる。

3 Kさんの生活課題について

（1）不適切な場所での排尿

Kさんの見当識障害が原因と考えられる不適切な場所への排尿については，心理的に安定できるように支援することが認知症の悪化防止につながる。できるだけ，そばにいるようにし，積極的なかかわりを行うことで心理面の安定をはかる。見守りなど安全面への配慮も行いながらKさんの排泄パターンを把握して適時にトイレに誘うなど，あせらず経過を観察し，常に促進的なかかわりが重要である。

認知症の進行や気力・体力低下については，定期的健康チェックや否定しない対応を基本に，声かけや戸外散歩などで気分転換をはかり，生活に変化がもてるように近隣とふれあう機会をもつ。この場合にも，Kさんの意思がもっとも重要であり，やる気がもてるように介護職員は促進的なかかわりをすることはいうまでもない。

（2）家族への支援

Kさんの認知症状が進行する中で，これまでの生活を継続していくためには，夫のIさんや娘のHさん，Hさんの夫などの家族が参加できるように，家族ケアの特性を理解する必要がある。たとえKさんの介護に協力的であったとしても，これまでの家族介護機能には限界があり，ケアプランの変更に至った経緯がある。Jケアマネジャーは，家族のライフスタイルや家族の歴史に配慮する必要があり，家族の介護負担を考慮しながら誰がどこまでかかわることができるのかを見極めなければならない。娘のHさんや夫の思いや悩みを受容的に受け止め，今必要とされる生活支援は何であるかについて的確な判断が求められる。そのためには，家族との信頼関係に基づき，時間の経過の中からKさんとKさん家族の新しいライフスタイルの構築を共に考えながら本人・家族の意向を汲み取り，了解を得ながらケアプランを立て支援を進めていくことが重要である。

Kさんの認知症状は今後も進行していき，新たな生活課題が生じることが予測されるが，上記の視点での検討は常に必要である。

居宅サービス計画書（１）

第１表

居 宅 サ ー ビ

利用者名　　**K**　　殿　　　生年月日　**昭和**　○年　○月　○日

居宅サービス計画作成者氏名及び職種　　**J　介護支援専門員**

居宅介護支援事業者・事業所名及び所在地　　**○○居宅介護支援事業所**

居宅サービス計画作成(変更)日　**平成**　○年　○月　○日　　　初回施設サ

認定日　**平成**　○年　○月　○日　　　認定の有効期間　**平成**　○年　○月

要介護状態区分	要介護1 ・ (要介護2) ・ 要介護3 ・要介護4 ・
利用者及び家族の介護に対する意向	家族……夫のIさんは妻の介護はできない んでいる。 娘のHさんも家庭があり，子どもる。 Kさんの認知症状の進行に伴い，が，できるだけ長い在宅生活を
介護認定審査会の意見及びサービスの種類の指定	特になし。
総合的な支援の方針	（1）家族の意向に添うような在宅生活が （2）娘の介護負担を軽減するため，デイ検討をする。 （3）生活が活性化するように生活行動拡

作成年月日 **平成**○年 ○月 ○日

ス 計 画 書（1） 　初回・紹介・⦅継続⦆　⦅認定済⦆・申請中

住所　○○県○○市

○○県○○市

ービス計画作成日　**平成** ○ 年 ○ 月 ○ 日

○日〜 **平成** ○ 年 ○ 月 ○ 日

要介護5（その他：　　　　　　　　　　　　　　　　　　　　　　　）

し娘の負担もこれ以上増やしたくない。毎日訪問介護を望

の世話もある。これ以上は母の世話はできないと言ってい

排泄に介助が必要になった。他の機能も低下が予測される

望んでいる。

継続されるように配慮する。
サービスやショートステイの活用，訪問介護の回数などの

大にむけての支援をする。

居宅サービス計画書(2)

第2表

居宅サービ

利用者名　　　**K**　　　殿

生活全般の解決すべき課題(ニーズ)	目標			
	長期目標	(期間)	短期目標	(期間)
場所の認識が的確にできず不適切な場所で排尿してしまう。	適切な排泄行為ができるようになる。	3か月	トイレで排泄できる回数が増える。	1か月
家でじっとしていることが多く体力・気力が低下している。	張り合いのある生活が送れるようになる。	3か月	興味・関心のあることを見いだすことができる。	1か月
			現在の身体機能が維持できる。	1か月

※1「保険給付対象か否かの区分」について，保険給付対象内サービスについては○印を
※2「当該サービス提供を行う事業所」について記入する。

作成年月日 **平成** ◯年 ◯月 ◯日

ス 計 画 書（2）

支援内容					
サービス内容	※1	サービス種別	※2	頻 度	期 間
・トイレに近い場所を居室にし，トイレの場所をわかりやすく明示する。	◯	訪問介護	訪問介護事業所		できるだけ早く
・トイレの場所について一緒に確認する（ことあるごとに）。	◯	訪問介護，家族		週3回	1か月
・排泄のパターンを確認する。	◯	訪問看護，家族		週3回	1か月
・排泄のパターンに従いトイレに誘導する。	◯	訪問介護，家族		週3回	1か月
・夜間はポータブルトイレで対応する。	◯	家族		毎日	1か月
・これまでのライフスタイルなどを家族に聞き，生活の中で関心がもてるようなことを一緒に話し合う。	◯	訪問介護，家族		週3回	1か月
・家族とのかかわりを維持する。		家族		毎日	1か月
・散歩をしたり，近所との交流の機会をつくる。	◯	訪問介護		週3回	1か月
・デイサービスを利用する。	◯	通所介護	通所サービスセンター	週2回（火・金）	1か月

付す。

レスパイト・ケア（家族を支援する）

　レスパイトとは，本来は「息抜き」「休息」などを意味する。レスパイト・ケアとは，「障害をもつ人の日常的なケアからの一時的な解放」と定義され，北アメリカで発達し，欧米などで広く行われている地域支援サービスの一つである。

　レスパイト・ケアは，障害のある人を日常的にケアしている家族などの介助者が，心身をリフレッシュするために利用することを目的とする。

　例えば，オーストラリアの場合，財政負担軽減，新たなる福祉システム構築を意図して，1985年HACC制度が取り入れられた。HACC（ハック）とは，Home & Community Careの略で，高齢者や障害者のための地域・在宅ケアプログラムのことをいう。

　サービス内容としては，家事サービス，身の回りの世話，食事サービス，レスパイトサービス，デイセンター，交通手段の提供，家屋の維持管理や改造，訪問看護などである。

　日本においても，家族の休息などを意図したショートステイ制度などがあるが，オーストラリアのレスパイト・ケアは，介護者を解放してストレス解消をはかる取り組みであり，どの施設にもレスパイト専用室がありカウンセラーやセラピストが常駐しているという。

索引

英数字

ADL	28, 31, 35, 37, 45, 67, 121, 131, 141, 151, 163, 175, 185, 193, 203, 215, 229
APDL	185
IADL	31, 35, 37, 45, 131, 141, 151, 163, 193, 203, 216, 229
ICF	4, 28, 37, 53, 109, 110
ICFにおける背景因子	117
ICFの概観	109
ICFの基本構造	109
ICFの思想	111
ICFの視点	32, 37, 111
ICFの法制度	111
ICIDH	28, 109
OT	45, 77
PT	45, 77
QOL	57
WHO	4, 14, 28, 109

あ

アクティビティ	14
アクティビティケア	209
アセスメント	11, 39, 42, 57, 91, 99, 107, 120
アセスメント項目	67
アセスメントと生活課題	66
アセスメントの意義	57
アセスメントの視点	63
アセスメントの段階	11
アセスメントのプロセス	58
アセスメントの方法	63
アセスメントの目的	57
アセスメント用紙	91
アルツハイマー型認知症	67
安心	196
安全	196
安全な実施	87
安全な生活	198
安楽	196

い

医学モデル	28, 31, 112, 113
意向	86
意向の変化	96
医師	44, 146
意思疎通	178
意欲の変化	86
医療関係職	5

か

概括的理解	10
介護	38
介護過程	38
介護過程における統合	113
介護過程の構造	38
介護過程の体系	38
介護過程の手順	39
介護過程の道筋	11, 42
介護過程の枠組み	39
介護管理	91
介護拒否	174
介護記録の意義	90
介護記録の目的	90
介護サービス	15, 16, 57
介護サービス計画	5, 15
介護サービス計画書	57, 91
介護サービス実践	15
介護支援専門員	158, 176, 180, 194, 216, 230, 234
介護職	4, 7, 46, 75
介護職員	122, 132, 141, 146, 164, 176, 204
介護職の気づき	55
介護長	194
介護日誌	91
介護保険法	15
介護老人保健施設	126, 198
介助	237
科学性	33
かかわり	52
かかわりの意義	43
家族関係	68
家族関係図	125
家族の意向	99
課題分析	57
課題分析標準項目	64
活動	27, 31, 32, 33, 37, 53, 70, 105, 110, 111, 115, 221, 232
過程	9
感覚機能	67, 121
環境因子	69, 110, 117, 118
環境との相互関係	26
環境の変化	97, 99
関係づくり	63
看護師	44, 77, 176
看護職員	122, 132, 141, 146, 152, 164, 186, 194, 204
観察の視点	52
管理栄養士	142, 152, 176, 186

き・く

記憶障害	168
気づき	59
機能障害	109, 120
客観的事実	64
居宅介護支援	24
居宅介護支援事業所	224, 234
居宅サービス計画書	224, 226, 234, 236
居宅におけるチーム連携	88
記録	90
記録の書式	90
記録の特性	90
勤務シフト	87
偶然の出会い	48

け

ケア	76
ケアカンファレンス	11, 41, 42, 74, 91, 99, 107, 122
ケアカンファレンス記録	91
ケアカンファレンス参加の技術	81
ケアカンファレンス資料	82
ケアカンファレンスのあり方	79
ケアカンファレンスの形態	77
ケアカンファレンスの実施	80
ケアカンファレンスの実施時期	78
ケアカンファレンスの進め方	82, 83
ケアカンファレンスの設定	80
ケアの継続性	107
ケアの実施状況	94
ケアの状況	99
ケアの調整	88, 89
ケアプラン	5, 15, 41
ケアプラン会議	74
ケアプラン作成	11, 71, 220, 232
ケアプラン作成者	98
ケアプラン作成の段階	12
ケアプラン実施者	98
ケアプランの効果確認	99
ケアプランの再検討	99
ケアプランの作成	41, 42, 91, 99, 107
ケアプランの実施	84
ケアプランの終結	108
ケアへの満足度	95, 99
ケアマネジャー	122, 152, 176, 180, 194, 198, 216, 224, 230
健康状態	110
健康の維持	211
言語機能	67, 121
見当識障害	62, 168, 229

こ

効果的な実施	87
考察	124
高次脳機能障害	60
高齢者	120, 130, 140, 150, 162, 174, 192, 202, 214, 228
国際障害分類	109
国際生活機能分類	4, 28, 110
個人因子	69, 110, 117, 118
個人的ニーズ	17
個別支援計画	15, 27
コミュニケーション	6, 76, 121, 124, 131, 151, 158, 163, 176, 215

さ

サービス	76
サービス担当者会議	74
サービス提供事業者	77
サービス提供者	74, 75
再アセスメント	106
サイエンス	33, 34
サイエンスの領域	36
作業療法士	44, 45, 122, 186, 191
参加	27, 31, 32, 33, 37, 53, 70, 105, 110, 111, 115, 221, 232
残存能力	180, 207

し

ジェノグラム	125
支援関係	6
支援関係の形成	50, 53
支援内容	73, 105
支援の方向性	62
支援方針	76, 145
支援目標	70
支援目標の共有	70
視覚障害	130
時間の経過	9, 26
自己決定	207
自己実現	19
施設機能	27
施設サービス計画書	126, 128, 136, 138, 146, 148, 158, 160, 170, 172, 180, 182, 190, 198, 200, 210, 212
施設長	152
施設におけるチーム連携	87
事前評価	57
実施	11, 41, 42, 91, 99, 107
実施体制の改善	99
実証的根拠	21
指導課長	186
ジャーメイン	37
社会・環境状況	68
社会環境的側面	62
社会資源	27, 194, 203, 216, 229
社会資源の統合	23
社会的ニーズ	17
社会的不利	109
社会福祉援助活動	28
社会福祉士及び介護福祉士法	45
社会福祉法第5条	3
終期ケアカンファレンス	79
終結	11, 42, 99, 106, 107
住宅改修	197, 198
重度認知症	162
主観的事実	64
手段的日常生活動作	31
主任介護職員	126, 132, 136, 142, 152, 164, 204
障害者自立支援法	15
障害程度	104
障害の受容	188
障害のWHOモデル	109
状況の変化	96
情報交換	88
情報交換の手段	89
情報収集	59
情報収集の項目	64
情報収集の方法	64
情報の共有化	89
情報の分析・判断	61
ショートステイ	235
初期ケアカンファレンス	78
食事	170, 190
所長	230
自立支援	3, 57, 179
事例	104
事例の概要	120
事例の吟味	31
事例の分析	84
心身機能	110, 222, 224
心身状況の変化	99
心身の安定	198
身体衛生	222, 224
身体機能	67, 120

身体機能訓練	191
身体構造	110
身体障害	184
身体障害者福祉法	15
身体的状況	68
身体的側面	62
信頼関係	8
信頼関係形成の技術	51
心理・社会的状況	67

● せ

生活課題	12, 14, 27, 44, 45, 68, 70, 84, 105, 222, 232
生活課題の解決	62
生活課題の改善	11
生活課題の設定	11, 40, 42, 99, 107
生活課題の優先順位	71
生活環境	224
生活関連動作	185
生活機能と障害	110
生活支援	2, 7, 13, 52, 167, 207
生活支援員	186、191
生活支援機能・資源	25
生活支援機能の連携・協働	25
生活支援システム	23, 25, 26
生活支援モデルの構築	29
生活支援モデルの視点	30
生活支障	5, 10, 121
生活状況	19, 121
生活自立	189
生活相談員	132, 152, 164, 176, 204, 210
生活ニーズの階層性	18, 19
生活の活性化	189
生活場面での面接	55
生活モデル	29, 31, 112, 113
清潔	211
精神・心理的状況	68
精神機能	67, 121
精神心理的側面	62
世界保健機関	4, 28, 109
全人的判断	21
全人的理解	33, 35
専門職	74, 76

● そ

相互関係	8
相談・面接	11, 39, 42, 49, 91, 99, 107
相談・面接記録	91
相談・面接の実際	53
ソーシャルワーク	28
阻害因子	32, 71
促進因子	32, 71

● た

ターミナル期	98
ターミナルケア	66
短期目標	72, 104

● ち

チーム連携	87
中間評価	105
中期ケアカンファレンス	78
長期目標	72, 104

● つ

通所介護	202

● て・と

出会い	11, 42, 47, 99, 107
出会いの形	48
デイサービス	210, 234
デイサービスセンター	210
展開の手順	10
特別養護老人ホーム	104, 136, 146, 158, 180
閉じこもり	150, 157

● に

ニーズ	14, 40, 68
ニーズの階層性	18
ニーズの抽出	61
日常生活動作	167, 185
入浴	170, 190
入浴拒否	162
尿路感染症	180
人間関係	8

人間関係の形成	8
人間性	33
認知症	167, 168, 228
認知症高齢者	124, 162, 174, 228
能力障害	109

● は

徘徊	162
背景因子	110, 117
背景要因の分析	61
排泄	170, 190, 235

● ひ

必然の出会い	48
人とのかかわり	47
人との関係性	47
ヒューマニティ	33, 35
ヒューマニティの領域	36
評価	11, 41, 42, 91, 99, 101, 107
評価の時期	103
評価の視点	103
評価の目的	101
評価用紙	91

● ふ

フィードバック	106
フィードバック機能	107
福祉制度	15
プロセス	9

● へ

ベーチェット氏病	36
ヘルパー	77
変化する状況	85

● ほ

訪問介護	235
ホームヘルパー	216, 230
保健・医療職	7, 12, 44, 46, 75

● ま・み

マズローの欲求階層説	18
ミーティング	89
見守りサービス	169

見守りネット　169

●も

申し送り　88
目的的連携　25
目標概念　72
目標設定　41, 42, 82, 97, 99, 107
モニタリングの記載　100
モニタリングの視点　94
モニタリングの整合性　97
モニタリングの流れ　99
モニタリングの方法　98
モニタリングの目的　94

モニタリング表　91, 100

●よ

要素還元的理解　34

●ら・り

ライフステージ　18
理学療法士　44, 45, 132, 142, 147, 186, 191, 194
リスクマネジメント　87
利用者　7
利用者の意向　86
利用者の意欲　85

利用者の思い　52
利用者の価値観　52
利用者の気持ち　85
利用者の自立　11, 16
利用者の生活観　52
利用者の選択　16
利用者のニーズ　17, 25
臨時ケアカンファレンス　79

●れ・ろ

レスパイト・ケア　238
連携と協働　207
老人福祉法　15

〔編著者〕

黒澤 貞夫（くろさわ さだお）　群馬医療福祉大学大学院 教授
峯尾 武巳（みねお たけみ）　神奈川県立保健福祉大学 保健福祉学部 社会福祉学科

〔著　者〕(五十音順)

岩井 惠子（いわい けいこ）　大阪体育大学短期大学部 介護福祉学科
川﨑 昭博（かわさき あきひろ）　龍谷大学短期大学部 社会福祉科
嶋田美津江（しまだ みつえ）　浦和大学短期大学部 介護福祉科
鈴木 聖子（すずき せいこ）　日本赤十字秋田看護大学 看護学部 看護学科
真砂 良則（まさご よりのり）　北陸学院大学 人間総合学部 社会福祉学科
山本みよ子（やまもと みよこ）　浦和大学短期大学部 介護福祉科
鎗田 和子（やりた かずこ）　社会福祉法人 宏和会 清輝苑　施設長
吉賀 成子（よしが しげこ）　帝京科学大学 総合教育センター
和田 幸子（わだ さちこ）　関西医療大学 保健看護学科

介護福祉士養成テキスト・12
介護過程の展開

2008年（平成20年）10月25日　初　版　発　行
2014年（平成26年）12月15日　第 4 刷発行

編著者　黒　澤　貞　夫
　　　　峯　尾　武　巳

発行者　筑　紫　恒　男

発行所　株式会社 建 帛 社
　　　　KENPAKUSHA

112-0011　東京都文京区千石4丁目2番15号
TEL (03) 3944-2611
FAX (03) 3946-4377
http://www.kenpakusha.co.jp/

ISBN 978-4-7679-3358-0　C3036　　　文唱堂印刷／プロケード
©黒澤貞夫，峯尾武巳ほか，2008.　　　Printed in Japan
（定価はカバーに表示してあります）

本書の複製権・翻訳権・上映権・公衆送信権等は株式会社建帛社が保有します。
JCOPY〈(社)出版者著作権管理機構　委託出版物〉
本書の無断複写は著作権法上での例外を除き禁じられています。複写される
場合は，そのつど事前に，(社)出版者著作権管理機構（TEL 03-3513-6969,
FAX 03-3513-6979, e-mail：info@jcopy.or.jp）の許諾を得て下さい。

介護福祉士養成テキスト 刊行にあたって

　平成21(2009)年からの実施に向け，介護福祉士養成課程における教育内容の大幅な見直し・改正が行われることとなった。養成の目標として「求められる介護福祉士像」「資格取得時の到達目標」が提示されるとともに，教育体系については「人間と社会」「介護」「こころとからだのしくみ」の3領域に再編すること。また，教育内容とその時間数，各教育内容に含むべき事項が基本的な枠組みとして示された。

　本企画委員会はこれを受けて，示された改正の趣意を養成テキストの構成・内容にどのような形で具体化するかについて協議を重ね，以下の基本方針を決定した。

① 全面国家試験化を念頭に，巻構成については検討会報告書に示された科目構成に準拠する。
② "福祉人材の養成"という教育目標にふさわしい内容。
③ 福祉学諸領域の分野別たて割り理解から，利用者の状態像に対応した実践的理解へ。
④ 利用者の全人的理解に基づく"福祉観""介護観"の形成。
⑤ サービス形態の多様化ならびにさまざまな状態像に対応できる技術の獲得。
⑥ 家政学の研究成果に基づいた科学的根拠のある生活支援技術の獲得。
⑦ 障害理解の新しい枠組みであるICF，ならびに利用者尊重の理念に基づくアセスメント能力，計画能力，実践能力の獲得。
⑧ 他職種との連携・協働に必要な知識と技術の獲得。

　この方針に基づき，「人間と社会」4巻，「介護」9巻，「こころとからだのしくみ」4巻の計17巻で本シリーズを成すこととした。福祉専門職としての優れた資質の涵養，基礎的知識と技術の獲得，それらを総合した応用能力・実践能力の育成などに意を用いた結果である。同時に，指定養成施設の多様なカリキュラムに対応できる構成であると考えている。

　本シリーズは100余名の気鋭の研究者，教育者，実践家によって編まれている。各巻編集・執筆先生方のご尽力に対し，企画委員会として衷心より感謝申し上げる。

　急速な高齢化の進行，ノーマライゼーションの理念に基づく地域包括支援や在宅介護需要の増大などを背景に，介護福祉士が現代社会の中で果たす役割は今後ますます大きくなっていく。本シリーズは介護福祉士の資質・技能ならびに社会的地位の向上に資するところ大であると確信している。

平成20(2008)年10月
建帛社 介護福祉士養成テキスト企画委員会
長谷川和夫・藤野信行・中川英子・本名　靖・峯尾武巳・横倉　聡・綿　祐二